社区心理学译丛

黄希庭◎顾问　陈红◎主任

公民权与公民参与心理学

【加拿大】S. 马克 · 潘什（S. Mark Pancer）◎著

何嘉梅◎译

The Psychology of Citizenship and Civic Engagement

西南師範大學出版社

国家一级出版社　全国百佳图书出版单位

图书在版编目(CIP)数据

公民权与公民参与心理学 / (加) S.马克·潘什
(S. Mark Pancer) 著 ; 何嘉梅译. -- 重庆 : 西南师范
大学出版社, 2017.10
书名原文: The Psychology of Citizenship and
Civic Engagement
ISBN 978-7-5621-8715-8

Ⅰ. ①公… Ⅱ. ①S… ②何… Ⅲ. ①公民－社区管理
－参与管理－城市社会心理学－研究 Ⅳ. ①C916.2
②C912.81

中国版本图书馆 CIP 数据核字(2017)第 249170 号

公民权与公民参与心理学
[加拿大] S.马克·潘什(S. Mark Pancer) **著**
何嘉梅 译

责任编辑: 雷 刚
封面设计: 畅想设计
排　　版: 重庆大雅数码印刷有限公司·吴秀琴
出版发行: 西南师范大学出版社
地址:重庆市北碚区天生路 2 号
邮编:400715 网址:www.xscbs.com
市场营销部电话:023-68868624
经　　销: 新华书店
印　　刷: 重庆共创印务有限公司
开　　本: 720mm×1030mm 1/16
印　　张: 15
字　　数: 262 千字
版　　次: 2017 年 10 月 第 1 版
印　　次: 2017 年 10 月 第 1 次印刷
著作权合同登记号: 版贸核渝字(2017)第 025 号
书　　号: ISBN 978-7-5621-8715-8

定　　价: 58.00 元

《社区心理学译丛》
编选委员会

总序

黄希庭

社区心理学的研究对象是社区中人的心理与行为，它是一门探究个体、社区与社会交互作用的性质、机制和功能的心理学分支学科。我们倡建中国心理学会社区心理学专业委员会的目的，是为了建设中国特色社区心理学，使我国的社区更加和谐、健康和幸福。社区心理学诞生于20世纪60年代的美国。经过半个多世纪的探究和实践，西方社区心理学已涉及很多方面，有理论研究（如对社区心理学的核心价值的探讨），也有应用研究（如对社区心理咨询和社区行为矫正等的实践）；有量化研究，也有质性研究；有对现实社区心理和行为的研究，也有对社区心理学教材建设的研究。为了借鉴西方社区心理学的研究成果以利于我国社区心理学的建设，我们确定了以下四项原则来选择西方社区心理学的研究成果：

——对我国社区心理健康服务有借鉴意义的研究著作；

——对我国社区心理学理论建设有借鉴意义的研究著作；

——对中国特色社区心理学教材建设有借鉴意义的教材；

——对国际社区心理学的新发展和走向有所把握的研究著作。

根据上述四项原则我们先在几十种著作中选出了近二十种，然后征求陈红、毕重增和 Todd Jackson 等教授的意见，经过反复斟酌，最后确定翻译由 Taylor & Francis 出版公司、Sage 出版公司和牛津大学出版社等出版的十本著作。这些作品可分为下列四种类型。

属于社区心理健康服务的著作有 Elaine Miller-Karas 著，李彦章译的《重建应对创伤的心理弹性：创伤与社区弹性模型》；Mary Lee Hummert，Jon F. Nussbaum 著，李媛等译的《老化、沟通与健康：成功老化的研究与实践》；Areej Hassan

主编，邹枝玲译的《青少年心理健康与社区》；Ximena B. Arriaga，Stuart Oskamp 编著，陈传锋等译的《社区问题的心理学研究与干预》。

属于对西方社区心理学理论探讨的有 S. Mark Pancer 著，何嘉梅译的《公民权与公民参与心理学》；Helena Águeda Marujo，Luis Miguel Neto 编著，吴继霞等译的《积极的国家和社区：积极心理学中的跨文化视角及质性研究取向》；Manohar Pawar 著，李丹、尹华站译的《社会与社区发展实践》。

属于西方社区心理学教材的有 John Moritsugu，Elizabeth Vera，Frank Y. Wong，Karen Grover Duffy 编著，尹可丽等译的《社区心理学（第 5 版）》；Victoria C.Scott，Susan M.Wolfe 编著，张锋等译的《社区心理学实践基础》。

Stephanie M.Reich，Manuel Riemer，Isaac Prilleltensky，Maritza Montero 编著，陈燕译的《国际社区心理学：历史与理论》一书分析了社区心理学与各意识形态流派、其他心理学分支学科、社会科学、文化历史传统以及不同时期经济发展状况之间的关系，以全球视野阐述了社区心理学的缘起、现状与发展趋势。

我国的社区心理学研究刚刚起步，我们翻译出版《社区心理学译丛》，了解西方社区心理学的研究和实践，借鉴和模仿前人的经验，这很有必要。但是我们必须清醒地认识到，借鉴和模仿前人的研究和实践不能代替我们从中国的实际出发进行创造性的研究和实践。这是因为社区是人们在一定地域里经营集体生活的共同体，而无论从社区的自然地理环境和人文地理环境以及社区内部的各种社会组织、社会群体之间的构成方式及其相互关系来看，还是从社区中人们的风俗习惯、历史传统、民间规约及现代化进程中的行为来看，我们的社区都不同于西方的社区。我们了解西方社区心理学的研究和实践，借鉴西方社区心理学，不是要照搬西方的理论、概念和实践模式，也不是重复和跟踪西方的社区心理学研究，而是从我国的实际出发，为解决我们自己社区中的问题进行创造性的研究和实践，这样，我们才有可能发展出中国特色社区心理学的理论、概念和实践模式。

那么，怎样从我国社区的实际出发进行创造性的研究和实践呢？我想就科学研究过程的主要环节提三点建议。

1.选题要有创见性

选题是科研成功的关键，要引起我们的高度重视。选题过程就是寻找一个重要的、自己感兴趣的研究问题的过程，即对本学科的研究现状和发展趋势做深入分析，从未解决的问题中选择一个对学科发展有重要价值和应用前景、自己感兴趣的问题进行研究。科研贵在创新。要创新就必须了解自己感兴趣的问题前人做过哪些工作，对前人的研究结果进行认真分析，找出尚未解决的问题进行研究。因此选题前我们应广泛查阅国内外文献，以免重复研究。在阅读前人文献时我们应随时想到前人的这些研究结果是否符合我国社区的情况，他们的社区心理咨询、社区行为矫正等实践经验是否适用于我国的社区。因此，我们自然会想到我国的社区深受中华传统文化儒释道的影响，特别是儒家提倡的仁、义、礼、智、信，忠、孝、廉、耻、勇以及正心、诚意、格物、致知，修身、齐家、治国、平天下等美德对社区中人们的心理和行为有着深远的影响；同时我们还会想到当代中国的现代化进程，特别是党的十八大所提出的经济建设、政治建设、文化建设、社会建设、生态文明建设五位一体的中国特色社会主义建设总布局以及创新、协调、绿色、开放、共享的发展理念对社区中人们心理和行为的影响正日益彰显。因此，我们要问，西方社区心理学的研究成果也符合我国的社区实际吗？我们只能照搬他人的研究结果吗？答案当然是否定的。我们必须走自己的路，选题要有创见性。在我国学术界有不少科研论文是跟着前人脚步的，他们的选题就只是对前人做一点“修正”或“补充”的研究。这种跟着前人脚步，不敢想不敢做前人没有想过没有做过的东西，是当前我国社区心理学选题的大忌，因为这种研究的所谓“创新”只是对前人的研究进行“修修补补”，不可能对我们的学科建设和社区建设有新的建树。

2.确定方法要合理

发现问题只是科学研究的第一步，接下来要规划解决问题的研究方案，即进行研究设计。研究方案包括研究内容（细化所要研究的概念和变量的含义）、研究方法、时间安排和预期成果等，其中最主要的是确定选择什么研究方法来解决什么问题。

社区心理学的研究目的大致可以分为四类：探索、应用、描述和解释。当我们走进社区的时候会看到某种新鲜事儿，想对它进行研究，却不知道这是个什么心理学问题，也不知道前人是否研究过，更不知道是否可以提出假设来进行检验，于是想对这种新鲜事儿的心理和行为做探索性研究。通常我们采用文献调查和实地研究进行探索性研究。文献调查就是通过对相关的科研报告、学术刊物和学位论文以及民间谚语、典故等的查阅，从中启发我们对它进行研究的思考。实地研究大致包括参与观察、直接观察和个案研究，特别适合于我们在自然情境下对社区心理与行为的探究。应用性研究就是以某种经验或理论为指导，帮助社区居民排忧解难的研究。应用性研究大多采用个案法，即指对单一个体的行为进行详尽的描述和分析。例如，社区的某一个案研究的临床报告可能包含对某种症状的描述、诊断和治疗及证明该治疗有效性的证据。社区心理学的第三类研究叫描述性研究。描述性研究涵盖的范围很广，包括问卷调查、相关研究和发展研究，不仅可以从事实方面加以描述，还可以从相关性和发展趋势方面加以描述。例如，我们可以从社区的地缘与经济特点、文化与历史特点、法制与管理水平、人口特征、家庭特征以及现代化特征等方面来描述当前社区中人们的心理和行为特征。除此之外，还可以从相关性和发生发展的角度来描述社区心理和行为。描述性研究主要回答是什么，在哪里，什么时间，如何进行的问题。社区心理学的第四类研究叫解释性研究，通常采用实验法来回答为什么的问题，具体地说，是对假设和预测的检验。一个实验是一项严格控制的研究。研究者系统地操纵一个或多个自变量，观察并记录一个或多个因变量的变化。真实验有三个重要特征：随机分配被试到自变量的指定水平；操纵自变量的水平；控制无关变量。由于社区心理学所探讨的心理和行为极其复杂，因此研究者必须对几种变量的交互作用所产生的影响加以考虑。如果实验的结果与假设所预期的一致，那么这个假设就获得了支持；如果结果与所预期的不同，那么这种解释可能就需要进行修订，然后可能会提出一个新的假设，并用另一个实验来检验。这种根据实验结果检验假设，形成正确解释的过程，有时是一个相当漫长和痛苦的过程。

社区心理学的研究还可以分为量化研究和质性研究。量化研究(quantitative research)强调精确的变量测量，它应用演绎推理方法，十分注重设计、测量、数据处理和取样的问题。量化研究方法是一个从干预(实验)到非干预(相关和差异研究)的连续体，所探讨的是一个或多个变量的数量特征、数量关系和数量变化。社区心理学研究中的实验法、相关法和问卷调查等都属于量化研究。质性研究(qualitative research)是不采用数字，而是用语言文字来描述和解释心理现象的研究。质性研究方法有很多，如参与观察法、深度访谈法、质性个案法等，是通过归纳逻辑对所收集到的资料所进行的解释和建构。与量化研究注重研究对象的代表性、问题的普遍性、测量的客观性和结论的精确性不同，质性研究注重个案的独特性、个案与情境的关联性和互动性，把自然情境作为资料的直接来源，对个人进行细致的、动态的描述和分析。在心理学研究中，每一种研究方法都有其适用的范围，每一个心理学问题都可以用不同的方法来加以解决。一项好的开创性的社区心理学研究通常是采用多种研究方法的。因此，怎样找到合适的研究方法并加以组合是做好研究设计的关键。在这方面，《社区心理学译丛》或许会给我们以启示。

3. 坚守职业道德不动摇

社区心理学既是一门学问，也是一种职业。说社区心理学是一门学问，是因为它是要探究个体与社区、社区亚群体及社会交互作用的性质、机制和功能等学术问题的；说社区心理学是一种职业，是因为它的社区心理咨询、心理健康服务是满足社区居民不同的需要，改善社区生活，进而促进社区发展的。无论从事社区心理学的哪一种工作，都必须坚守心理学家的职业伦理道德。Jennifer Evans通过对世界心理学家伦理原则宣言草案(2005)、欧洲心理学家联盟伦理元章程(1995)、加拿大心理学家伦理准则(2002)、美国心理学家伦理原则和实施准则(APA，2002)等的研究，认为各国心理学家公认的职业伦理道德规范的核心准则是：

——尊重人的尊严；

——关怀人的福祉；

——为人正直；

——对社会、对科学负责任。*

这四条核心伦理道德准则是各国心理学家都应当具备的美德，也是各国心理学家的灵魂，它指引着心理学家的科学研究和服务，为心理学家的研究和服务保驾护航。它也是社区心理学家的研究和服务取得成功的基本保证。举例来说，在选题和制订研究计划的时候，应选择一个什么问题进行研究呢？应当认真谨慎地考虑这个选题对社会、对科学的价值如何。我们应当选择一个对社会、对

---

*Jennifer Evans著，苏彦捷等译(2010).心理学研究要义.重庆：重庆大学出版社，7—15.

科学很有意义的问题进行研究，而不是马马虎虎、草率地选择一个毫无意义或仅有很少意义的问题便开始招募被试参加研究。浪费他人的时间，这是很不道德的。对于招募来的被试，应当用他们能够理解的言语告知其研究的目的和可能的风险；应确保他们是知情同意后参加的，而不是被胁迫的；对于未成年人被试，除了得到他本人的同意外，还应得到其父母或监护人的同意。尊重人的尊严，确保被试的隐私不被泄露，即使是质性研究，在公开发表结果时被试也必须是匿名的；无论被试在研究过程中说了什么或做了什么，除了研究者之外，没有人会知道他们的答案。关怀人的福祉与尊重人的尊严是相辅相成的。在心理咨询时如果发现来访者有伤害自己或伤害他人的严重倾向、有致命的传染病可能危及他人、未成年人受到性侵或虐待等情况，就应当以适当的方式告知有关方面。在获得结果和解释结果时，研究者的为人正直尤为重要。社区心理学研究报告中的数据必须真实可靠。任何形式的篡改数据和抄袭行为都是违背为人正直的道德原则。有些研究在开始时隐瞒了研究的真实意图，在研究完成后应当把这种隐瞒了的真实意图告诉被试，以取得他们的理解和谅解；参加研究的被试都有了解研究结果的权利，如果他们提出要求，研究者应向其提供一份研究总结报告。总之，心理学家的职业伦理道德标准是心理学家灵魂力量之所在，我们在从事社区心理学研究和服务的任何时候都要坚守职业道德毫不动摇。

心理学是一门探寻心迹，理解人生，点燃人类心灵真善美的学问。我相信，中国社区心理学的研究和服务工作的开展必将为心理学事业增添光彩！

是为序。

2017 年 10 月 17 日

献给露丝

当我坐在电脑前面，写作关于公民权的书时，她已经深入到社区中，在工作着了。

CONTENTS

目录

致 谢

本书讲述的是人们和社区之间的联系以及这些联系是如何丰富他们的生活的。我有幸地成为某些社区中的一员，这些社区中的每一个都不可估量地丰富了我的生活。其中一个社区是二十多年前，我第一次对公民参与这个主题感兴趣的时候，与我一起工作的研究者们和学生们组成的社区。可以在下面列出的出版物中找到他们的名字。包括杰夫·内尔逊(Geoff nelson)，马克·普瑞特(Mike Pratt)，布鲁斯·汉斯伯格(Bruce Hunsberger)，史蒂夫·布朗(Steve Brown)，丹·梯于(Thanh Tieu)，特雷弗·泰勒(Trevor Taylor)，马克·贝茨(Mark Baetz)，琳达·罗斯-克拉斯诺(Linda Rose-Krasnor)，盖理·卡梅伦(Gary Cameron)，凯伦·海沃德(Karen Hayward)，苏安·阿里萨特(Suan Alisat)，艾尔莎·亨德森(Ailsa Henderson)，拉斯丽·皮尔森(Leslea Peirson)，伊诺克·朗多(Enoch Landau)，埃维莉娜·罗格(Evelina Rog)，黛安娜·海斯-班尼特(Dianne Heise-Bennett)，迈克尔·巴瑟瑞(Michael Busseri)，丽莎·卢瓦塞勒(Lisa Loiselle)，朱利安·哈斯福德(Julian Hasford)，雷·彼特(Ray Peters)和科琳·卢米斯(Colleen Loomis)以及其他一些人。研究者和学者们组成的这个社区还包括了那些以他们的工作激励了我以及其他一些在这个重要主题上进行着研究的人们——比如康妮·弗拉纳根(Connie Flanagan)，她是学术社区的经典建立者；吉姆·尤尼斯(Jim Youniss)，本研究领域中睿智的前辈，当我第一次在观念形态上向他描述这本书时，他热情地支持我写作这本书；还有谢普·泽尔丁(Shep Zeldin)，他在青年人参与有组织的决策制定领域中开拓性的研究，成为一种研究模式和实践模式。

我也很幸运地成为某一个宗教信仰社区中的一分子——革新犹太教——该教在我形成我的那些跟公民参与有关的观点，以及我承诺为公民参与的研究献身的过程中做出了很大的贡献。我与坦普尔·沙洛姆(Temple

Shalom)的联系，以及诸如查理(Charlie)和苏西·罗斯柴尔德(Susie Rothschild)，劳拉·沃尔夫森(Laura Wolfson)，温迪·温伯格(Wendy Weinberg)，安德里亚·莱斯(Andrea Leis)，鲍勃·乔多斯(Bob Chodos)，伊莱(Eli)和布卢马·特拉姆(Bluma Teram)和卡罗尔·麦克马伦(Carol McMullen)等人们之间一系列的联系、帮助，徐徐灌输给了我一种强烈的社会公平意识和来源于、嵌入充满爱心和关怀的社区中而获得的深厚的归属感。

在一生之中，我最大的一个乐趣就是和别人一起玩音乐，我很感激多年以来我有幸与他们一起演奏、一起歌唱的社区音乐家。他们也教会了我社区以及它及时提供的欢乐和悲伤为我们带来的支持等的重要性。我很感激顺风(Fair Wind)、纯麦芽(Single Malt)、MT3和灵魂(希伯来语Neshama)的全体成员和我的其他一些音乐朋友，尤其是汤姆·伍德(Tom Wood)，特雷弗·弗里森(Trevor Friesen)，汤姆·凯利(Tom Kelly)，卡罗尔·派因斯(Carole Pines)，鲍勃·米诺(Bob Mino)，乔安妮·麦考利(Joanne McAuley)，露丝·苏珊(Ruth Shushan)，劳拉·沃尔夫森(Laura Wolfson)，温迪·温伯格(Wendy Weinberg)和查克·安德(Chuck Ander)——他们的音乐才能，但更重要的是，他们与我之间的友谊以及他们无私的精神。

我还想要表达我对牛津大学出版社的萨拉·哈林顿(Sarah Harrington)和安德里亚·宙斯(Andrea Zekus)的感谢，感谢他们在等待我完成这本书的写作过程(真的是很长的一段时间)中给予我的鼓励和耐心等待。

社区的雏形是家庭，我很幸运地获得了美好的家庭给予我的爱和支持：我的儿子们——朱迪(Jordie)和马特·潘赛尔(Matt Pancer)，我的继女雷切尔·伍兹(Rachel Woods)以及我的爱妻露丝·苏珊(Ruth Shushan)。仅将本书献给我的露丝。

公民权和公民参与

介绍

2008年的美国联邦大选不仅仅是美国而且也是全世界范围内的历史性事件。第一次有非裔美国人在普选中竞争总统，民主党候选人巴拉克·奥巴马被看成那些忍受着前政府苛刻政策的战士中的一员。有人认为这样一个具有分水岭意义的选举，能够促使成群的选民在选举日前往投票站投票。那么有多少选民现身投票呢？仅仅有比60%稍多一点儿的合法选民在大选中投出了他们的一票。其他国家的情况更糟糕。同一年在加拿大的联邦选举中，在具有投票资格的人们当中，参与投票的比例低于59%，这是加拿大历史上投票人数最低的一次联邦选举。最令人担忧的是合法选民中最年轻的那部分加拿大人的投票率，每5个刚刚达到投票年龄线的首次可以参加投票的年轻选民中只有1个人投出了他们的一票。通过投票选出政治代表是公民在健康的民主政治中拥有的最重要的一项权利。那么，对于诸如美国和加拿大等国家中民主化进程的健康程度来说，如此低的选民现身投票率说明了什么呢？

选举是一种复杂的行为。很多因素，包括个人的性别、种族和文化背景，社会经济地位，团体成员身份，以及个人的价值观，还有个人受到的来自他们的家庭和朋友的影响，以及媒体用竞选信息对投票人直接进行的狂轰滥炸，都会影响个人是否参与投票以及如何投票。我们开展心理学和行为科学研究的目的正是为了去理解这种复杂的行为。在心理学的很多领域中的研究工作为我们揭示了与投票这样的公民行为有关的大量知识。在政治心理学的领域中，举例来说，很多研究尝试着鉴别某些阻碍着人们现身投票的关键因素。其中一个因素似乎是当代政治活动中否定式广告的流行。广播媒体中充斥着“攻击广告”，在这样的攻击广告中，比起批评对手的政策和他们的政治纲领来说，候选人似乎更关注中伤对手的形象。政治心理学的研究显示，否定式广告加剧了公民对政府的信任缺失，而且它还抑制了人们走出去投票的倾向。有趣的是，研究还显示否定式广告不仅玷污了受到攻击的受害者的形象，而且也同样玷污了攻击者的形象(Lau, Sigelman & Rovner, 2007; Allen & Burell, 2002; Pancer & Landau, 2009)。这样看来，政治心理学的研究在我们理解那些可能解释为什么有些人不太愿意参与投票这项最基础的公民活动的某些关键影响因素时，有着重要的意义。

公民权和公民参与

投票是公民权的一个关键构成成分。它被看成一个民主国家中的公民拥有的一项最重要的权利和责任。的确，人们把它看得如此的重要，以至于在很多国家中，比如澳大利亚和阿根廷，每个公民必须在全国性选举中进行投票是法律规定的一项义务。不参与投票不仅违反了法律，并且还会带来处罚。但是投票只是公民权的一个方面。公民权的辞典上的定义通常描述了与该术语有关的两种意思：一种是法律上的含义，公民权是个体在国家中享有的一种合法地位，它与某些权利和特权（比如选举权）有关；另一种含义与“作为社区中负责任的一员，人们期望一个人拥有的品质”有关（Merriam-Webster, 未注明出版日期），或者，换句话说，作为所在社区的成员，个体是如何行事的。作为公民，一个人的行为决定了这个人是哪种类型的公民。当然，我们期望那些良好的公民们以一种明智的、负责任的态度来参与投票选举，但是我们也期望良好的公民还会做其他一些事情。这样的人们会积极地参与那些会对社区产生影响的决策，提供志愿者服务工作来帮助别人，持续地了解社区中发生着的事，参与居民区的管理，或者实施以增强社区中所有成员的生命力为目标的很多其他活动。有人使用术语“积极”公民权来描述这种类型的公民权。欧洲委员会联合研究中心（the European Commission's Joint Research Centre）的布若尼·霍斯金斯（Bryony Hoskins）和马西米利亚诺·马斯凯里尼（Massimiliano Mascherini）将积极公民权定义为（2009）：

> 以相互尊重和非暴力为特征，按照人权和民主原则，参与公民社会、社区和/或政治生活。（第462页）

霍斯金斯和马斯凯里尼认为积极公民权包含了四个方面的活动。第一个方面是“代议民主”。在这个方面，举例来说，个人可以通过投票、加入政党或者是与当选代表或政府官员一起工作来实践积极公民权。第二个方面是“社区生活”。在社区生活中展现出积极公民权的个体是这样一些人，举例来说，他们通过捐赠金钱、提供志愿者服务工作，或者参与宗教、文化、经济、教育或者体育等组织，来支持和充实他或者她的社区。霍斯金斯和马斯凯里尼谈论到的第三个方面的活动跟“抗议和社会变革”有关（也可参看Watts & Flanagan, 2007）。在这个方面，积极的公民通过参与到诸如抗议、抵制、示威和罢工等活动中，来改善社区和促进社会公平。积极公民权的第四个方面与“民主价值观”有关。潜藏在所有的积极公民活动之下的应该是跟改善社区中所有成员的生活条件相一致的价值观。它们包含了诸如民主参与、人权和非歧视原则等方面的价值观。

与公民权概念紧密联系的是公民参与的概念。其中一个最为广泛引用的公民参与定义是由前皮尤信托组织的迈克尔·得力·卡皮尼（Michael Delli Carpini）提出来的定义，他把公民参与描述为“那些设计出来鉴别和处理公众关注的问题的个人活动和集体活动”(Delli Carpini, 1996)。很明显，得力·卡皮尼提出来的定义的焦点是那些以处理社会问题为目的的活动。他提出的公民参与概念包含了诸如“在施粥场工作，为街区协会服务，写信给当选官员或者投票”等活动。托马斯·欧利希（Thomas Ehrlich）在他的著作《公民责任和高等教育》（Civic Responsibility and Higher Education）（Ehrlich, 2000）中提出了更宽泛一些的公民参与概念：

> 公民参与意味着努力地为我们社区中的公民生活带来不同，通过发展出知识、技能、价值观和动机的整合体来创造出这种不同。它意味着通过政治的和非政治的进程来提升社区的生活质量。（第 vi 页）

欧利希提出的公民参与定义应该包括了那些旨在改善社区生活质量的所有活动，而不是仅仅包含那些设计来处理社会问题的活动。这些活动应该包含了诸如参与艺术或者文化活动，相应的组织等事件，以及那些与“公众关注的问题”之间虽然没有直接联系，但是确实能够改善社区生活质量的活动。

也许理解什么是公民权和公民参与的最好的方式是着眼于如何测量这些构念。其中一个能够对公民参与进行最全面的测量的工具是在公民学习和公民参与信息和研究中心(the Center for Information and Research on Civic Learning and Engagement , CIRCLE)赞助下开发出来的调查工具。该调查抽取了全美国有代表性的样本来评定美国社会的“公民和政治健康”(Keeter, Zukin, Andolina & Jenkins, 2002; Lopez, Levine, Bothe, Kiesa, Kirby & Marcelo, 2006)。CIRCLE调查包含了分为三个类别的总共19个条目。其中一个类别包含了跟帮助人们和改善本地社区有关的“公民活动”。它包含了诸如做志愿者工作或者与当地团体合作来解决社区出现的问题等活动。第二个类别集中在以政治进程为中心的“选举活动”上,它包含了为某个候选人或者政党投票或者说服其他人投票等行为。第三个类别涉及“政治发言权”活动,在这些活动中人们通过抗议或者抵制某个具体的事件结果来表达他们对重大社会问题的观点。表1.1中列出来了在CIRCLE调查里面用到的表征公民参与的19个核心指标和用来测量公民参与状况的问题。

我自己的很多研究集中在青年人的公民参与上。为了评定青年的公民参与,我和我的同事开发出了我们自己的测量公民参与的工具——青年参与量表(the Youth Inventory of Involvement)(YII)(Pancer, Pratt, Hunsberger & Alisat, 2007)。该量表要求被调查者,在五点量表上分别指出在过去一年中他们在30个活动中的每一个活动上参与的频繁程度,从“从来没有这样做过”到“经常这样做”。这些活动代表了我们认为能够展示公民参与的方方面面的、范围很广的行为。我们要求被调查者评定他们通过看望生病的人或者(免费)照看孩子来帮助社区中的人们的频繁程度。我们询问他们在学校或者社区中多久参与一次运动、族群、文化或者艺术等团体的活动。我们也询问他们多久参与一次传统的竞选等政治活动,诸如为竞选活动服务,以及他们多久一次通过参与抗议游行、签署请愿书或者其他的一些活动来表达他们的政治“发言权”。表1.2中列出了青年参与量表所包含的所有的测量条目。

我们和其他人合作,用该调查对几千名青年人进行了施测。在我们的其中一个研究(“未来计划(Future Project)”)中,我们抽取了加拿大16所高中里面将近1000名2到3年级的高中生,来完成青年参与量表。我们计算了每个被调查者获得的总分和他们在4个分量表上的分数:政治参与分数(把在所有政治活动条目上的回答的分数相加),社区参与分数(参与到诸如组织一个社区事件等活动的等级水平的总和),帮助活动分数(涉及为其他人提供照看服务,比如照看儿童等活动的等级评定的总和),和一个"被动"参与分数(通常涉及响应他人的请求等活动的等级评定的总和,而不是主动地发起某事,比如为某个事业签署请愿书或者捐赠金钱)。紧接着,我们利用这些分量表上得到的分数进行了聚类分析,把在每个分量表中获得相似分数的学生放到不同的组或者簇中。该分析显示总共有四种类型的学生:积极分子型,在每种类型的参与中都获得了高分;乐于助人型,在"帮助活动"分量表上获得了高分,但是不大有政治参与;应答型,除非有人提出请求,他们才会提供帮助或者参与其中(表现为在被动参与分量表上有相对较高的得分),否则,他们不太会参与其中;以及不参与型,在每个分量表上的得分都是最低的。我们采用的聚类分析使我们能够识别出在每个类别中有多少名年轻人。仅有8%的年轻人属于积极分子型。乐于助人型在学生中占有最大的比例,达到了总人数的35%。应答型组成了总人数的25%。不参与型构成了学生中第二大类,占到了总人数的32%。

表1.1 由公民学习和公民参与信息和研究中心(CIRCLE)施测的公民和政治健康调查中的公民参与问题

指标	调查问题
公民活动指标	
社区问题的解决	你是否曾经非正式地与某人或者某些团体一起合作过,来解决你生活在其中的社区中出现的问题?
定期地为非选举组织提供志愿者服务	你是否曾经花费时间参与过任何一个社区服务或者志愿者活动,或者你从来没有时间来做这些事情?志愿者活动,我的意思是没有报酬地、在某些方面做过实际的工作来帮助别人。
是一个团体或者协会中的积极成员	你是否是任何一个团体或者协会的成员,或者你是否为任何一个团体或者协会捐献过金钱,无论该团体是当地的还是全国性的团体?你在这个团体/任何一个这样的团体中是积极的成员,是成员但是并不积极,或者你只是出钱?
参与筹措基金跑步/步行/骑行	为了慈善事业你是否亲自践行过步行、跑步或骑车?
其他的基金筹措或者慈善活动	为了慈善事业你是否曾经做过其他事情来帮助筹款?

续表

指标	调查问题
选举活动指标	
经常参与投票	你能告诉我,你为当地的和全国性的选举投票的频繁程度吗? 总是,有时,很少,或者从来没有?
劝说其他人	当有选举发生时,一般来说你是否会与别人谈起该次选举,并且尝试着向别人展示他们为什么应该投票支持或者投票反对某个政党或者候选人,或者他们不应该投票?
展示徽章、指示牌、标签	你是否会佩戴竞选徽章,在你的汽车上贴标签,或者在你的房子前面放置指示牌,或者这些都不是你会做的事情?
为竞选做贡献	在过去的12个月中,你是否为某个候选人、某个政党或者任何支持某个候选人的组织贡献过金钱?
为候选人或者政治组织提供志愿者服务活动	在志愿者序列中,应答者表明正在为"政治组织或者竞选候选人"提供志愿者服务。
政治发言权指标	
与官员接触	你是否曾经接触过或者拜访过政府工作人员——在任何级别的政府中——去请求他们的协助或者去表达你的观点?
与印刷媒体接触	你是否曾经接触过报纸或者杂志来表达你在某个问题上的看法?
与广播媒体接触	你是否曾经打进过广播或者电视脱口秀的电话,去表达你在某个政治问题上的观点,即使你的谈话没有被播放出去?
抗议	你是否曾经参与过抗议、游行或者示威?
电子邮件请愿	你是否曾经在电子邮件请愿书上签名?
书面请愿	你是否曾经在某个政治或者社会问题的书面请愿书上签名?
抵制	你是否曾经因为该产品的生产环境,或者是因为你不喜欢生产出该产品的厂家,而拒绝购买商品?
盲目买(Buycotting)	你是否曾经购买过产品或者服务,仅仅是因为你喜欢生产出该产品或者提供该服务的厂家的社会或者政治价值观?
拉选票	你是否曾经像游说者一样挨家挨户地为某个政治或者社会团体或者候选人上门游说?

表 1.2 青年参与量表

以下是人们可以参与其中的学校、社区和政治等活动的列表。对其中的每一个活动,请使用下面的标尺来表示在过去的一年中:

0__你从来没有做过　　3__你做过一些

1__你做过一次或者两次　　4__你做过很多

2__你做过几次

1.看望过或者帮助过生病的人
2.照看过其他家庭的孩子(在没有报酬的情况下)
3.参加过与教堂有关系的团体
4.参加过或者帮助过慈善组织
5.参加过种族俱乐部或者种族组织
6.参加过政党、政治俱乐部或者政治组织
7.参加过社会团体或者文化团体或者组织(比如,合唱队)
8.参加过学校学术俱乐部或者学术团队
9.参加过运动队或者运动俱乐部
10.领导过或者帮助过儿童团体或者儿童俱乐部
11.帮助过基金筹措计划
12.帮助管理过居民区或者社区事务(比如,狂欢节、热狗节、百乐餐)
13.为了组织、机构、会议或者政客,帮助准备并且做过口头和书面报告
14.做过一些事情来帮助改善你生活在其中的居民区(比如,帮助打扫居民区)
15.为需要帮助的朋友或者同学提供过帮助(比如,金钱、食物、衣服、交通等等方面的帮助)
16.以组织委员会或者董事会成员的身份,为学校俱乐部或者学校组织提供过服务
17.写过信给学校或者社区的报纸或者出版物
18.为请愿书签名
19.出席示威活动
20.为请愿活动收集签名
21.通过电话或者邮件接触过政府工作人员,来告诉他或者她你对某个具体问题的感受
22.参加过抗议游行、集会或者示威
23.从当地的社区信息中心获取过社区活动的信息
24.为学校发生的事件或者学校的运作提供过志愿者服务
25.帮助过那些不熟悉你的国家的人们

续表

26.为某个事业贡献过金钱
27.为政治竞选工作过
28.竞选过学生会中的职位
29.参加过社会问题或者政治问题的讨论
30.在社区服务组织中做过志愿者

除了要求学生完成青年参与量表(以及其他一些测量),我们还要求每个类型中的若干名学生参加了一个面对面的访谈,在该访谈中我们询问了他们的社区参与和政治参与情况。在该访谈中他们的回答和他们在青年参与量表上的得分以及他们所在的类别之间存在着高度的一致性。下面是访谈者和一位学生积极分子之间的交流。

访谈者:有些人喜欢真正地参与到他们的学校或者他们的社区的生活中去。你觉得你是这种参与到你的学校或者你的社区中去的人吗?

学生:我会说是的,非常地……我是学生会的一员,我在图书馆、主日学校教师等组织中提供志愿者服务,我可能会持续地做这些事,但是嘿,这些对我而言还不够……我想说我[在]社区、学校、教堂……差不多每件事上都很积极。

与此形成对比的是一位不参与类型中的学生给出的回答:

访谈者:有些人喜欢真正地参与到他们的学校或者他们的社区的生活中去。你觉得你是这种参与到你的学校或者你的社区中去的人吗?

学生:实际上不是这样的。

访谈者:你是否参与过任何活动或者任何事情,或者是特殊的活动或者事情?

学生:没有,我不记得有……我想我从来没有参与过任何这样的事情。

为什么公民权是重要的?

有很多原因都说明了公民权和公民参与是重要的。在我刚刚描述过的研究中,我们发现在践行了公民参与的青年人和没有践行过公民参与的青年人之间存在着一些实质性的差异。比起不参与型的青年人来说,积极参与型和乐于助人型的青年人有着更高的自尊、更强的乐观感、更多的社会支持、更强的社会责任意识，并且有着更高级的同一性发展。这些结果与（在以后的章节中将要提到的）很多其他的研究一致，在将要提到的那些研究中发现，比起那些没有践行过公民参与的人们，践行了公民参与的人们倾向于在社会性和情绪性上适应得更好。虽然这些研究大多是相关研究，很难确切地说是公民参与导致了更好的社会化和更好的心理健康程度（而不是说心理健康导致了更多的公民参与），但是也有一些实验研究表明公民参与在这个关系中的确是起因。

公民参与不仅仅跟公民个人的健康之间存在着关系，它跟社区的健康之间也有着强有力的联系。著名作家和社会活动家简·雅各布斯（Jane Jacobs）在她的著作《领先的黑暗时代》（*Dark Age Ahead*）（Jacobs, 2004）中，宣称社区是一个健康社会拥有着的五根柱石之一，社区最重要的资源是"除了与朋友之间的关系之外，公民们拥有着的在邻里和熟人之间的关系"（第35页）。熟人之间的这些关系和网络是通过公民参与后天获得的。它们使得那些个人和家庭不能赋予他们自己的关键技能和那些帮助社区成员茁壮成长并且生存下去的技能的获得成为可能。雅各布斯声称人们与他们所在的社区当中的其他成员之间联系的缺乏，会将社区柱石置于千钧一发的危险境地之中，并且将我们推向另一个文明崩溃的黑暗时期。

政治学家、哈佛大学国家政策领域的教授罗伯特·帕特南（Robert Putnam）在他的经典著作中有着相似的主张，《独自打保龄球：美国社区的崩溃和复兴》（*Bowling Alone: The Collapse and Revival of American Community*）（Putnam, 2000）。帕特南从一个宽广的视角来看待公民参与。他从人们参加保龄球联盟，出席教堂或者犹太教会堂，参加诸如家长—教师协会等公民组织，成为工会的积极分子，进行捐赠，提供志愿者服务活动或者与朋友和邻里之间非正式地聚在一起等活动中，来寻找公民参与的证据。他主张说，所有这些活动创造出了社会资本——"个人之间的联系——社会网络和由社会网络引起的互惠和可信赖原则"（第19页）。这个社会资本，像物质资本或者人力资本一样，影响了个体和团体的生产力。然而更重要的是，它也对整个社区的健康和福利有着深远的影响。通过综观美国各个联邦州在总统选举中现身投票的人数，每1000人中拥有的公民组织和社会组织的数量，个人在全国性调查中对上一年他们提供志愿者服务的频率的回答等事件，帕特南建构出了社会资本索引，并且为每个联邦州打了一个分数。当他考察每个联邦州在他的社会资本索引中的得分和一些不同的健康和幸福感指数之间的关系时,他发现它们之间有着很高的相关关系。比起那些具有较低的社会资本的联邦州来说,具有高水平社会资本(和高水平的公民参与)的联邦州中,有着较少的暴力犯罪,更健康的婴孩,更少的辍学,更少的青少年怀孕率,更好的学业成绩和更好的身体健康状况。

帕特南在他的书中评论到的最引人注目的一系列发现也许是,几乎任何一个指标都表明,公民参与的水平在过去30年间出现了大幅下降。在此期间,家长—教师协会的成员数、做礼拜的人数、工会成员数、参与专业协会和联邦保龄球联盟的人数,甚至是发生在朋友和邻里之间的"闲谈"(非正式的社会互动)的人数总量都出现了稳定的下降。伴随着在公民参与中的这种下降,"社会信任"也出现了相应的下降——人们觉得他们生活在其中的社区中大多数人都是诚实的,并且是可以被信任的的程度。帕特南的研究,以及随之而增长的,在社区,在联邦州,甚至是在全国范围内,越来越多的调查幸福感的工作提供了强有力的证据支持,公民参与不但影响了个人的健康程度,而且也影响了社区的健康。

关于公民权,心理学能够告诉我们些什么呢?

本书的目的着眼于在心理学和相关的社会科学学科中那些能够告诉我们公民参与是如何发展的,影响着公民参与发展的主要因素是什么,以及公民参与对个人、社区和社会有什么影响的研究。在心理学的某些领域中形成的理论和完成的研究,为我们对公民权和公民参与的理解做出了巨大贡献。在社会心理学中,在诸如态度和价值观、人际关系、社会影响和社会认同等主题上的研究,帮助我们理解了人们是如何和他们生活在其中的社区里面的其他人联系起来的,以及人们是如何把他们自己看成公民的。在发展心理学中,一个卓越的理论和研究领域是道德的发展,涵盖了青年人开始发展出社会责任意识的方式(例如,Youniss & Yates, 1997)。在社区心理学中引导着理论和研究的一个核心原则是,当公民以合作者的身份参与到社会项目计划的开发中来时,不仅仅是他们自己会从这些项目计划中受益,而且这些项目计划也会达到更好的结果(Pancer & Cameron, 1994; Zimmerman & Rappaort, 1988)。政治心理学关心的是诸如民族主义和爱国主义(例如,Kosterman & Feshbach, 1989)、投票行为(例如,Krampen, 2000)和政治行动(例如,Miller & Krosnick, 2004)等话题,以及公民权的所有关键元素。从以上四个子学科来看,这些领域的理论和研究仅仅代表了在心理学中跟理解个人把自己看成公民和参与公民机构和组织的方式等之间有着直接关系的那一部分工作。在心理学的其他一些领域中,以及与之联系紧密的政治学和社会学等社会科学学科中的工作,同样能够加强我们对公民参与的理解。在下文中,我会提供很多与公民权和公民参与有关的心理学子学科中的工作的例子。

发展心理学

发展心理学是心理学的一个分支,研究的是个体在一生之中是如何在认知、情绪和社会性上变化发展和达到成熟的。发展心理学家也关心这些变化发生在其中的各种各样的环境(比如家庭、学校和邻里社区)以及这些环境对个人发展的方式的影响。发展心理学中的一个研究和理论的核心领域是道德的发展。个体如何发展出什么是对和什么是错的观念?人们是怎么学会调节自己的需要来适应他人的需要,以及是怎样学会对他人的移情和同情的?发展心理学的理论认为,儿童通过内化的加工过程来采纳那些被认为是对的社会标准,在内化的过程中儿童接纳了社会规范或者社会标准并且把它当成自己的标准。帮助他人就是以这种方式习得的一种公民行为。儿童就是通过观察他人(首先,是他们的父母)帮助其他人,然后模仿他们看到的帮助行为(有时他们的模仿行为会得到奖赏)来习得帮助的。

很多研究都展示了这个加工过程。在一个经典的研究中(1970),琼·格鲁塞克(Joan Grusec)和桑德拉·斯库比斯基(Sandra Skubiski)要求二年级和五年级的儿童单独地进入校园中的流动实验室,假装要求他们试玩一个为儿童和成人开发的保龄球游戏。每个儿童和一个同性别的成人一起玩这个游戏。如果儿童或者成人在游戏中获得了一定的分数,就给予他们可以在游戏结束后换取奖励的弹珠。他们获得的弹珠越多,那么他们就能够得到越好的奖励。在游戏房间另一头的桌子上,放着一个装有很多弹珠的蓝色大碗。碗旁边的一张图片上画着一个穿着破破烂烂的小姑娘。告知玩游戏的儿童和成人,如果他们愿意,他们可以捐献出一些他们赢得的弹珠,这样的话,那些将被用作奖励的玩具就会被送到像图片中的小女孩一样的穷孩子们手里。然后,首先是成人玩游戏,赢得了10个弹珠(实验主试提前安排的结果),并且他们把一半的弹珠都放在了那个蓝色的碗里,捐给穷孩子们。紧接着,儿童玩游戏,也是提前安排好的,他或者她会赢得14个弹珠。

研究者发现,那些接触到成人慈善捐献榜样的儿童人均为穷孩子捐出了4个弹珠,而那些在控制条件下独自一个人玩游戏,没有亲眼看到过成人慈善捐献榜样的儿童人均为穷孩子们捐献出的弹珠数不到1个。马尔尼·莱斯(Marnie Rice)和琼·格鲁塞克稍后完成的一个研究(1975)显示,即使是在观看到成人捐赠行为的四个月后,那些观察到慷慨的成人榜样的儿童仍然更有可能还表现出慈善行为。

这种类型的学习导致了一个重要的被称为"社会责任规范"的行为准则的内化过程,它表明我们应该去帮助那些需要帮助的人和那些依赖于我们的人。基于由格鲁塞克和她的同事们完成的这些研究的结果,父母参与到诸如捐赠和志愿者服务这样一些公民行为中的程度和他们的子女参与到这些活动中的程度之间存在着高度的一致性,也就不足为奇了。道德发展领域中的这些研究和发展心理学的许多其他领域中的研究和理论,在公民参与的根源和家庭环境等环境因素影响了公民参与的发展等问题上,告诉了我们很多知识。

社区心理学

社区心理学是聚焦在人们跟人们生活在其中的社区之间的交互作用上的一门心理学子学科。社区心理学的主要目标是通过心理学研究、心理学理论和心理学实践来增强社区的幸福感。不像心理学的其他领域中的研究者,社区心理学家针对很多核心价值观的基础开展工作。他们认为从生态学的视角来看待社会问题是很重要的,严酷的社会环境(除了个人因素之外)是这些社会问题的潜在起因;社区心理学家的工作是阻止这些问题的发生,而不是只有在它们发生之后才去处理它们;社区心理学家着眼于个人和社区的力量,而不是仅仅关注它们的缺陷,并且他们致力于努力地建构这些力量;他们承认并且尊重跟他们共事着的群体具有的多样性;为了增强社区的健康状况,他们促进社会变迁;他们致力于社会公平和为社会中那些受到压迫的和被边缘化的团体争得更公平的资源分配;他们不仅与其他一些社区利益的相关者合作,他们还与那些忍受着社会、情绪和身体等方面问题的人们一起共同合作,一起来为这些问题提出解决方案(Nelson & Prilleltensky, 2010)。

社区居民在邻里组织中的参与是社区心理学中大量研究关注着的公民参与的关键要素。社区心理学家亚伯拉罕·万德斯曼(Abraham Wandersman)和他的同事们完成了这个领域中最早期的、最重要的一些工作。在其中一个研究中(Prestby, Wandersman, Florin, Rich &Chavis, 1990),他们采用问卷对来自纽约市29个不同街区居民协会,超过400个的个体进行了施测,该问卷调查了人们在参加街区居民协会中的受益和付出。该问卷评估了两种类型的受益。要求被调查对象指出,参加街区居民协会产生的个人受益(例如,能够让人们节省下金钱、学习到新的技术或者获得信息)和/或社会的—公共的受益(例如,让他们结交到新朋友、获得认可、获得支持、帮助他人、改善街区、履行责任或者义务)的程度大小。还要求被调查者指出,在参与街区居民协会的过程中他们的付出。问卷评估了两种类型的付出:个人付出(例如,需要他们照看孩子,参与其中需要花费的时间,需要参加深夜的会谈)和社会的—组织的付出(例如,需要放弃和朋友或者家庭在一起的活动,感到不受欢迎,不同意组织的目标,看不到任何组织成就)。这些结果显示,虽然比起付出,受益是更重要的影响参与程度的决定性因素,但是知觉到的受益和付出都跟参与的水平有关。参与过的个人更多地报告说,他们从他们的参与中获得了更显著的受益。能够最好地区分出不同参与水平的受益是学会了新技术和获得了信息。该研究为我们展示了,当目光聚焦在人们与他们生活在其中的社区之间的联系上时,社区心理学是怎样告知我们公民参与的有关知识,以及社区是怎么助推了公民参与的。

社会心理学

社会心理学是心理学的一门子学科,处理他人和社会情景影响着我们的想法、感受和行为的方式(Allport, 1985)。社会心理学家研究诸如态度和价值观、社会影响、人际关系,以及属于不同团体的成员身份是如何影响了个人指向他们自己的团体内部成员和团体外部人员的行为等主题。跟公民参与有着紧密的联系,同时也是社会心理学家做过大量研究的其中一种人际关系是利他行为或者亲社会行为。对利他行为的研究开始于20世纪60年代中期,它的兴盛是由一个让许多人惊骇的事件引发的,因为从表面上来看,该事件显露出人们是如此的冷漠和疏离。1964年3月13日的晚上,一位名叫凯蒂·珍诺维丝(Kitty Genovese)的年轻女子凌晨下班回家,在她从汽车走到她位于纽约市皇后街区的公寓途中,被一名手持匕首的袭击者残忍地(致命地)袭击了。此次袭击事件持续了超过半个小时,《纽约时报》报道说,与珍诺维丝同住一栋公寓大楼的38名住户在整个袭击过程中都听到了珍诺维丝的尖叫声,但是他们什么都没有做。时报文章把无人作为归咎于公民的冷漠,但是社会心理学家约翰·达利(John Darley)和比布·拉坦纳

(Bibb Latane)认为可能存在其他的一些因素阻止了人们的介入。他们做了一系列研究(请见 Latene & Darley, 1970),这些研究认为,那些目击了袭击事件的人们虽然也关心该事件,但是他们不知道应该做些什么,他们没有采取行动是因为,他们从那些他们所知道的同样听到了尖叫声但是什么也没做的其他人那里获取了应该怎么做的线索,因为那些听到了尖叫声但是什么也没做的其他人同样也在等着看其他人会怎么做。该研究显示当看到有人需要帮助时,社会影响在决定自己是否会介入其中的过程当中扮演了重要角色。

达利和拉坦纳的工作衍生出了大量研究,探讨了影响利他行为实施的因素。在这个领域中较新的一些研究着眼于比旁观者介入更普通、更普遍存在着的帮助形式——在提供志愿者服务时人们的帮助行为。在一个这种研究中,社会心理学家艾伦·奥莫托(Allen Omoto)和马克·斯奈德(Mark Snyder)(1995)开发出了一个调查,来探究促进人们以志愿者的身份跟身患艾滋病的人们一起共事的动机。116名艾滋病志愿者完成了该项调查,在该调查中要求这些艾滋病志愿者指出,30个因素中的每一个在激励他们开始在AIDS组织中提供志愿者工作上有多么重要。在调查中,五个主要的动机类型以条目的形式呈现出来:个人价值观("由于我的人道主义责任去帮助其他人")、理解("为了了解AIDS并且了解它会对人们造成什么伤害")、个人发展("为了挑战我自己,并且测试我的能力")、社区关怀("为了帮助男同性恋社区中的成员")和提升自尊("为了自我感觉更好")。研究者也使用了随访调查和代理记录,来估计被调查对象能够在AIDS组织中从事多长时间的志愿者工作。研究结果指出,决定着个人能够在AIDS组织中从事多长时间的志愿者工作的最重要的动机类型是那些跟理解与个人发展有关的动机。那些为了学习AIDS的知识和增强自己的技能和理解力而从事志愿者服务的人们比那些被其他事情激励着的人们从事了更长时间的志愿者服务。该研究阐明了,社会心理学的研究是怎样帮助我们了解在志愿者服务等公民行为中起着关键影响作用的因素。

政治心理学

政治心理学是心理学和政治学中相对较新的一门子学科,它使用心理学理论、心理学研究和心理学构念来调查政治行为和政治过程。政治心理学家调查范围广泛的各种现象,包括国际冲突、竞选活动、民族主义、政治极端主义和恐怖主义。和特殊的政治参与一样,公民参与也是政治心理学家倾注了相当大的精力在其上的一个主题。

很多探讨政治参与涉及的心理因素的研究,使用了在美国和其他国家实施的大型的全国性调查中收集到的数据。比如,伊丽莎白·史密斯(Elizabeth Smith)使用了"美国国民教育纵向调查"(American National Education Longitudinal Study)(NELS)中得到的数据来研究"对青年人的社会资本投资"和成年早期政治参与之间的关系(Smith, 1999)。NELS调查了1988年8年级儿童的全国性样本,并且分别在1990年、1992年、1994年和2000年对从这些儿童中抽取出来的一个子样本进行了随访调查。在1988年对8年级儿童进行施测的初次调查中包含了这样一些问题,询问被调查者他们的父母和他们谈论了多少与他们的学校活动有关的主题以及其他一些主题,并且询问学生他们参与了多少诸如体育运动或者文艺团体之类的课外活动。在1990年进行的随访调查中,除了询问这些相同的问题之外,还询问了被调查者一些包含了涉及学生践行过的宗教参与等之类的问题,比如他们多久参与一次宗教服务。史密斯着眼于在他们20岁出头再次被调查时,测量到的"社会资本的早期投资"的程度(例如,家长参与、参加课外活动和参与宗教服务)对几年以后被调查者的政治参与情况的预测。结果显示,所有的三个因素都预测到了以后的政治参与。在他们的成长中父母参与程度高的孩子,参与了课外活动的孩子,和那些参与了宗教服务活动的孩子,比起那些从来没有参与过这些活动的孩子来说,更有可能在青壮年的时候为了某个政治组织去投票或者去做志愿者服务。

公民参与的整合理论

心理学的很多子学科都提出了跟志愿者服务或者社会行为等有关的理论,但是没有任何一种理论囊括了公民参与的所有形式,从参加志愿者服务到成为邻里组织的成员,再到参与抗议或者抵制。在下文中,我概述出了一个总体概念性的或者是理论性的框架,来尝试把这些公民参与的形式都整合起来。这个框架产生于我和我的同事马克·普拉特(Mark Pratt)完成的一个初期研究,在该研究中我们尝试去探索其中一种形式的公民参与——志愿者服务的根源(Pancer & Pratt,1999)。当我们设计该研究时的想法是,要找出为什么有些人参与到志愿者服务中去而其他人没有,最好的办法是去跟那些处于志愿者"生涯"之初的人们进行谈话,并且询问他们是怎样开始志愿者服务的。因此,我们给一些采用了青年志愿者的社区机构和社会组织去信,请他们推荐出在他们的组织中年龄在16岁到20岁之间,可以被称为"忠诚的志愿者(committed volunteers)"的年轻人。然后我们与这些人进行了接触并且采访了其中一些人的志愿者经历。我们询问他们作为志愿者都做了些什么,他们是怎样成为志愿者的,对于志愿者的工作他们都喜欢些什么、不喜欢什么,和他们的志愿者工作是怎样影响他们的,以及其他一些问题。我们很快就发现了促使年轻人开始做社区服务的动机不同于那些在开始志愿者工作之后促使他们继续做下去的动机。比如,一些年轻的被调查者开始他们的志愿者工作是为了改善他们的就业前景或者探索他们的职业可能性。但是志愿者经历的本质特点和在志愿者工作中他们感受到的支持,促使了他们继续他们的志愿者工作。我们在我们的理论模型中吸收了那些启动公民参与的因素和那些维持公民参与的因素之间存在着的差异。

随着在社区服务和公民参与的其他形式,比如在社会行动上,我们完成了更多的研究,我们的理论框架逐渐建构起来并且不断地扩张着。当然,这个模型也借鉴了其他人的研究和理论工作。图1.1中呈现出了我们提出的理论中包含着的基本要素。该理论假设公民参与的过程可以被看成发生在两个水平上的:个人水平和系统水平。在个人水平上,人们由于各种启动因素的作用,开始加入到公民参与中。其中最突出的因素是社会影响、个人的价值观和工具性动机。比如,一个年轻人可能因为受到了父母或者教师的影响,而参加志愿者工作:

> 医院是我的第一个[志愿者经历]……那是我的老师。那是在六年级,我想是的,而且……我们聊天而且吃得很饱,还有我的一群朋友,然后她[老师]说你知道的,参加志愿者工作会对你们有帮助,所以……我去申请参加进来,开始了志愿者工作。

价值观也能在公民参与的启动过程中发挥作用。社会责任价值观能够引导出诸如志愿者服务之类的公民行为,同时我们认为社会公平价值观可能也会引导人们参与到社会行动中去。个人也可能为了工具性目标而参加公民活动,他们期望从他们的活动中获得个人收益。我们发现,在我们的调查中,很多年轻的志愿者是为了提高他们的简历的价值,或者是为了探索一个可能的职业前景才开始做社区服务的,比如:

我想在较早的时候我意识到我认为我想要进入与医疗有关的领域,我想了解医院这个领域真真正正地在做些什么的最好方法是成为一个志愿者。所以,我打电话询问做志愿者的机会,他们告诉我他们可以提供做志愿者的机会,所以我决定去努力争取。

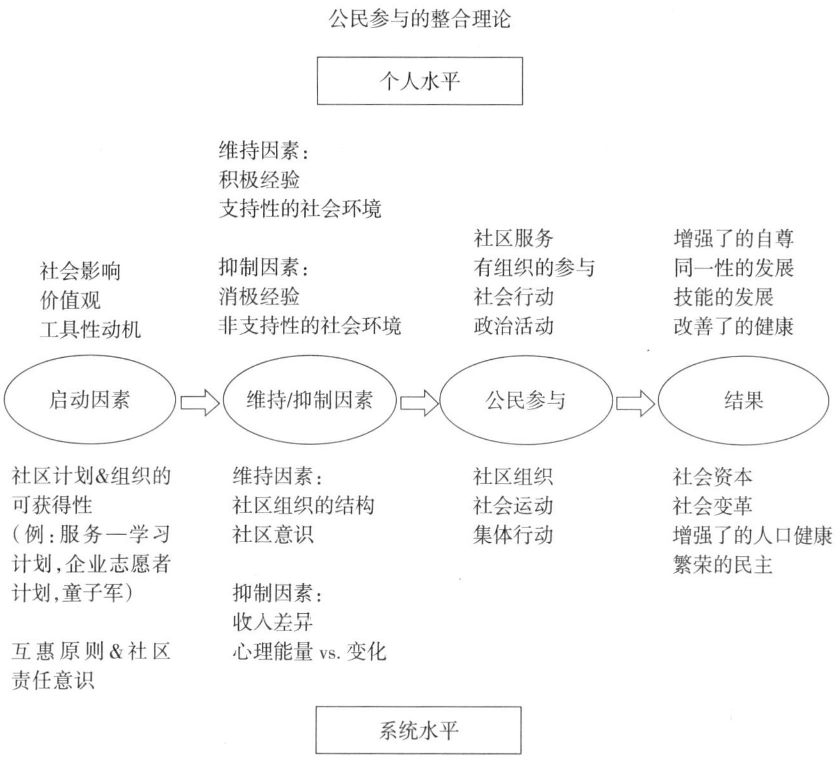

图 1.1 公民参与整合理论

当启动因素足够使人们开始践行公民参与时,那么其他那些决定着公民参与能否维持下去的因素就很重要了。我们的研究表明,只要存在着维持因素,并且这些维持因素超过了任何可能同样存在着的抑制因素,那么公民参与就会一直延续下去。积极经验和一个支持性的社会环境是维持公民参与的关键因素。举例来说,如果一个年轻人感到她的志愿者工作为其他人的生活带来了不同(积极经验),而且她为之工作(提供了一个支持性的社会环境)的组织很欣赏她,那么她更可能继续地做着志愿者服务。的确,为人们的生活“带来不同”这样一种感受是青年们向我们报告的在他们的志愿者工作中最普遍、最强有力的经验之一。正如一名和残疾儿童一起工作的青年志愿者告诉我们的一样：

> 它是我生活中最积极的[经验]。为人们的生活带来不同是那样的不可思议……仅仅是在那儿……仅仅是给他们一个拥抱或者是让他们笑得更开心就有这样大的作用，人们是如此地为对方奉献彼此。看到这些真是不可思议。

但是，如果个人拥有的是占据着支配地位的消极经验，而且他们在所参与的公民活动中也没有感受到支持，那么他们就不大可能会继续进行公民参与。此外，参与的成本可能也会抑制他们持续地参与下去。一项重要的参与成本是公民参与其中所需要的时间和付出努力的总量。

那些持续地卷入公民参与的人们将会体验到跟他们的参与带来的有关结果。这些结果的类型和程度都将依赖于参与的性质。比如，最近的研究显示，青年广泛地参与多种多样类型的活动，将会比那些以更高的强度参与到种类相对较少的活动中的青年，体验到更积极的结果(Busseri et al., 2006, 2011; Rose-Krasnor et al., 2006)。正如稍后我会在本书中描述到的细节一样，大多数探讨公民参与的影响作用的研究认为，公民参与带来的大多数结果都是积极的。在很多结果中，践行着公民参与的人们(尤其是年轻人)展现出了更高水平的幸福感，更高级的认同发展，较少的社会和情绪问题，以及更强的社会责任感。

也可以把公民参与看成发生在系统水平上的(呈现在图1.1的下半部分)。研究表明，社会系统——家庭、社区和人们在其中生活、工作、学习、玩耍和祈祷的社会团体——对公民参与有着意义深远的影响。启动因素和维持因素或者抑制因素在系统水平上引起公民参与和相应结果的过程，跟在个人水平上发生的公民参与的过程之间是平行的。在系统水平上启动公民参与的因素可能包含了是否存在社区组织，以及在这些组织中是否存在着能够招募到成员并且能够指导参与者的领导者们。在学校或者居民区这样的社会系统中，这些“机会体系”越多，在这些系统中会融入进来的人数也会越多(Watts & Flanagan, 2007)。系统水平上其他的启动因素将会包含着是否设计出了鼓励公民参与的项目计划，比如学校里的服务—学习计划，或者是商业和公司里的员工志愿者服务计划。

与在个人水平上维持或者抑制公民参与的因素相平行的，是那些在系统水平上维持或者抑制公民参与的因素。在系统水平上，如果社区和社区组织的价值观、组织结构和它们能够提供的支持都起到了促进公民参与的作用，那么参与就能够持续地进行下去。举例来说，将大量家长囊括在它们的董事会或者委员会中的学校就可以作为维持公民参与的结构。如果居民区拥有社区意识，个人在这样的居民区中有归属感并且感到他们与邻里之间存在着联系，那么这样的居民区同样也可以起到维持公民参与的作用。相反，那些具有很少的社区意识，生活在其中的居民互相不信任或者甚至是相互之间感到恐惧，在这样的居民区中持续的公民参与将会受到抑制。根据健康科学家理查德·威尔金森（Richard Wilkinson）和凯特·皮科特（Kate Pickett）（2009）最近的一本新书，收入差距是跟公民参与有关的一个关键性系统因素。收入不均衡程度较高的国家显露出了程度较低的社会信任和公民参与。

社区组织、兴趣与倡导团体以及社会运动的执行展示了在系统水平上发生着的公民参与。逐渐增多的研究证据显示，系统水平上的公民参与跟整个社区，甚至是整个联邦州和全国范围内的积极结果都有关系。在前文提到的罗伯特·帕特南的工作表明，拥有着更多公民参与和更多社区组织的美国联邦州是更“健康”的联邦州，比起那些只有较少的公民参与和只有较少的机会去践行公民参与的美国联邦州来说，它们有更低的暴力犯罪率、更高的学业成就水平以及较少的健康问题（Putnam, 2000）。

本书的结构

本书的第一章解释了公民权和公民参与的概念，展示了心理学研究的不同领域是怎样跟公民参与联系在一起的，并且提供了一个涉及在个人水平和系统水平上影响着公民参与因素的理论框架。在本书的第二章到第五章中，我们着眼于公民参与在人的生命周期中是怎样发展起来的，以及家庭、同伴、学校、邻里、工作场所、宗教组织和社会等在它的发展中扮演着的角色。在第六章、第七章和第八章，我讨论了公民参与对青年人、成年人，以及他们生活的社区的影响作用。第九章讨论了公民参与的“理由和原因”——公民参与是怎样实现了如此多的积极结果，以及能够最大程度地带来受益的公民参与的类型。在本书的最后一章，我会谈到我们从研究中学习到的知识是怎样帮助我们开发出项目计划和政策,来建立和增强公民参与,并且纠正我们在公民参与中发现的富人和穷人之间,边缘化的和非边缘化的人们之间,以及其他社会之间的差异。

如果我们没有采用某些价值观或者观点来研究公民权和公民参与,该问题将会是很难涉及的一个主题。读者在阅读本书的过程中会注意到这些价值观和观点。第一,我把公民参与看成把个人跟生活在他们的社区里面的其他人联系起来,并且是服务于提升社区生活质量的一组广泛的行为集,而不是仅仅局限于更多地在法律方面(比如投票)跟公民权有关的狭义的行为集。第二,我把人们对公民权的见解和他们的公民参与看成在他们一生中都在不断地发展和变化,因此,在本书中我会在人的整个生命周期中来考虑对公民参与的影响和公民参与带来的结果。第三,我相信为了获得对公民参与的全面了解,使用多种多样的研究方法是必需的,并且是重要的。在我自己的研究中,我使用了诸如调查和实验等定量研究方法,而且我还广泛地使用了定性研究方法,比如个人访谈、小组座谈和动作研究,在其中我和我的研究伙伴就人们的社区服务工作、人们在企业的社会责任计划项目中的经历和他们参与抗议和温和抵制等问题,与人们进行了交谈。在本书中,我将会频繁地引用这些访谈和讨论。第四,我认为除了从个人的角度来探讨公民参与之外,通过检查公民参与发生的社会情景来探讨社会系统水平上的公民参与,也是很关键的。比如,生活在穷苦环境中的或者被压迫的没有政治权利的人们的公民参与,跟那些来自享有更多特权的社会背景中的人们的公民参与是不一样的。最后,考虑到我们了解到的公民参与的许多积极结果,我认为把这个领域里面的研究转化为能够加强、增加公民参与的政策和实践,并且与从业者、政策制定者以及市民们,老老少少手拉手地一起工作来保证转化的可能,这是在这个领域做研究工作的人们义不容辞的责任。

父母、家庭以及同伴对公民参与的影响

正如在上一章呈现的公民参与理论蕴含着的一样，我们日常生活在其中的不同系统和环境强烈地影响了我们践行公民参与的程度。我们的家庭、就读的学校、生活在其中的居民区、工作场所、做礼拜的宗教机构、我们所属的文化和管理着我们的政治体制，都对我们是如何与社区中的其他人联系起来的有着深远的影响。毫不意外地，在这些影响中间，我们的家庭和同伴具有最强的影响，因为家庭和朋友是我们的第一社区，他们包围了我们所有的生活。

父母和家庭对公民参与的影响

近来的研究证实了父母和家庭在公民参与的发展中具有的重要性。例如，杜克(Duke)、斯凯(Skay)、佩廷格尔(Pettingell)和博罗夫斯基(Borowsky)(2009)，使用青少年健康纵向研究(the Longitudinal Study of Adolescent Health, Add Health)的数据，观察青少年拥有的与家庭和社区之间的联系，并且像对年轻成年人进行的研究一样，探讨了这些联系与青少年的公民参与之间的关系。在青少年健康纵向研究中，研究者在他们追踪的青少年大约15岁的时候，对他们进行了第一次接触，要求他们参与一个时长为90分钟的访谈，在其中询问他们跟他们的家庭、同伴、学校以及邻居之间的关系以及其他一些事情。通过要求年轻的被调查者回答，他们感觉到他们与他们的父母之间有多么亲密，他们认为父母给予了他们多少温暖、关爱以及他们的家庭理解他们和关注他们的程度，来评估青少年跟父母和家庭之间的关系。青少年还被问及，在过去的4周里面他们与父母共同参与了多少种不同的活动。对受访者与同伴、学校以及邻居之间的关系也进行了类似的测试。6年后，当他们成长为21岁的年轻成年人时，他们参与了另外一项访谈,其中包含了若干个对公民参与状况的测量。和其他一些问题一起,他们被问及他们是否在上一次的总统选举中投了票,做过无偿的志愿者服务或者社区服务工作,加入了政治俱乐部或者政治组织,参加过政治游行或者政治集会,或者参加了社会行动团体。对在15岁和21岁时收集到的数据进行的分析显示,那些在15岁的时候与父母共同参与了更多的活动,感觉到他们与他们的家庭之间有着更紧密联结的青少年,在6年以后当他们成为21岁的年轻成年人时,更倾向于投票、做志愿者服务工作、加入政治团体以及参与社会行动。

父母对子女的公民发展具有影响的其中一个最有说服力的标志是公民参与在家庭中的世代相传(Duncan & Stewart, 1995; Janoski & Wilson, 1995; Jennings, 2002; Mustillo, Wilson & Lynch, 2004)。举例来讲,对志愿者服务的研究表明,如果父母做过志愿者服务,那么他们的子女也做志愿者服务的可能性是那些父母没有做过志愿者服务的子女的两倍(Mustillo, Wilson & Lynch, 2004)。的确,研究志愿者服务的社会学家提到,做过社区服务的成年人为他们的子女提供了"志愿者服务遗产"。其他形式的公民参与也在家庭中世代相传。凯利(Kelly)在一项对年龄在15岁到25岁之间的美国年轻人的调查(2006)中发现,那些报告说他们自己的父母在大多数的选举或者每次选举中都投了票的人们,比那些报告说他们的父母很少或者从来没有投过票的年轻人,更可能重视投票并且更想要去投票。邓肯(Duncan)和斯图尔特(Stewart)(1995)发现,参与了抗议1991年由美国总统乔治·布什发起的(第一次)海湾战争(the Gulf War)的学生,比那些没有参与过抗议的学生更可能有积极地抗议反对过在一代人以前发生的越南战争(the Vietnamese war)的父母。

在我们自己的研究中,我们发现父母和子女的公民参与之间存在着相似的一致性。在我们对青少年的社区和政治参与的研究中(未来计划,the Future Project; Pancer, Pratt, Hunsberger & Alisat, 2007),我们要求那些下一年就要完成最后一年高中课程学习的年轻人完成我们的青少年参与量表(Youth Inventory of Involvement,简称YII),计算了每个青少年得到的总分,将它作为表征青年人公民参与总体水平的指标。我们还根据他们在分量表上的得分把年轻人分为了四组:积极分子、帮助者、响应者和不参与者。积极分子和帮助者是四个组里公民参与程度最高的两组;响应者参与得少一些;不参与者,正如其名,是公民参与程度最低的一组。除了要求青年人完成青少年参与量表，我们还编制了量表的成人版本(成人参与量表，the Adult Inventory of Involvement, 简称AII)，来评估青年人的父母践行公民参与的总体水平，我们从青少年样本中抽取出一个子样本，把成人版问卷发放给子样本中青少年的父母。对参与量表的分析表明，父母和子女的得分高度一致。不论是母亲还是父亲，其参与水平与子女的参与水平之间的相关程度都很高(父亲和母亲跟子女的得分之间的相关系数分别是0.44，0.40)。并且，在四类青年中发现的参与模式跟他们母亲的参与模式是一致的(由于在我们的样本中父亲的人数太少，所以没有对父亲的数据实施这个分析)。参与程度高的积极分子和帮助者等两类青年的母亲们比那些较少参与的响应者和不参与者等两类青年的母亲们，报告出了显著更多的参与。

理应毫不让人意外的是，在同一个家庭中夫妻和他们的家庭成员之间在公民参与上也存在着一致性。举例来说，研究表明如果配偶中的其中一人参与了志愿者服务，那么另外一人也更有可能提供志愿者服务(Freeman, 1997; Thompson, 1993)。有趣的是，根据在婚姻关系中的男性和女性贡献出的志愿者服务的小时数，这种一致性多多少少有点儿不太对称。如果丈夫参与志愿者服务的小时数增加了，那么妻子进行志愿者服务的小时数也会随之增加。相反，如果妻子参与志愿者服务的小时数增加了，那么她的丈夫提供志愿者服务的小时数反而有降低的趋势。威尔逊(Wilson)(2000)认为，可以把妻子对志愿者服务的贡献看成对丈夫做出的贡献的补充，然而丈夫的贡献可以看成妻子做出的贡献的替代品。如果妻子付出了更多的时间，那么丈夫就不必付出那么多时间了，因为妻子已经为家庭做出了足够多的贡献。

父母和家庭如何影响公民参与?

社会影响

父母和家庭是通过什么样的过程和机制影响了子女的公民参与的呢?在上一章中概括的理论模型认为存在着若干种方式，家庭可能可以用它们来为公民行为的启动和维持做出贡献。根据该模型，其中一个启动公民参与的方式是通过社会影响过程来实现的。父母对子女施加了大量的影响，尤其是在孩子们还很小的时候。父母施加这种影响的其中一个最直接的方式是他们给孩子们提出建议和劝告。比如，近来在美国和加拿大完成的志愿者服务调查显示，有一半的人最初开始参与志愿者活动是因为有人告诉他们要这么做(美国劳动部，2013; Vezina & Crompton 2012)。请求和建议他们这么去做的人经常是他们的父母或者其他家庭成员。在我们对志愿者服务起因的研究中，当那些年轻的参与者谈到他们是如何第一次成为志愿者参与其中时，这一点尤为明显：

> 我认为其中一个影响我的人是我妈。我并不是真的喜欢体育，因此我一直想在学校找一些事情做，于是我妈……我们刚好谈到了学校团体，比如阳光面团体(Sunnyside group)[拜访并且帮助当地的养老院]……她一直鼓励我去尝试参加这个团体，既然我并不是真的喜欢体育。所以……在我家里也有许多老人，所以，你知道的，我与他们相处得很好并且经常与他们交流，因此我想或许我应该试试在养老院里面做志愿者服务。

社会学习

父母还为子女扮演着重要的角色榜样。许多研究显示，子女通过社会学习过程，观察其他人的行为，习得了行为和行为标准(Bandura, 1977, 1986)。当子女看到他们的父母和其他家庭成员有过慈善行为，帮助过别人，或者是参与过社会行动，他们更可能自己去尝试做出这些类型的行为(Mussen & Eisenberg-Berg, 1977)。当这些行为产生了积极的结果，而且得到了父母和其他人的支持与强化，那么他们更有可能甚至在未来还会继续做出这种行为，并且能够把社会责任规范内化，使之成为个人的道德或者公民认同的一部分(Youniss & Yates, 1997)。在我们对青年志愿者的研究中发现了父母扮演着公民责任榜样的许多例子。比如，其中一位受访者谈到她的父亲是多么的重要，为她的社区服务工作树立了榜样：

> 我的父亲，你知道的，仅仅是一名在扶轮社(Rotary)待了没几年的成员，但是他使我意识到有一些人没有我们幸运，你知道，我们应该对自己所拥有的一切感到幸运并且怀揣着感恩之心。

这种学习可以持续终身。对那些在“二战”中冒着生命风险藏匿和营救犹太人的基督教信徒们的研究表明，他们中间的很多人与他们的父母之间有着亲密的关系，父母中至少有其中一方也投身到了人道主义事业中，而且他们从父母身上还模仿到了那些他们成年后在他们自己身上展示出来的行为（London, 1970；Oliner & Oliner,1988）。

家庭成员也可能扮演了消极的角色，这时他们展现出来的价值观和行为激起的是厌恶而不是钦佩。在这些例子中，个体可能会有意识地尽量表现得与那些家庭成员不一样。在我们对社会行动的起因的研究中访谈到的许多个体就是这种情况（Pancer & Eckerle-Curwood, 2009）。比如，一位积极参加代表了加拿大原著民或者土著群体利益的活动的年轻女士告诉我们，她的家庭中有一些成员信奉的价值观是如何地使她想要去改变那些类型的价值观和信仰：

> 我的表兄妹是有组织的种族主义者……并且看到种族主义以及种族主义在很大程度上是怎样来源于无知和优越感的——在我看来，这是一种不合理的优越感——看到这些，可能给了我一种需要做出一些改变的紧迫感。

父母与子女之间的互动与讨论

父母与子女进行互动的机会越多，他们对子女的公民行为就有越大的影响，这一点看起来是说得通的。有研究的确支持了这一主张（Duck et al., 2009; Hart, Atkins &Ford, 1999）。哈特（Hart）、艾特金斯（Atkins）以及福特（Ford）（1999）使用美国国家青年纵向研究（National Longitudinal Study of Youth, NLSY）的数据，研究了若干个对父母与子女的关系进行的不同测验（在子女13岁时收集数据）和在两年之后，当子女15岁时，子女参与志愿者服务的状况之间的相关关系。其中一个在子女13岁时收集的测验数据是由他们的父母来完成的，评估他们在家庭中提供的认知、情感和社会支持的类型，还有一项测验要求青少年们报告他们与父母之间关系的质量（例如，他们的父母允许他们拥有多少自主权，他们觉得他们和父母之间有多么亲近）。13岁的青少年还被问到在上周他们与父母一起共同做事的频繁程度（例如，一起完成学校作业、做游戏或者进行体育运动）。对这些信息的分析表明，青少年与他们的父母进行互动的频率是对两年之后他们参与志愿者服务状况的最好的预测指标。的确，比起收集到的对父母支持和父母与子女的关系进行调查的任何一个其他测量来说，父母与未成年子女花在一起做事上的时间总量是更好的对志愿者服务状况的预测指标。

当父母与子女共同参加活动时，将会发生的其中一件事情是他们彼此之间进行交谈。这些发生在餐桌上，在一起玩游戏的时候，以及在别的一些活动中的非正式的交谈，在对子女的公民行为的影响中扮演着重要的角色。在我们自己的未来计划研究中，我们发现了这一点(Pancer, Pratt, Hunsberger, & Alisat, 2007)。在该研究中，我们通过要求被调查者回答在高中学习的第二年到最后一年之间，在六种话题(学校作业、家庭问题、个人的朋友关系、宗教、道德观以及政治)中他们与父母谈论其中每一个话题的频繁程度，来评估父母与子女的关系。我们还要求他们对他们和父母谈论每个话题时他们体验到的愉悦程度，以及他们感觉到的他们的父母在他们对每个话题的思考上有多么大的影响进行了排名。我们通过把青少年对跟父母之间进行交流做出的所有排名相加求和，计算出了一个“父母互动”指标。然后，我们探讨了采用青少年参与量表得到的青少年公民参与状况和父母互动指标之间的相关关系。我们发现父母互动指标和青少年在青少年参与量表上的得分之间具有显著的一致性。相比于那些参与程度较低的青少年(我们称为“响应者”和“不参与者”的青少年)来说，公民参与程度较高的青少年(我们称之为“积极分子”和“帮助者”的那些青少年)报告说，他们更频繁地跟父母进行讨论。

其他研究专门关注了父母与子女之间进行的讨论的类型，以及谈论涉及的内容是如何影响了子女的公民参与的(Andolina, Jenkins, Zukin & Keeter, 2003; Kelly, 2006; McIntosh, Hart & Youniss, 2007; Zukin , Keeter, Andolina, Jenkins & Delli Carpini, 2006)。例如，安东尼亚(Andolina)和她的同事们(2003)调查了年龄在15岁到25岁之间的美国年轻人，询问他们在各种不同的公民活动中的参与状况，以及他们的家人在家里是否经常谈论政治。她们发现在家里经常听到政治谈论的年轻人更可能参加多种公民活动。在有选举资格的被调查者中，38%的有家人经常谈论政治的被调查者说他们总是参加投票，在那些家人没有谈论过政治话题的被调查者中这个比例仅仅是20%。比起那些家人很少谈论政治的年轻人来说，那些家人频繁地谈论政治的年轻人更倾向于坚持他们自己的政治立场(44% vs. 18%)、签署请愿书(30% vs. 11%)、抵制某个产品(54% vs. 25%)、定期地进行志愿者服务(35% vs. 13%)。

当父母对政治事件很熟悉时，他们和子女之间的政治讨论可能特别地有影响。麦金托什(McIntosh)、哈特(Hart)和尤尼斯(Youniss)(2007)采用1996年美国教育部开展的全国家庭教育调查的数据,来研究青少年的"公民成果"(对国际新闻、政治知识的兴趣,对社区服务的参与状况)以及这些成果与他们跟父母进行政治讨论的频率之间的关系。与其他研究一致的是,麦金托什和同事们发现,比起那些没有经常地进行此类谈论的青少年,那些经常跟父母谈论政治话题的年轻人报告说,他们对国际新闻更加感兴趣,对政治更了解,已经有了更高程度的社区服务。在调查中除了把调查表发放给青少年,询问他们对政治的兴趣和他们参与的活动之外,还调查了青少年的父母们,询问父母们对政治的兴趣以及相关的知识。包含了这些变量的分析表明,当父母对政治了如指掌时,他们和子女之间进行的谈论对子女的公民行为有着最大的影响。

和父母之间进行的谈论是通过什么方式影响子女的公民参与的呢?一个源于政治社会化理论的思想流派主张,这些讨论使父母能够将自己对政治和公民时事的知识和价值观传递给子女。通过与父母进行谈论,子女了解了他们自己的国家和全世界范围内主要的政治人物和机构、当下关键的社会问题和政治问题以及他们生活在其中的社区。他们还获取了父母的价值观。子女能够从他们跟父母的谈论中学到的其中一个价值观是,他们与社区、国家以及周围世界的联系是很重要的,而且是值得他们关注的。

另外一个思想派别认为子女和青少年在加工社会信息和政治世界的信息时更加积极主动。根据这种认知发展的观点,青少年并不仅仅是被动地接受着公民和政治信息,他们还主动地建构了他们自己对从父母和其他资源渠道,例如他们的同伴、老师和宗教领袖那儿得到的信息的理解和意义(Flanagan & Faison, 2001; McIntosh, Hare, & Youniss, 2007; McLeod, 2000)。的确,有确凿的证据显示,当政治讨论发生在家庭中时,并不仅仅是父母影响了子女,子女也常常影响了他们的父母。在美国的几个联邦州开展的对美国儿童选举计划(the Kids Voting USA program)的研究中,这一现象是非常明显的(McDevitt & Chaffee, 2000; McDevitt & Kiousis, 2007; Saphir & Chaffee, 2002)。这项以学校为基础的计划旨在鼓励高中生对政治时事产生兴趣。对该计划效果的研究发现,该计划不仅影响了参与其中的学生,也影响了学生的父母。参与该计划的学生开始和父母进行讨论,这些讨论反过来增加了父母对政治的兴趣与了解。麦克德维特(McDevitt)和卡欧西斯(Kiousis)(2007)描述了这种现象,在其中青少年开始和父母进行讨论并且影响了他们的父母，就像是家庭交流的"向上渗透"过程。

价值观的传递

根据在上一章中呈现的公民参与整合理论，另一个促使人们开始参与公民活动的关键性影响因素是他们的价值观。毫不意外的是，父母和家庭在个人价值观的发展过程中扮演着重要的角色。父母影响了子女的价值观的支持性证据来自很多研究，这些研究都表明父母拥有的价值观和子女拥有的价值观之间具有的一致性的程度虽然是可变的，但是都达到了统计显著性水平 (Bengtson, 1975, Jennings & Niemi, 1968; Jennings, Stoker & Bowers, 2009; Knafo & Schwartz, 2008; Rohan & Zanna, 1996)。有趣的是，父母和子女在价值观上的一致性似乎会随着年龄的增长而上升(Rohan & Zanna, 1996)。罗汉(Rohan)和詹妮(Zanna)发现，使用塞洛姆·施华兹价值观量表(Shalom Schwartz's Value Inventory)(Schwartz, 1992, 1994)测得的父母和他们的成年子女的核心价值观之间存在着显著的相关关系($r = 0.54$)。也有证据表明，在某些价值观上父母与子女之间的一致性高于在其他一些价值观上的一致性。特罗利(Troll)、纽加藤(Neugarten)和克莱恩斯(Kraines)(1969)发现，父母和子女在为事业献身的价值观上的一致性程度高于他们在唯物主义价值观上的一致性。

研究价值观从父母传递到子女的理论通常认为，子女采纳父母的价值观需要满足两个条件(Grusec & Goodnow, 1994; Knafo & Schwartz, 2008; Westholm, 1999)。第一，子女必须精确地理解父母的价值观是什么。第二，子女必须接纳这些价值观，把它们作为自己的价值观。在满足父母与子女间价值观传递的第一个要求时，父母与子女之间的互动越多，他们越多地谈论到诸如政治和融入社区的重要性等话题，子女就越有可能对父母的价值观形成精确的理解。在满足第二个要求时，父母在使子女信服他们的(父母的)价值观是重要的的时候，如果父母越具有说服力，那么子女就越有可能接纳这些价值观。正如美国儿童投票计划的研究表明的那样，价值观的传递也可能朝着另一个方向进行。父母对子女的价值观理解得越精确，并且接受这些价值观，那么这些价值观就越有可能从子女传递给父母。随着子女的成长，以及他们对价值观和信仰的表达越来越娴熟，可以预期父母与子女之间将会有更多交互的影响(Wintre et al., 1995)。

有关人类价值观的理论和研究认为，在人类的价值观中存在着跟公民参与有关的关键性的价值观。在塞洛姆·施华兹(Shalom Schwartz)的“人类价值观理论”中,普遍主义价值观(关心全人类和自然的福祉)和公民参与之间有着最直接的联系(Schwartz, 2010)。在我们自己的研究中我们鉴别出,跟社会正义和公民权有关的价值取向对人们的公民参与有着最重要的影响(Pancer, 2004; Pratt, Hunsberger, Pancer & Alisat, 2003)。欧文·斯托布(Ervin Staub)(1991)提到“亲社会的价值取向”是关键性的价值观,构成了人们在他们所在的社区中以及在世界上跟其他人之间产生联系的基础,其中包含了对人类积极的评估、关心其他人的幸福感和为他人谋福利的个人责任感。斯托布主张,通过为他们的家庭提供“关怀环境”,父母在培养子女的亲社会价值取向上尤其重要。在我们的研究工作中找到了能够证明父母和家庭提供的这类关怀环境的重要性的证据。在我们的未来计划中(Pancer et al., 2007),要求17岁的高中生完成青少年参与量表,以及设计来评估他们的父母采取的教养方式和他们对家庭的一般感觉的测验。我们采用兰博恩(Lamborn)和同事们(Lamborn, Mounts, Steinberg, & Dornbusch, 1991)开发出来的量表来评估教养方式。该测验给出了一个表征父母情感温暖和参与程度的分数,以及一个反映了父母提供的教养方式的结构或者“要求”总量的分数。把它们放在一起,这两种特性定义了目前在很多致力于探讨更健康的儿童调适研究中提到的“权威型”教养方式(Baumrind, 1991)。我们发现研究的参与者对父母教养方式的感知和青少年公民参与状况之间存在着强有力的联系。权威型父母的子女,感知到来自父母的温暖、包容和要求,表现出更显著的公民参与水平。相似地,对他们的家庭有着积极情感的青少年也更多地践行了公民参与。我们对在参与了未来计划的青少年中收集到的数据进行了其他分析,显示至少在一定程度上,是由于价值观的传递,权威型父母的子女才践行了更多的公民参与。这些分析显示,在权威型父母的家庭中比在低权威型父母的家庭中,在价值观上存在着更高的父母与子女的一致性(Pratt et al., 2003)。

社区和文化规范

除了把价值观传承给子女,父母和家庭还起到了将社区和文化规范以及标准传递给子女的运输工具的作用(Yagmurlu & Sanson, 2009)。一个人的父母和直系家庭以及数代同堂的大家庭中的成员构成一个人遇到的第一个,也是最重要的代表性社区。倾听子女的心声并且和子女讲道理,鼓励子女参与家庭中的决策和讨论的权威型家长，模拟了民主过程，在这样的家庭中长大的孩子，不仅仅是在自己的家里，而且在更广阔的社会中，开始把参与以及跟别人之间进行的讨论看成一种规范。当父母和其他家庭成员积极地参与志愿者服务、加入政治或者社区组织等公民活动时，他们也把跟公民参与有关的规范传递给了他们的子女。在我们对志愿者服务的根源研究中访谈到了很多青少年，我们找到了很多家庭规范传承的例子。比如，一名专心致力于若干个志愿者服务活动的年轻女性谈到了她的家庭成员是如何影响她的：

> 我的家庭……肯定对我有很大的影响……尤其是我父亲的家庭。我父亲是在门诺派教徒背景下成长起来的，而且他有15个兄弟姐妹……我有一个阿姨和一个叔叔在莫斯科做传教士，有一个阿姨和一个叔叔出入乌克兰进行布道……还有一个堂兄弟在监狱部门工作……他组建了一个团队和坐牢的人们一起歌唱和工作……这是一个不可思议的家庭并且非常慷慨……这是一种生活的方式，它是，你知道的，能够理解你做的这些类型的事情。

作为子女与社区之间联系的父母和家人

父母还通过他们提供的跟社区中其他成员以及社区组织和机构之间的联系，影响了子女与社区之间的联系。我们在对1999年加拿大安大略省的高中生强制性参加的社区服务计划的研究中，发现了许多这样的例子。从那年开始，要求所有的高中生在高中学习期间必须完成40个小时的社区服务才能拿到高中毕业证书。不幸的是，这项省级政策并没有为学生提供任何有助于他们找到一个合适的服务机会的基础性框架或者指导，许多学生在寻找他们可以参与的服务点上都遇到了困难。我们对强制性服务计划进行了详细的研究，而且，作为该研究的一部分，我们针对学生在该计划中的体验，访谈了超过100名学生（Pancer, Brown, Henderson, & Elllis-Hale, 2007; Henderson, Brown, Pancer, & Elllis-Hale, 2007）。我们要求他们回答的其中一个问题是，他们是如何找到一个社区组织去完成他们的服务的。在访谈过程中非常清楚的是，往往是学生的父母为他们提供了这种联系。比如，一个在当地医院完成社区服务的学生描述了她是怎么接触、联系到该医院的：

我的妈妈是一名护士，因此她建议我去医院，然后我跟妈妈的朋友取得了联系，她也是一名护士，于是她安排了这样的机会。

父母和家庭支持

根据上一章呈现的公民参与模型，在长期性的公民参与的发展过程中存在着两个阶段。为了表达他们的价值观或者获得个人利益，个体通过社会影响过程首次参加公民活动。正如我们看到的一样，父母和家庭可以影响所有能够开启个体的公民参与之路的“启动”因素。然而，为了维持这种公民参与，模型指出个体需要在支持性的社会环境中体验到积极结果。父母和家庭能够并且也的确提供了这种支持性的社会环境。这一点已经在弗莱彻（Fletcher）、埃尔德（Elder）和莫科斯（Mekos）（2000）的研究中体现了出来。该研究的参与者是未成年人，他们的父母参与了“爱荷华州青年和家庭计划”（Iowa Youth and Families Project），这是一项对生活在爱荷华州中北部的农村社区里面的美国家庭进行的纵向调查。未成年人在9年级的时候完成测验，评估了他们在体育团队或者在像“美国未来农民”这样的社区组织中的活动等之类的社区参与状况，然后在10年级的时候再做一次同样的测验。在子女读9年级的时候，他们的父母完成了一个测量他们自己在社区中的参与程度的平行测验。父母还完成了一个旨在评估他们为子女的兴趣和活动提供了多少支持的量表。这个量表包括这样一些问题，例如，你多久一次让你的孩子知道你欣赏她的想法或者是她做的事情？与其他研究一致的是，该研究的结果表明，父母越多地参与到社区活动中，他们的子女参与的也越多。结果还显示，父母给予子女的支持越多，子女的参与程度也越高。有趣的是，与具有高参与程度的父母的子女相比，来自父母的支持似乎对那些父母不怎么参与的子女在学校和社区中的活动有着更大的影响力。

同伴对公民参与的影响

随着个体进入了青春期，朋友和同伴开始对他们的价值观、态度和行为产生重要的影响，来自父母和家庭的影响开始逐渐消逝（Catalano & Hawkins,1996; Erikson, 1974）。朋友和社交网络对各种公民活动的影响可以是强有力的。麦莱拉（McLellan）和尤尼斯（Youniss）（2003），在一项对华盛顿特区两所高中学校的学生进行的志愿者服务的研究中发现，有亲密的朋友践行着志愿者服务的学生，他们自己提供志愿者服务的可能性是那些亲密的朋友中没有人践行着志愿者服务的学生的三倍。当我们在志愿者服务根源研究中对青年志愿者进行访谈时，我们发现了相似的来自朋友的强劲影响（Pancer & Pratt, 1999）。我们访谈到的很多年轻人，那些被当地的健康和社会服务组织提名为模范志愿者的年轻人，他们的亲密朋友也在进行着志愿者服务：

> 我有一个朋友在阳光中心（the Sunbeam Centre）为精神和身体有障碍的孩子们提供志愿者服务。还有红十字会。我有一些朋友通过红十字会做志愿者服务，还有一些在医院里面提供志愿者服务的朋友。还有一个朋友在多元文化妇女协会（the Multicultural Women's Association）里面服务。

同伴和社会网络还影响了公民活动的其他领域。政治学家克里斯托弗·肯尼（Christopher Kenny），在对1984年美国总统大选之前的政治活动的研究中，发现如果他们拥有进行着这些相同的活动的朋友，那么个体更可能会举起选举标志，为政治竞选服务，或者进行投票（Kenny, 1992）。麦克·格罗斯（Michael Gross），在对“二战”期间曾经帮助过犹太人藏匿或者躲避纳粹迫害的来自法国和荷兰的174名个体的研究中，发现那些有朋友也参与了营救犹太人的人们，他们自己也更多地参与到了营救活动中（Gross, 1994）。

同伴是如何影响公民参与的呢？

社会影响

朋友和同伴通过很多跟父母和家庭对子女的公民参与产生影响的过程一样的过程，影响了我们的公民参与。像家庭成员一样，朋友经常通过提出要求和给予建议，非常直接地施加了这种影响。正如在本章前面部分提到的一样，在美国和加拿大提供着志愿者服务的所有人当中，几乎有一半的人开始志愿者服务是因为某个人，往往是朋友，告诉他们这么去做（U.S. Department of Labor, 2013; Vezina & Crompton2012）。事实上，大多数开始参加各种公民活动和组织，包括社会运动、和平团体、政治抗议、政治竞选和游说、邻里和学校协会以及宗教组织的个体践行这些公民参与,是因为他们受到了来自亲朋好友和熟人的影响(Klandermans & Oegema, 1987; Schussman & Soule, 2005; Verba, Schlozman, & Brady,1995)。在许多这些活动中,到目前为止,这是一个最普遍的践行公民参与的途径。比如,社会学家艾伦·舒斯曼(Alan Schussman)和莎拉·索尔(Sarah Soule)指出,“个人很少参与抗议和其他政治活动,除非有人明确地要求他们这样去做”(2005, 第1086页)。在对“二战”期间在法国和荷兰犹太人救助者的研究中,格罗斯发现他访谈到的175名参与了营救行动的个体中,有75%的人说他们加入营救队伍是因为其他人的招募(Gross, 1994)。当然,政治党派相当地了解社会影响在促进人们参与到政治过程中的重要性,尤其是在选举日,通过让志愿者电话确认支持者是否已经投了票,如果还没有投票就把他们带到投票站进行投票,各党派在“动员选民投票”中付出了相当大的努力。

同伴之间的互动和讨论

在开始构建人们如何与社区和社会联系起来的理念时,不论是对年轻人还是对年长者来说,与同伴之间进行的讨论是其中的一个重要方式。重要的研究证据表明这些讨论越多,伴随而来的公民参与也越多。扎夫(Zaff)、马伦珠(Malanchuk)和艾克尔斯(Eccles)(2008)认为,为了帮助个人形成坚定的公民认同,需要同伴(以及父母、家庭之外的成年支持者和宗教影响)来建构所需要的“公民环境”。为了验证这一点,他们对美国马里兰州8年级和11年级的青少年实施了美国青少年调查。通过询问学生在志愿者服务和其他公民活动中的参与情况,他们评估了两个年级的青少年的公民参与情况。他们还要求研究的参与者回答,他们和朋友讨论学校问题或者他们家里发生的事情等话题的频繁程度。结果表明,经常与朋友讨论这类事情的青少年比那些较少进行这类谈话的青少年,有更多的公民参与。

在对青年人参与未来计划的研究中,我们发现了相似的效应(Pancer et al., 2007)。除了要求他们完成我们的青少年参与量表来评估他们在各种活动中公民参与的总体水平(例如,提供志愿者服务,参加政治工作,参加青年组织)外,参加该研究的青少年还要完成一个“同伴互动”测验,要求他们回答他们与朋友讨论每种不同话题(学校作业、家庭问题、个人友谊、宗教、道德观和政治)的频繁程度。我们发现更多地践行了公民参与的青少年比那些较少参与的青少年,报告说他们在各种话题上跟同伴交流得更加频繁。

人们在跟朋友和熟人的交谈中谈到了什么内容,也可能是决定人们公民参与状况的一个重要因素。政治学家斯科特·麦克拉盖(Scott McClurg)(2003)认为,对于政治参与来说,只有当讨论“涉及了政治内容”(第449页)的时候,与同伴之间的讨论才会影响到他们的公民参与。他主张说这些类型的讨论为个体提供了那些如果他们没有进行这些交谈他们就不会接触到的信息和刺激,而且这些信息改变了个体对公民参与的思考方式。缺乏政治内容的谈话不能提供这种类型的信息,因此,也不太可能会影响个体的政治活动。为了验证这些观点,麦克拉盖使用了来自1984年美国总统大选期间开展的一项调查得到的数据。该调查要求被调查者回答两个跟他们在朋友之间进行的交流有关的问题。其中一个问题询问被调查者,他们多久一次跟处于他们的社会网络中的三个人谈过话。另外一个问题询问被调查者,他们与这些人谈论到政治的频繁程度。这项调查还询问了被调查者在选举过程中的参与情况——是否为某个候选人效过力,是否参加过会议或者集会,是否在自己的车上张贴过政治“车尾贴”,或者是否为竞选捐赠过金钱。麦克拉盖发现人们越多地与同伴谈论政治问题,他们也就越多地参与了政治活动。他们在没有涉及政治内容的社会问题上进行的讨论的频率,与他们参加政治活动的频率之间没有关系。这些发现跟那些在家庭讨论的影响上得到的研究结果很相似,这些研究认为涉及公民或者政治主题的家庭谈话比那些没有涉及这些主题的谈话,对公民行为有着更大的影响(Andolina, Jenkins, Zukin, & Keeter, 2003; Kelly, 2006; McIntosh, Hart, &Youniss, 2007; Zukin, Keeter, Andolina, Jenkins, & Delli Carpini, 2006)。

个体跟朋友和熟人之间进行的政治讨论的性质和格调也能够影响公民参与。比如,当个体跟在他的社会网络中的人们谈论政治,遇到与他们的观点不一致的意见时,会发生什么呢?大量研究表明,在政治讨论中遭遇到不同意见会抑制个体的公民参与。比如,穆茨(Mutz)(2002)和其他人(McClurg, 2006; Pattie & Johnston, 2009)发现,在政治讨论中个体遭遇到的分歧越大,他们越少可能会参加投票。然而,帕蒂(Pattie)和约翰逊(Johnston)声称不同意见对公民参与的影响是很小的,而且仅限于他们所提到的“低成本”的个体行为(例如投票)上。在对参加了2005年英国大选的英国选民的研究中,他们发现,尽管和那些与自己有不同意见的人们之间进行的政治讨论跟投票行为上的小幅下降之间存在着相关关系,但是与他人(不论是同意还是不同意自己的观点)进行的政治讨论的频率和更高比例的其他类型的公民参与之间也存在着联系，比如政治和社区志愿者服务。

价值观和规范的传递

同伴对个体的价值观施加了重要影响，并且在社会和文化规范的传递上扮演着重要的角色。恰尔迪尼（Cialdini）和他的同事们（Cialdini, Reno, & Kallgren, 1990; Reno, Cialdini, & Kallgren, 1993）对可以影响个体行为的两种规范进行了区分：描述性规范，与特定情境下大部分人会怎么做有关；禁令性规范，跟在给定情境下其他人认为什么是道德的或者是可接受的行为的信念有关。研究认为，个人对他们的同伴把什么看成可以接受的行为的认知对他们自己的行为有着最大的影响，不论这些认知是否精确。这些禁令性规范影响了许多不同的行为，其中就包括了公民参与。这一点在史密斯（Smith）和麦克斯威尼（McSweeney）（2007）以澳大利亚成年人为样本的研究中展示了出来。他们发现，感知到他们的朋友也很重视为慈善捐赠金钱的人们，在接下来的几个月里有着强烈的为慈善捐赠金钱的意向；与此同时，那些感知到他们的朋友并不重视这项活动的人们，并没有捐赠意向。我们自己的研究（Pratt, Hunsberger, Pancer, & Alisat, 2003）显示，在年轻人对朋友的道德观的认知和他们自己的价值观以及行为之间具有高度的一致性。在该研究中，我们要求19岁左右的年轻人，依据12种价值观对他们生活的重要性对这些价值观进行排序，还要求他们依据他们认为的这些价值观对他们的朋友的重要性再次进行排序。我们把这些价值观分为两种类型："道德"价值观，比如成为一名好公民和对其他人友好并且关心其他人，和"非道德"的价值观，比如成为独立的人或者有雄心壮志的人。通过从道德价值观的排序等级中减去非道德的价值观的排序等级，我们计算出了"道德价值观强调"指标，这个指标反映了个体认为道德价值观比非道德价值观更重要的程度。我们的分析表明，我们的被调查者感知到的同伴的价值观和他们自己的价值观之间是高度一致的。青少年感知到他们的同伴越重视道德价值观，那么他们自己也把这些价值观看得越重要。反过来，道德价值观强调指标和被调查者的公民参与水平之间显著相关，正如我们用青少年参与量表评估的那样。

同伴的支持

在上一章中呈现的公民参与整合模型表明，为了使公民参与得以维持，个体必须在社会支持的氛围下体验到积极结果（以及相对较少的消极结果）。同伴，尤其是在青春期同伴接纳备受重视的时候，可以提供这种支持性的环境。这一点在丽萨·达·席尔瓦（Lisa da Sliva）和同事（2004）对澳大利亚青少年的研究中得以证实，他们的研究使用了"澳大利亚人气质计划"（Australian Temperament Project）收集到的一部分年龄在16岁到17岁之间青少年的数据，澳大利亚人气质计划是一项从出生到成年早期，对澳大利亚的孩子们进行追踪的纵向研究。该调查要求青少年回答在过去的6个月里，他们参与志愿者服务和政治活动的频繁程度，来评估"公民责任感"。该调查还包含了询问他们在参与这些活动中从同伴那儿得到鼓励和支持的总量，以及他们的同伴也参与了志愿者服务和政治活动的程度。研究者的分析表明，同伴鼓励，以及在稍微弱一点的程度上同伴在这些活动中的参与情况，是他们检测过的所有预测指标中对公民参与最强有力的预测指标（其他的预测指标包括对家庭支持和环境的测量以及学校和社区归属感）。

小结

家庭和朋友是我们的第一社区，它们在我们跟更广阔的社区之间建立起来的联系上施加了有力的影响。通过志愿者服务、社会行动和政治活动融入了社区中的父母更可能培养出也参加这些类型活动的子女，这样的事实说明了父母和家庭对公民参与的影响是显而易见的。父母以多种方式影响了子女的公民活动：父母通过提出建议和劝告直接地影响了子女，父母为子女树立了进行公民参与的榜样，父母通过与他们的孩子们进行讨论将价值观和行为规范传递给了子女，父母帮助子女建立起跟社区组织之间的联系，以及父母为子女的参与提供了支持。同伴和朋友对人们的公民参与有着相似的强有力的影响。有朋友践行着公民参与的个体更可能也在践行着公民参与。同伴和朋友以与父母影响子女相似的方式，施加了他们的影响。他们提供了直接的社会影响，扮演着行为榜样的作用，他们传递了价值观和规范，而且为个体的公民活动提供了支持。

学校和居民区对公民参与的影响

随着我们逐渐长大、成熟，我们成为很多不同类型的社区中的一部分。在这些社区中最值得注意的是那些几乎所有人都将会遇到的社区；我们将去上学，居住在居民区里面，并且在工作场所拥有一份工作或者事业。我们当中的大多数人都将会归属于某个教堂、犹太教会、清真寺或者其他的宗教组织。我们在其中学习、居住、工作和进行宗教活动的学校、社区、工作场所以及宗教组织将会对我们与社区之间的关系产生根深蒂固的影响。在这一章中，我讨论的是学校和居民区能够对我们的公民参与产生影响的方式。

学　校

学校是一个人遇到的第一个真正的社区。的确，正是在学校环境中我们大多数人了解到了什么是社区，以及我们如何在错综复杂的社区生活中找到一条出路。在学校能够为儿童提供的学习环境和社会环境的种类上，以及它们对个人适应社区生活所需要的各种技能的教育和培育程度的高低上，各个学校之间都有着极大的差异。根据第一章介绍的公民参与整合理论，要想使公民参与能够长期持续地进行下去，必须有两个关键性要素。启动因素，即第一要素，是那些能够促使第一次参与行为开始的因素。然而，只有当维持因素（第二要素）也出现时，这些参与行为才会长期地持续下去。学校可以提供这两个要素。比如，在过去的几年里，学校在课程的规定要求上，以及在获得毕业证或者学位的要求中，持续地增加了它们对学生参与某些形式的社区服务的要求与规定。一项受国家和社区服务公司（the Corporation for National and Community Service, Spring, Grimm & Dietz, 2008）委托实施的研究发现，在美国，每三所学校中就有多于两个的学校组织学生或者支持学生参与社区服务活动。在很多学校中（接近几乎一半的高中学校),社区服务是“服务—学习”计划的一部分,在该计划中社区服务被整合到了学校的课程之中。在学校里面这些计划的实施为学生公民参与的发展起到了“启动”因素的作用,这些要求与规定常常起着促进年轻人进行首次有意义的社区参与的启动作用。学校还能够提供促进公民参与长期地进行下去的“维持”要素。例如麦克莱伦(McLellan)和尤尼斯(Youniss)认为(2003),当学校帮助学生对他们的服务活动进行反省时,学生更可能从他们的体验中学到东西,并且预期自己将来还会参与社区服务。在帮助学生理解他们现在正在做的事情的重要性的过程中,学校提供的支持作为维持因素能够引起长期的公民参与。

强制性的服务计划

以学校为基础,能够对年轻人的公民参与起到影响作用的计划有很多不同的种类。其中一种对这些计划进行分类的方式是,参与到这些计划中的学生是受到强制要求的,还是仅仅受到鼓励而参与这些计划的。在很多学校中,为了完成课程或者甚至是获得毕业证或者学位的要求规定,学生是应强制性的命令或者规定的要求才进行社区服务的。最近由国家和社区服务公司对美国学校进行的调查指出,43%的美国高中学校都有规定要求所有的或者部分的学生参与社区服务活动(Spring, Grimm & Dietz, 2008)。2000年对加拿大的志愿者服务进行的调查表明,加拿大全国每三个高中学生中就有将近一名高中学生在调查实施的当年参与了一项强制性服务计划(Hall, McKeown, & Roberts, 2001)。在班级、学校、学区甚至在州或者省的水平上都已经开始执行强制性服务计划了。比如,我自己工作的大学提出规定,要求在该校攻读不同等级学位的学生,包括本科生和研究生,必须应学位获得的规定要求完成社区服务。省级计划的一个事例是1999年,加拿大安大略省(the province of Ontario)颁布的一项政策,作为获得高中毕业证的其中一项规定,该省的每一位高中学生都必须完成总量为40个小时的社区服务。

这些类型的规定在研究者、政策制定者以及其他一些人当中引起了相当大的争论,讨论这些计划对学生进行志愿者服务和公民参与的兴趣,以及长期献身其中的影响。争论的一方是那些认为强制性的社区服务引发了学生对服务的消极态度,降低了他们未来践行公民参与的可能性。他们提供的证据引用了社会心理学的研究,表明强制或者强迫人们完成一项具体的任务会降低他们完成该项任务的(内在动机),也就是说,他们是为了完成任务而完成任务的(参见 Deci & Ryan, 1987)。有一些实证证据支持了这种社区服务有消极影响的主张。比如,斯图卡(Stukas)、斯奈德(Snyder)和克拉里(Clary)(1999)调查了 1993 年明尼苏达州(Minnesota)圣保罗(St.Paul)的圣托马斯岛大学(University of St.Thomas)实施的强制性服务规定产生的影响。在 1993 年和 1995 年期间,应社区服务的要求参加了一门服务课程的商科大学生,在该课程的第一节课和最后一节课上完成了一些调查。在第一节课上实施的调查中,学生回答他们先前有多少参与志愿者服务的经验,以及他们仅仅是因为不得不这么做才选择服务课程的程度。当学生按照规定完成了他们的服务后,在最后一节课上实施的调查中,学生回答了他们有多大的可能性在将来继续参与志愿者服务。结果表明,学生越觉得他们选择该门课程是因为他们是被要求这样做的,那么他们打算在未来参加志愿者服务的可能性就越低。而且,仅仅是因为被要求这么去做,所以他们才去完成服务的这种感觉,似乎败坏了未来参与志愿者服务的意图,尤其是在那些过去参与过志愿者服务的学生当中。学生们似乎都非常清醒地意识到了他们在强制性计划中提供的服务和他们自愿地提供的服务是不同的。正如澳大利亚学校中一名参加了对强制性服务计划进行的质性研究的学生所说的一样:

> 有些时候人们聚集在一起说,我们需要筹钱。你知道的,如果你可以志愿地参与其中,那将是很棒的。然后是你自己的决定去想,嘿我愿意帮助这个事业。所以你就开始行动并且组织它。但是在这种[强制性]计划里,在某种程度上你不得不这样做,你知道的它就像——不是志愿的……你马上会想到,我的天啊,你知道的,我还有其他一些事情必须去做。因此从一开始就对它产生了消极看法(Warburton & Smith, 2003, 第 779 页)。

争论的另外一方声称强制性服务计划,尤其是那些具有某些特征的强制性计划(比如,那些整合到学校课程中的服务计划),不仅不会降低,反而还会提高人们提供志愿者服务的动机。梅茨(Metz)和尤尼斯(2003, 2005)在波士顿(Boston)附近的一所高中学校里面进行的研究展现出了经过巧妙设计的强制性服务计划能够带来的积极影响。在 1997 年的秋天,这所学校实施了一项强制性社区服务计划,要求学生在高中学习期间完成40个小时的社区服务。这项计划的采纳允许研究者将服务规定开始执行之前就已经入学的学生和服务规定开始执行之后才入学的学生进行了对比。他们进一步将已经有过服务经验的学生和那些还没有服务经验的学生进行对比。研究的结果显示,对于那些先前有过服务经验的学生来说,强制性计划带来的影响很小。无论是否是在强制性服务计划中进行志愿者服务,这些学生对公民事务都有着高水平的兴趣,并且表达出在未来愿意进行公民服务的意图。在那些只有很少的社区服务经验的学生当中,强制性服务计划带来的影响是很明显的。在这些学生中,那些参与强制性服务计划的学生在他们完成强制性服务后,对政治的兴趣和通过投票、志愿者服务和/或者加入公民组织等方式践行公民参与的意愿,都有了明显的增加,然而在相同时期中,那些没有参与强制性服务计划的学生对公民利益的兴趣和公民参与的意愿都出现了降低。

我们自己的研究更大规模地调查了强制性服务计划的影响(Henderson, Brown, Pancer, & Ellis-Hale, 2007)。1999年,加拿大的安大略省实施的政策,作为获得高中毕业证的其中一项要求,规定所有的高中学生必须完成40个小时的社区服务,为我们提供了一个独一无二的机会来研究这些计划是如何影响着公民参与的。安大略省,加拿大最大的省份,人口超过1100万,大约有700,000学生在850多所由国家公共支出资助的中学里面读书。该省制定强制性服务规定的同时,还把获得高中毕业证书所需要的年限从5年缩短到了4年。这就意味着,在同一年里,从高中学校毕业的学生将来自"两个队列"——其中一个队列中的学生用了5年时间完成高中学习,另外一部分学生用了4年时间完成高中学习。这两个队列里的学生都来自相同的居民区,在相同的学校上学,并且几乎在所有的方面都很相似。最主要的差异是他们的年龄(那些年龄较大的一列中的学生毕业时大了一岁),以及没有规定要求年龄较大的一列学生必须完成社区服务,但是年龄较小的一列学生必须完成社区服务。

两列学生完成高中学习18个月后,我们对其中接近1300名学生进行了详细的调查。接受调查的其中一半学生应要求完成了社区服务,另外一半学生是不必完成社区服务的。我们询问了他们在高中学习期间和高中毕业后他们的社区服务经历、他们对社区服务的态度、他们在未来参与服务的意愿,以及其他一些事情。我们的结果表明,强制性服务规定对很多学生来说充当着强有力的"启动"因素的角色。几乎所有的(95%)应强制性要求完成服务的学生指出,他们在高中学习期间确实完成了社区服务,然而,在那些没有强制性要求的学生中,做过社区服务的学生比例大幅度地降低到了一个较小的比例(76.7%),有将近20%的差异。在我们收集到的任何一个测量中,有强制性规定和没有强制性规定的两个组之间的差异都非常小。有强制行规定和没有强制性规定的学生在高中学习期间都做过相似类型的社区服务,并且在高中毕业后,在他们参与服务的种类或者数量上、对参与服务的态度上或者在未来参与服务的意愿上,两类学生彼此之间没有什么差异。这些结果支持了强制性服务并不会降低人们参与社区服务的内部兴趣或者未来参与服务的意愿。

作为我们调查的一个补充研究,我们从参与强制性计划的学生中抽取出了一个子样本进行面对面的访谈。我们要求他们描述他们是怎样选择出相应的服务来完成规定的强制性服务的,他们对他们的服务经历感觉如何,以及他们对强制性服务计划本身感觉如何。大多数参与访谈的学生报告说,他们对他们完成的服务有着积极的体验。举例来说,一位在私人疗养院提供服务来完成强制性服务规定的学生说道:

> 真的是非常值得地看到我仅仅花费了很少的时间,就为别人带来了如此大的不同。

当被问到他们对该规定的强制性特征有何感受时,少数学生表达了他们对不是依照他们自己的意愿参与其中,而是不得不完成社区服务的反感:

> 我认为如果志愿者服务是被要求完成的,那么它们和自愿参与的真的不一样。我认为志愿者服务是那些想要在那儿帮助别人的人们做的事情,你明白我的意思吗?因此,如果你不得不做80个小时的志愿者服务,那么有一些人可能会在一个他们并不是真正想在的位置上,因此他们也就不能真正地使任何人受益。

然而,只有极少数的学生对这项计划表达了这类感受。事实上,有些学生认为该计划强制规定的40个小时志愿者服务还不够,而且他们建议应该提高规定的要求:

> 在4年的时间里面总共参与40个小时的志愿者活动一点儿也不难，那就像是，嗯，每年10个小时，因此我个人会做到规定要求的两倍或者甚至是三倍。你知道，参与志愿者服务真的是一件好事。

其中一个对该计划最频繁的抱怨是缺乏支持该项计划的基础设施。比如，很多学生描述说，找到一个恰当的地方做志愿者服务是很困难的，因为学校不会在这个过程中帮助他们。

> 我认为教师们应该使我们更容易地找到可以提供志愿者工作的场所，因为他们只是告诉我们，去某些地方做志愿者。他们并没有真正地给予我们任何机会，或者说，好的，这儿有些事情是你能做的。我认为教师或者校长需要坐下来并且帮助学生找到能够让他们在那儿提供志愿者服务的地方，如果你对这个感兴趣，那么做这件事情，它可能会和一个不错的职业目标有关系。我想那样的话将会是真正有用的。

服务—学习

在学校里面执行的其中一个最流行的社区服务计划是“服务—学习”计划。最近一项针对美国校园“服务—学习”的报告指出，每四所学校中就有将近一所学校为他们的学生提供了服务—学习活动，而且在2007—2008学年期间有超过400万学生参与了服务—学习计划（Spring, Grimm, & Dietz, 2008）。正如它的名字所隐含的那样，这类计划的关键性特征是社区服务与结构化的学习活动整合在了一起。不再是仅仅要求学生完成社区服务，而且，服务—学习计划还为学生们提供了通过诸如课堂讨论、做报告展示和日志等活动，来对他们的服务经历进行反思和学习的机会。学生们完成的这种类型的服务是非常有组织的，这样服务就与某门具体的课程或者某个学科课程的主题联系在了一起，并且还可以预期它能够强化学生们的学习。比如，作为综合社会课程中贫困模块在高中单元的一部分，学生可能会在流动厨房工作或者为来自贫困社区的孩子们提供辅导，这样他们就能够通过第一手的资料直接了解到贫困的影响。根据大家普遍接受的服务—学习的定义，学生们参与的服务—学习计划中的一部分服务应该涵盖了比参与筹集资金或者清扫公园等一次性事件多得多的内容；它应该在一段持续的时间里面满足真正的社区需要（Scales & Roehlkepartain, 2004）。

服务—学习计划能够有效地促进公民参与吗？很多学生指出服务—学习计划确实提高了公民参与。比如，韦斯特海默（Westheimer）和卡恩（Kahne）（2004）对一项在东部沿海农村社区中由两名教授美国公民课程的教师完成的一项服务—学习计划的影响，进行了评估。作为课程要求的一部分，学生们以小组的形式在当地政府办公室里参与了各种各样的公共服务项目工作。举例来说，一组学生为他们的社区调查了资源循环利用计划的可行性。他们通过电话访谈的方式征求了居民的意见，而且他们还收集了该计划的成本以及对环境的潜在影响等数据。在完成该计划的过程中，学生们与政府机构进行互动，完成了一篇报告，并且向该郡（县）的监事会提交了他们的调查结果。对参与该计划的学生进行的访谈表明，社区服务的经历对他们的公民责任感产生了重要影响。正如一名学生所说的那样

> 如果他们想要完成某些事情，那么每个人都需要做他们该做的那部分工作……在政治上，人们总是发表他们的意见对这样的和那样的事情发火生气，但是他们从来没有为他们感知到的问题做过任何事情……这种[经历]让我觉得你必须你该做的部分。（第250页）

除了这些访谈，研究者还对参与该计划的学生和那些由相同的教师授课的，但是没有参与该服务—学习计划的控制组学生进行了调查。结果显示与控制组的学生相比，参与了该服务—学习计划的学生在若干个跟公民参与有关的测试中显示他们获得了更显著的受益，比如他们对他们能够为社区创造出不同的感知以及他们感到他们对帮助其他人具有个人责任。

然而，其他研究发现服务—学习计划对公民参与只有很少的影响或者根本没有影响。比如，比林（Billing）、罗特（Root）和杰西（Jesse）（2005）将1000名选修了含有服务—学习模块课程的学生和那些跟他们在年龄和学业成绩上相似，但是没有选修含有服务—学习板块课程的学生进行了比较。选修了两种不同类型课程的学生都要在学年开始和结束的时候完成一个调查。该调查评估了学生的公民知识（比如，美国政府三大分支的知识），他们对他们的社区的依恋感（比如，他们觉得他们为他们的社区做出了多少

贡献),他们的公民责任感(比如,他们实际行动起来帮助穷人的程度)以及他们的公民参与状况(比如,他们讨论政治,为某项事业筹集资金,给政府工作人员写信等做出努力的程度)。研究结果显示,在任何一个指标上,参与了服务—学习计划的学生和没有参加过服务—学习计划的学生之间只有非常小的差异。

在对服务—学习计划效果的研究中,为什么有如此不一致的结果呢?该问题的很大一部分原因可能是执行服务—学习计划的方式有很大的差异。很多计划根本就不是真正的服务—学习计划,它们不符合定义一个真正的服务—学习计划需要满足的关键性要求。正如先前讨论的一样,这些要求规定这项计划是某门具体的课程或者某个学科课程的一部分,它需要明确地陈述教学目标,处理真正的社区需要,计划的执行是在一段持续的时间里面进行的,并且包含了对在其中的经历进行有组织的反省与思考(Skinner & Chapman, 1999; Scales & Roehlkepartain, 2004; Spring, Grimm, & Dietz, 2008)。服务—学习领域的杰出研究者珍妮特·艾勒(Janet Eyler)认为,很多把自己描绘成涉及了服务—学习的计划仅仅只是“简单地把服务活动‘插入’到无关的课堂讨论中”,而且“有理由相信反省变成了对服务—学习经历的简单介绍”(Eyler, 2002, 第518页)。

当计划确实符合这些要求和规定时,研究证据表明服务—学习确实能够有效地提高公民参与。艾伦·梅尔基奥(Alan Melchior)(1999)对全美的初中和高中学校里面参与了17项高质量的服务—学习计划的学生进行了前测和后测调查,还将他们跟那些没有参加服务—学习计划的对照组学生进行了对比。这些高质量的计划都已经实施了超过一年的时间,在服务的小时数上达到了平均水平以上,要求学生定期地反思他们的服务经历(以口头和书面的形式),并且这些计划都是与正规的课程联系在一起的。调查结果显示,相比于对照组中的学生,完成该计划后,那些参与了服务—学习计划的学生更有可能继续参与志愿者服务活动,并且完成更多时间的志愿者服务。然而,该计划结束一年后,一个更长期的追踪调查显示该计划的很多影响都消散了。

康韦(Conway)、阿梅尔(Amel)和格维也纳(Gerwien)在一项研究(2009)中使用了元分析统计技术,把对相同类型的计划进行了探讨的若干研究中得到的结果进行整合,他们在服务—学习计划影响公民权的效果以及其他结果上得出了全局性的结论。在他们的分析中囊括了超过100项对服务—学习计划的研究，这些研究是在从小学到初中和高中以及具有更高教育水平的学校中实施的。结果表明，服务—学习计划确实对志愿者服务和社会行动等公民权成果产生了虽然很小但是在统计上达到了显著性的影响。那些在服务—学习过程中对学生的经历进行了结构化的反省思考的计划，产生的影响结果要大一些。很多研究发现对个人的服务经历进行思考，尤其是与别人进行讨论，是有效的服务—学习计划中关键性的组成部分。

公民教育

20世纪90年代早期出现了从欧洲移民到美国的大浪潮。移民们对他们的新国家知之甚少。他们缺乏对移民国家的历史、政府的工作方式或者作为公民他们拥有的权利和义务等知识的了解。人们认为教育是解决这种知识缺乏问题的强有力的解药。人们认为如果向人们教授他们的新国家的政治结构和作为公民他们扮演着的角色等知识，那么人们将会更加充分地参与国家生活。研究确实显示，那些对他们的国家的政治了解得更多的人们更可能参与国家生活(Delli Carpini & Keeter, 1996; Galston, 2001; Torney-Purta, & Amadeo, 2003)。德里·卡皮尼(Delli Carpini)和基特(Keeter)(1996)，在他们对50多年来人们对政治机构、领袖、政治进程和政策等知识的调查数据的分析中，发现对于投票来说，政治知识是非常重要的预测因素。托尼-普特(Torney-Purta)和阿马德奥(Amadeo)(2003)，分析了由国际教育成绩评估协会(the International Association for the Evaluation of Educational Achievement, IEA)赞助的对28个国家公民教育研究中得到的数据，发现对14岁的美国人的投票意愿最强有力的预测因素是他们拥有的公民知识水平和他们在学校课堂上学习到的竞选和投票知识的多寡程度。

在很多国家中公民教育成为学校课程的一部分，已经有100多年的历史了。在美国，最早的公民学或者政体课程包含了采用死记硬背的机械学习方式，学习美国政体的三个主要分支(司法部门、立法部门和行政部门[比如，总统])、公民的权利和责任(比如有参与投票的责任)以及美国的历史，聚焦在诸如林肯(Lincoln)或者杰弗逊(Jefferson)等关键人物上。设立这些课程的其中一个主要目标是在年轻的公民中渐渐灌输爱国主义和民族认同。其他国家的公民教育似乎使用了相同的方法，而且也包含了相同类型的内容。国际教育成绩评估协会对28个民主国家的公民教育的研究，发现在大多数参与了该研究的国家中，在公民学的课堂上“以教师为中心”的方式和背诵的学习方法是最流行的教育模式(Losito & Mintrop, 2001);与此同时,诸如学生计划之类的更倾向于以学生为中心的活动方法的使用,就没有那么普遍了。一项对欧洲的公民教育进行的比较报告,声称"除了某天参观市政厅或者国会大厦之外,欧洲学校的公民教育仍然跟外面的世界隔离开来,这样的情况太平常了"(Hooghe & Claes, 2009, 第233页)。

这样的课程对公民知识和公民参与有什么影响呢? 1968年兰顿(Langton)和詹宁(Jenning)完成的一项著名研究发现,在美国学校中公民或者政体课程的学习对政治参与没有显著的影响(尽管有些迹象表明这些课程的学习在具有少数族裔背景的儿童当中是有效果的)。詹宁和尼米(Niemi)稍后的研究(1974)在当时正在进行着的公民教育中也发现了类似的公民教育效果的缺乏。然而,较新的研究发现公民教育课程的确对公民知识和公民实践有显著的影响(Conover & Searing, 2000; Niemi & Junn, 1998)。比如,尼米和朱恩(Junn)(1998)在一项对公民教育的主要研究中,对1988年为美国国民教育进程评估(the American National Assessment of Educational Progress, NAEP)收集到的数据进行了分析,发现学生在公民学上修读的课程越多,他们修读这些课程的时间距离现在越近,那么他们获得的政治知识也就越多。他们确定说公民课程的学习在总体上提升了4%的政治知识,并且当课程学习与对时事和其他社会问题的定期课堂讨论结合在一起时,它能够提升的政治知识达到了11%。

尼米和朱恩的研究认为,决定公民教育是否有效的一个关键因素是学生修读的课程的特点。20世纪早期在这些课程开始之初直到20世纪70年代以及之后(现在仍然是很多美国和欧洲课程中流行的学习方法),死记硬背、机械学习就一直是美国公民学课程的典型学习方法,似乎对公民知识的积累和公民参与有着很小的影响。与此相反,那些包含了对学生关心的问题进行积极的讨论,让学生们参加那些允许他们发展公民参与技能的活动,并且能够让他们接触到政治进程的课程,对学生的公民知识和公民参与有着深远的影响。这一点在创新型教育计划的评估中展现了出来,比如若干所洛杉矶高中学校采取的城市规划课程(CityWorks curriculum)(Kahne, Chi, & Middaugh, 2006),费城高中采取的学生的发言权课程(Student Voices curriculum)(Pasek, Feldman, Romer, & Jamieson, 2008),以及几个美国联邦州采取的儿童投票美国课堂(Kids Voting USA classes)(McDevitt & Kiousis, 2007)。

举例来说,城市规划课程让学生参与到对他们来说很重要的问题的积极讨论中,比如未成年怀孕和药物使用等。学生们参与了情景模拟,在其中扮演了诸如对公共政策进行争论的游说者或者当地政客的角色,而不再是从教科书上学习政府是怎样工作的。学生和社区领导人见面,比如当选官员、媒体代表和社区积极分子等。除此之外,他们还采取实际措施去解决他们自己选择的地方性问题。卡恩(Kahne)、齐(Chi)和米道夫(Middaugh)(2006)比较了那些修读了采用城市规划课程的方式教授政体课程的学生和那些修读了采用传统方式(包含了较多的教科书学习和较少的主动学习)教授的政体课程的学生。他们发现在城市规划课程中学习的学生比以传统方式学习政体课程的学生,在对社区的参与和为社会公平服务的未来承诺等公民成果上,获得了更显著的收获。正如一位修读了城市规划课程的学生说的:

> 如果我从来没有修读过这种课程,那么如果在我生活于其中的居民区中发生了一些错误的事情,我将不知道应该怎么办。但是现在,因为我修读了这门课程,如果我觉得在我居住的居民区中有一些事情做错了或者发生了某些事情,那么我知道我应该怎么做。去市政府,给商会打电话。(第397页)

学校和课堂风气

正如家庭氛围和父母—子女互动的特点影响了年轻人的公民参与一样,学校的氛围和老师—学生互动的性质也会影响年轻人的公民参与。这是美国教育改革者约翰·杜威(John Dewey)发表于20世纪早期的观点。他把学校看作“民主的看护”,学校是一个学生应该对社区面临着的“意义深远的、至关重要的问题进行主动探究和深思熟虑的地方”,所以当他们成年后,他们会成为积极的社会成员(Dewey, 1910, 第55页)。

近期的研究者支持了杜威的观点(Campbell, 2008; Duke et al., 2009; Torney-Purta, Lehmann, Oswald, & Shulz, 2001)。政治科学家大卫·坎贝尔(David Campbell)(2008),使用来自国际教育成绩评估协会公民教育研究的数据,探讨学生在学校里面体验到“开放的”课堂氛围的程度,以及他们体验到的开放的程度是怎样跟他们的公民知识以及他们对在未来践行政治参与的预期之间产生联系的。国际教育成绩评估协会的研究将开放的课堂定义为学生感觉到他们能够自由地表达他们对某些问题的看法，并且他们能够自己做决定。参与该研究的学生通过用“非常不同意”“不同意”“同意”或者“非常同意”来对6个陈述句中的每一个做出回答，以此来表明他们对学校课堂氛围的开放程度的感知。举例来说，这些陈述句是“鼓励学生自己拿主意解决问题”和“老师尊重我们的看法并且鼓励我们在课堂上表达我们的观点”。坎贝尔发现课堂氛围越开放，学生学到的政治知识也就越多，他们有更大的意愿会在成年后参与投票，并且他们还更多地说在投票前他们会调查候选人的信息。另外一个同样有趣、也很重要的发现是开放的课堂对社会经济地位较低的学生有着更大的影响。这个发现认为，鼓励所有的学生开放地表达他们自己的观点的课堂，可能在降低那些我们经常看到的在社会经济地位较低和社会经济地位较高的人们在政治参与中存在着的差异上会起到作用。

课堂和学校为更广阔的社会充当着重要模型的作用。如果青少年体验到学校是民主的，在学校里老师尊重学生，期望学生们彼此之间相互尊重，并且公平平等地对待每一个人，那么学生才会希望看到这些民主原则（尊重、公平和平等）在他们将会成为其中一员的其他社区中和在整个社会中践行着。在这种学校环境中进行学习的学生更有可能把他们自己看成学校的公民，并且参与到学校活动中去。反过来，学生作为学校公民的经历通常能够影响他们在社会中的公民意识和他们对公民生活的义务承诺。学生对学校的感知和他们的社会承诺之间的关系在弗拉纳根（Flanagan）、卡米尔（Cumsille）、希尔（Gill）和高络伊（Gallay）的研究中（2007）体现了出来。他们对美国的高中学生（年龄范围从11岁到18岁之间）进行了调查，评估了学生对教师的“民主思潮”的感知。对“民主思潮”的测量要求学生指出他们对教师在跟年轻人打交道的过程中表现出来的尊重（比如，“教师期望学生能够倾听彼此之间的意见”）、公平（比如，“教师给予所有的学生平等的机会”）和容忍性（比如，“教师不会允许学生取笑其他学生”），等等，学生是表示同意还是不同意这些有关的陈述。还要求学生通过表明在他们未来生活中运作诸如阻止偏见并且帮助那些不太幸运的人们等事情对他们来说有多么重要，来完成对“公民承诺”的测量。结果显示，教师的民主实践和学生的未来公民承诺之间存在着密切的关系。

积极的学校氛围也能够在学生和学校之间建立起一种情感上的联系和

归属感，而且还能够通过这种情感上的联系提高学生的公民参与度。健康研究者娜奥米·杜克(Naomi Duke)和她的同事(2009)，使用了来自国家青少年健康纵向研究的数据，发现那些在15岁时就体验到了他们和学校之间有着联结感觉的连接年轻人在6年后作为年轻的成年人进行评估时，更显著地有可能践行公民参与，在这种联结感觉中他们感觉到他们和学校的教师和同学之间很亲密，而且感知到教师在乎他们，公平地对待他们。在其他活动中，他们更可能做志愿者服务、献血、在政府组织里工作，并且参与社会活动或者社区团体。

学校规范

青春期是个体对他们所属社区的规范或者习俗尤其敏感的一个时期。在他们生命的这段时期中，对大多数人来说，学校是他们属于其中的卓越的社区。如果他们在学校的同伴相信公民参与是很重要的，这将对他们自己的信念产生强有力的影响。赞同规范信念的学生会在学校得到他们的同伴的接纳，同时他们也不会有面对责难或者拒斥的可能性。随着时间的流逝，这些规范将会被内化，个体赞同这些信念不再是因为需要得到同伴的接纳或者是因为来自拒斥的威胁。这种推理认为，如果一名学生在具有强有力的公民参与规范的学校上学，在这所学校中大多数学生都相信公民参与是很重要的，那么该学生将会认可这种信念并且会内化它。

大卫·坎贝尔对来自青少年—父母社会化研究(Youth-Parent Socialization Study, YPSS)的数据进行了分析，在他的著作《我们为什么投票：学校和社区怎样塑造了我们的公民生活》(*Why We Vote: How Schools and Communities Shape Our Civic Life*)(Campbell, 2006)中，呈现了支持这些观点的证据。YPSS包含了一项对1965年77所美国高中学校毕业班的所有学生的调查，询问他们，能够说明一个人是良好公民的最重要的3件事情是什么？在列出的可供选择的回答中包括"他在竞选中投票"。选择这项回答的学生的百分比在不同的高中学校之间有着相当大的差异(从46%到85%)，表明就投票和公民参与而言，每所学校在它们拥有的相应规范的程度上具有很大的差异。在15年以后的一项后续调查中，询问他们是否在1980年的总统竞选中投了票。结果显示，那些在有着强有力的公民参与规范的高中学校读书的学生，在他们高中毕业15年后更显著地有可能在总统选举中投票。在跟踪调查中，那些曾经就读于拥有这些规范的高中学校的个体也更可能参与了志愿者服务。

课外活动

学校社区不只是拥有教室和课程。学校还有各种各样的学校俱乐部、团队、艺术和文化团体，以及学生能够在其中参与常规课程以外的活动的管理团体。在这些类型的课外活动中的参与可以作为在学校社区中践行公民参与的一种形式，并且有确凿的证据表明参与到这些活动中能够引发校外的公民参与，而且在学生毕业后的生活中也是这样的(Glanville, 1999; Hart, Donnelly, Youniss, & Atkins, 2007; Smith, 1999; Youniss, McLellan, & Yates, 1997; Zaff, Moore, Papillo, & Williams, 2003)。比如，乔纳森·扎夫(Jonathan Zaff)和他的同事(2003)，使用来自美国高中学生纵向研究(国民教育纵向研究)的数据，发现在8年级，10年级和12年级的时候持续地参加了课外活动的学生，在他们高中毕业两年后参加投票或者成为志愿者的可能性，是那些没有参加过课外活动的学生的将近两倍。丹·哈特(Dan Hart)和他的同事(2007)，也使用了来自国民教育纵向研究的数据，发现在12年级的时候参与过课外活动的学生在他们高中毕业8年后，当他们26岁的时候，更可能在当地的选举和国民的选举中投过票，并且在他们的社区中提供过志愿者服务。

尽管有相当大比例的青少年(70%，根据Feldman & Matjasko, 2005的研究)确实参与过有组织的课外活动，但是在这些学生参与的活动数量上存在着相当大的差异，而且还有很大一部分比例的学生根本没有参与过课外活动。为什么有些学生参与了课外活动而其他的学生没有参与呢？不幸的是，很少有研究探究过引发学生初次参与以及维持学生持续地参与这些类型活动的影响因素(Feldman & Matjasko, 2005)。少量涉及该问题的研究认为，学校自身在决定有多少学生将会参与这类活动中扮演着重要的角色。比如，人们已经知道了一段时间的，在规模较小的学校中学生在课外活动中的参与水平要高于在规模较大的学校中学生在课外活动中的参与水平(Barker & Gump, 1964; McNeal, 1999)。

研究表明，学校的氛围可能也在决定参与课外活动的学生比例中扮演着重要的角色。社会学家拉尔夫·麦克尼尔(Ralph McNeal)使用来自“高中和高中以后”(Highschool and Beyond)研究的数据，在全美281所高中学校10年级的学生中收集数据(McNeal, 1999)，考察了学校氛围与学生在课外活动中的参与之间的关系。他发现那些在氛围有问题的学校中就读的学生,比那些在学校的氛围没有那么糟糕的学校中就读的学生,更少可能参与课外活动,有问题的氛围具有这样的一些特征:同学之间有冲突,学生感觉到自己在学校里是不安全的,以及存在着诸如偷盗和药物滥用等比较严重的问题。

研究认为其中一个影响了在某个学校中将会有多少学生参与课外活动的最重要的决定因素是在这个学校中为学生提供了多少数量的活动。斯登(Stearns)和格伦尼(Glennie),在近期对北卡罗来纳州高中学校的研究中,收集到了该联邦州300所高中学校中超过200所学校的年鉴,并且使用这些年鉴来确定每所学校提供了多少课外活动(Stearns & Glennie, 2010)。他们从北卡罗来纳州教育研究数据中心获取了每所学校9年级学生参与课外活动的比例数据。他们发现,学校提供的活动越多,参加课外活动的9年级学生的比例也就越大,并且在从体育运动到艺术再到社区服务几乎每种类型的活动中都是这样的。

居民区

对我们大多数人来说,最重要的一个社区是那个我们生活在其中的社区——居民区。如果有人问我们对居民区的参与状态是怎么样的或者我们在其中有什么样的参与行为,我们可能会想到我们和邻里之间的关系,我们(以及我们的孩子)参加当地的组织或者协会,或者可能做某些事情来帮助我们的社区拥有更好的居住环境(比如:参与清扫居民区)。正如我们的孩子就读的学校类型能够影响他们在学校社区中的参与行为一样,我们居住在其中的居民区的类型也会影响我们在当地的社区和在更广泛的社区中的参与状况。居民们彼此了解并且相互信任,感觉到生活在其中有安全感,而且还有大量的他们可以参与其中的社区团体和社区组织,生活在这样的居民区中的居民更有可能积极地参与社区生活。

社区的性质和公民参与之间的关系在内奥米·杜克和她的同事近期完成的一项研究中展现了出来,她们使用来自“国家青少年健康调查”的数据,对导致了美国青少年与健康有关的行为的原因和环境进行了纵向研究(Duke et al., 2009)。在该研究中,他们询问了15岁的青少年一系列有关他们生活在其中的居民区的问题。和其他问题一起,还询问了他们是否认识居住在他们的居民区中的大多数人,在他们的居民区中居民们彼此之间是否相互留心，以及在他们的居民区中他们是否感到安全。几年后，当他们成为21岁、22岁的年轻成年人时，询问他们当前的公民参与情况——他们是否在最近的一次总统选举中投了票，是否为社区组织提供过志愿者服务，或者是否为政治组织贡献过时间，以及其他一些活动。结果显示，在15岁的时候居住在安全的和支持性的社区中的个体，更可能在成为年轻成年人的时候践行公民参与。

像学校一样，居民区也能够提供在我们的整合模型（见第一章）中概述过的，能够鼓励人们长期地、坚定地进行公民参与的两个关键因素。它们能够通过个人与邻里之间的联系网络或者他们在居民区中能够接触到的活动和组织来启动公民参与，并且通过为参与者提供支持性的环境和积极的体验使公民参与能够得以维持下去。

邻里关系

社会心理学家唐纳德·格尔（Donald Unger）和阿伯汉姆·万德斯曼（Abraham Wandersman）使用术语“邻近”（neighboring）来指称邻里彼此之间互动以及对邻居和居民区的依恋程度（Unger & Wandersman, 1985）。邻近包括跟住在街尾的人聊天，从隔壁邻居家借工具或者烘焙用品，不在家的时候请同一街区的邻居留意一下你的房子，或者仅仅是感觉到如果有需要的话居民区里就会有人支持你。对这个主题的早期研究指出，邻近发生得越多，个体越有可能参与居民区的组织并且为改善他们的居民区而奋斗。比如，万德斯曼（Wandersman）和吉迈帝诺（Giamartino）（1980）调查了田纳西州（Tennessee）首府那什维尔（Nashville）两个相邻街区之间的邻近情况，来研究邻近是否跟居民参与到社区组织中去的意愿有关系。该研究是“邻里参与计划”（Neighborhood Participation Project）的一部分，它是一项对居民在街区组织中的参与情况的纵向研究。研究者通过要求居民回答诸如他们认为在他们的街区中有多少人是他们亲密的朋友和他们与街区中的人们进行社交活动的频繁程度等问题，来测量邻近。研究者还要询问居民，“你是否感受到跟这个街区中的其他人之间存在着社区意识？”完成这些测量之后不久，社区的组织者走访了这两个街区中的每一户居民，和每一户居民讨论街区居民面临着的、普遍关注的问题，并且尝试寻找一些愿意在他们自己的家里主持召开街区会议的街坊，以便让居民们在一起讨论解决这些大家共同关注的问题。

这两个相邻街区中居民的反应有非常大的差异。在其中一个街区中，没有一个人愿意主持召开街道会议。组织者最终放弃了寻找愿意在他们的家里主持召开会议的居民，并且即便是当他们将街区会议安排在一间当地住房服务办公室里面的时候，也没有人出席。相反，在另外一个街区中，街道会议安排在了一位居民的家里，几乎一半的街区居民都出席了这次街道会议。为什么在这两个街区之间有如此大的差异呢？研究结果认为，在两个街区里面发生着的邻近活动的总量扮演着很重要的角色。根据在尝试寻找愿意在自己家里主持召开街道会议的居民之前，人们对组织者提出的问题的回答，在成功地召开了会议的那个街区中的居民比另一个街区中的居民，显示出了有高得多的水平的邻近活动和更显著的社区意识。

邻里可以通过多种方式来启动公民参与。他们可以告知彼此公民参与的机会，并且鼓励彼此参与其中。他们也可以建立起跟公民参与有关的规范。如果一个人看到他的邻居们积极地参与了公民生活，就能够建立起公民参与的规范，并且能够增强让自己参与其中的责任意识。邻里还能够相互支持开始进行最初的参与。如果一个人了解其他将要出席会议的人们而且和他们相处融洽的话，那么出席街区协会召开的会议就简单得多了。于是，并不稀奇的是，在邻近程度更高而且社区意识也更高的街区中的居民，将会出席讨论邻里们关心的问题的会议。

更近一些的研究指出，邻近除了跟在社区组织中的参与有关之外，还与其他形式的公民参与有关。博兰(Bolland)和麦卡勒姆(McCallum)(2002)评估了阿拉巴马州(Alabama)维尔市(Hunstville)6个低收入的公共住房居民区中的邻近情况，使用量表来调查被调查对象在过去一年中在他们的邻居当中是否有人向他们借过食物或者在他们外出办事的时候照顾他们的孩子等。他们发现邻近活动越多的个体，越有可能跟他们的邻居讨论诸如暴力和未成年怀孕等问题，并且他们越有可能和社区中的其他人一起努力解决某个社区问题，联系当选官员谈论他们的需要或者他们遭遇到的问题。许(Xu)、珀金斯(Perkins)和乔(Chow)(2010)使用来自2005年“中国综合社会调查”(Chinese General Social Survey)的数据，即对中国农村和城市居民的代表性样本进行的年度调查，来考察邻近和政治参与之间的关系。该调查要求被调查对象回答的问题包括，“你对你的邻居有多么了解”和“邻居彼此之间相互帮助的程度有多大或者说你期望得到多大程度的帮助”，这为邻近程度和社区意识的测量提供了指标。他们发现，有更多的邻近行动和更强的社区意识的个人更显著地有可能在前一次城市居民委员会或者农村村民委员会的成员选举中投过票。路易斯(Lewis)和野口(Noguchi)通过使用"美国社会资本基准调查"(the American Social Capital Benchmark Survey)的数据进行研究(2008)发现,那些感到他们的邻居给予了他们社区意识的男性(但不是女性)居民相比那些他们的邻居没有给予他们社区意识的男性居民来说,在过去的12个月里面,更有可能参与过游行、联合抵制或者示威。

居民区的活动和组织

居民区还会以其他的方式影响着公民参与。仅仅是为邻居提供聚在一起的机会,不论是仅仅在彼此之间进行普通的社会交往,还是在某个组织中或者是在某个计划项目中共同工作,都可能有助于增加正在进行着的邻近活动的总量,并且增加公民参与。丹·哈特最近的一项研究认为当地那些能够提升邻里联系的社会机构的可用性对公民参与存在着影响(Hart, 2011)。通过使用来自美国国家青少年健康纵向研究的数据,哈特着眼于年轻成年人(年龄在18到26岁之间)的公民参与,以及他们的公民参与是怎样跟这些年轻成年人的家庭住址到最近的基督教青年会(YMCA)之间的距离联系起来的。"基督教青年会"是美国最优秀、最普遍的社区机构之一,哈特把基督教青年会在居民区中的出现看成在居民区中社会机构可用性的一个指标。该研究的结果指出,年轻成年人居住得距离基督教青年会越近,他们就越有可能在过去一年里参与过诸如志愿者服务或者出席公共会议等各种公民活动。

为什么邻里组织促进了公民参与呢?产生出长期进行着的公民参与的关键是首先让人们参与进来,然后通过支持他们的活动和为他们提供积极的经验等方式确保他们能够持续地参与下去。邻里组织能够提供支持和积极的经验。的确,邻里组织能够在多大程度上提供支持和积极的经验是居民持续地参与下去的重要决定因素,甚至是该组织自身生存能力的决定因素。这一点在珀瑞斯特(Prestby)、万德斯曼(Wandersman)、弗罗林(Florin)、里克(Rich)和查维斯(Chavis)的研究(1990)中展现了出来。他们采用问卷的形式调查了超过400名个体,其中每一个人都参与了纽约市29个不同的街区居民协会中的其中一个,要求他们回答在邻里联合会中进行公民参与时,他们得到的受益和付出。要求被调查对象指出他们在邻里联合会中的参与为他们带来的各种受益或者积极结果的程度(比如,学习到新技能,获得了信息,交上了朋友,获得了认可,改进了街区),以及为了参与街区协会他们付出的代价(比如,儿童看护,时间的花费,放弃了和朋友或者家人共同进行的活动,感觉到不受欢迎,没有获得组织成就)的程度。这些结果表明,虽然受益比代价是更重要的影响着参与程度的决定性因素,但是感知到的受益和代价都与参与的程度有关。体验到的积极结果越多的个体有着更多的参与。在该研究的另外一个阶段中,研究者将8个在研究开始一年后就不再发挥作用的街区组织和20个持续地发挥着作用的街区组织进行了对比。他们发现持续地发挥着功能、更具活力的组织拥有着那种采用多种策略来确保组织成员获得积极结果的领导。

另外一簇似乎跟居民在邻里组织中的参与有关的因素是这些组织中提供的支持氛围。吉迈帝诺(Giamartino)和万德斯曼(Wandersman)(1983)要求田纳西州首府那什维尔的17个街区组织的成员完成了慕斯(Moos)和汉弗莱(Humphrey)的“群体环境量表”(Group Environment Scale)(1973)。这个量表从10个维度上评估了感知到的团体或者组织氛围,这10个维度包括团体凝聚力、团体领导者的支持力、现实任务受到强调的程度以及团体活动的组织化和结构化程度等。还要求研究的参与者指出,他们是怎样参与到他们的组织中去的,以及他们的参与程度是在增多,减少,还是没有变化。结果表明,那些被成员们知觉为提供了一种友好的、关爱的环境,同时具有清晰的和规范化的结构,并且聚焦在现实的、接地气的任务上的组织,比那些没有这些特征的邻里组织,拥有更高水平的公民参与。

我们自己对“更好的开始、更好的未来计划”(Better Beginnings, Better Futures Project)的调查为积极经验和支持氛围在邻里组织对公民参与的改善上起到的重要性提供了额外证据(见 Cameron, Peirson, & Pancer, 1994; Nelson, Pancer, Hayward, & Peters, 2005; Pancer & Cameron, 1994; Peters et al., 2010)。“更好的开始、更好的未来计划”是以社区为基础的首次尝试,设计该计划的目的是为了减少加拿大安大略省中那些生活在社会经济弱势社区中的儿童和青少年在社会、情感和学业等方面出现的问题。使用该省的资金,在该省的8个社区中创立了邻里组织,这些组织与当地学校和社会服务机构一起,致力于为居住在该社区中的儿童和家庭提供各种各样的计划项目。该计划具有的其中一个独特特征是社区居民的参与,他们不仅仅是参加该计划,而且还在他们所在的社区中参与了这些计划的创立、开发、实施、管理和评估。的确，接受该省拨款的其中一个要求就是在每一个实施了该计划的计划点进行协调活动的指导委员会中，至少要有51%的成员是生活在该居民区中的居民。所以，居民在诸如雇佣该计划的员工、管理经费预算、代表该计划做报告以及策略计划等活动中扮演了积极的角色。在这些活动中招揽居民参加进来并且维持居民参与的一个关键因素是，该计划提供的欢迎人们参与其中的氛围，以及为居民提供了获得积极体验的机会。在我们为了记录这个首次尝试的发展创立过程而进行的很多访谈中，这一点充分地体现在居民对访谈问题的回答中：

> 在会议上，能够听到整个社区的心声，并且还有来自员工和代表管理机构的董事会成员对我们谈到的问题做出回应……这使社区成员感到他们是受欢迎的，并且管理该计划的人们不是那些机构，而是我们自己。

青少年组织

邻里组织尤其影响了青少年的公民参与，尤其是像四健会(4-H)、男童子军(boy scouts)和女童子军(girl scouts)，以及关注年轻人的“基督教青年会”(Y)等组织。许多这些组织都把公民参与作为了它们的核心目标。比如，在英国的一个儿童和青少年组织——森林生活知识团(Woodcraft Folk)的使命是“教育青少年并且对他们进行赋权，使年轻人能够积极地参与社会，通过积极公民权来改善他们和其他人的生活。”所有参与四健会的数千名青少年都要背诵一个以服务于社区和国家为显著特征的誓言：“为了我的社团，我的社区，我的国家和我的世界，我发誓我的头脑会更加清醒地思考，我的本心会更加忠诚，我的双手会提供更多服务，我的健康会带来更好的生活。”若干研究显示，那些参与到这些类型组织中的青少年更有可能践行公民参与(e.g., Lerner et al., 2009; McFarland & Thomas, 2006; Rosenthal, Feiring, & Lewis, 1998)。

比如，作为在2002年发起的大规模的“积极青少年发展四健会研究”(4-H Study of Positive Youth Development)的一部分，理查德·勒纳(Richard Lerner)和他的同事考查了参与青年组织对公民参与的影响(Lerner et al., 2005)。在第一波研究中，来自美国13个联邦州的超过1700名5年级学生和1100名家长完成了问卷，要求被调查者回答青少年在青年组织中的参与情况和他们对社区做出的“贡献”。他们调查了在4个青年组织中的参与情况，它们具体是四健会、男童子军或者女童子军、基督教青年会（YMCA）或者基督教女青年会（YWCA）以及男生和女生俱乐部。这些都是美国最流行的青年组织，另外，它们还关注了青少年的积极发展，这些组织注重培养年轻人的生活技巧，在青少年和成年人之间建立积极的和持久的关系，并且为青少年提供“在有价值的社区活动中以参与者和领导者的身份”使用技巧的机会（Lerner et al.，第12页）。

研究者用两种方式评估了社区贡献。第一，他们询问年轻的被调查者一些问题，比如，“如果你想象在你所有的生活领域中你都做得非常好，你将是什么样子的？你会去做哪些种类的事情？”如果他们的回答里面没有提到其他人或者社区或者社会（比如，“每次考试都得A”），那么贡献得分是0；如果他们指出青少年关心那些在他或者她身边的人（比如，“友好的对待其他人”），那么贡献得分是1；或者如果他们指出青少年非常想要为社会做出贡献（比如，通过“和管理者讨论与学校有关的问题”），那么贡献得分将会是2。被调查对象还要完成评估他们的社会责任感的量表（社会责任感量表［the Social Responsibility Scale］，Greenberger & Bond, 1984），该量表要求他们指出他们同意或者不同意若干陈述，比如，“对于我来说，为我的社区和社会做贡献是重要的”。结果表明，年轻人参与其中一个青年组织的时间越多，他们就会认为为社区做贡献越重要。

参与青年组织能够对年轻人的公民参与产生长期持久的影响。对随后几波四健会研究中收集到的数据进行的分析表明，那些在5年级的时候参与了四健会活动的学生在4年后当他们读9年级的时候，在社区贡献测量表上的得分要比那些在5年级的时候没有参与过四健会的学生的得分高25%（Lerner et al., 2009）。其他研究指出参与青年组织甚至还有长远得多的影响。麦克法兰（McFarland）和托马斯（Thomas），对来自“美国国家青少年健康纵向研究”的数据进行分析（2006），发现在高中时期参与了基督教青年会等当地青少年中心的年轻人，在7年后当他们成为年龄在18岁到26岁之间的年轻成年人的时候，更显著地有可能现身投票，为社区组织提供志愿者服务，和/或参与政治运动。拉德维希（Ladewig）和托马斯（Thomas）对年龄在40岁到50岁之间的成年人进行了一项调查（1987），询问他们是否曾经是青年组织的成员，比如四健会、基督教男青年会或者基督教女青年会，或者男生和女生社团。他们发现，在青少年时期是这些组织的成员的成年人，积极参与诸如政治团体、商会和社区委员会等组织的可能性，是那些在青少年时期没有参与过青年组织的人们的两倍。他们甚至还把他们的公民行动传递给了他们的子女。甚至是在青年组织里面，青年校友组(youth group alumni)的子女也比非校友(non-alumni)的子女在青年组织中更加积极。

小　结

学校和社区都是个体首先遇到的真正的社区，而且这些社区的性质对公民参与有着深远的影响。学校通过它们提供的课程和计划，比如强制性服务计划、服务学习计划和公民教育课程等，在提升公民参与上扮演着积极的角色。研究告诉我们，如果坚持一定的原则，比如要求学生反思和讨论他们的经历，那么这些类型的计划能够有效地维持长期的公民参与。研究还表明，学校和课堂的氛围也能够对青少年的公民参与产生影响。鼓励学生彼此尊重，允许学生开放自由地表达他们的观点，使学生感觉安全，并且为学生提供各种各样的课外活动的学校，将会培养出能够在成年后成为积极公民的学生。

居民区也能够影响公民参与。具有高水平“邻近”特征的居民区，在其中人们了解信任彼此，这样的居民区中往往生活着公民参与程度更高的居民。邻里组织的出现，尤其是那些提供了欢迎的、支持性环境的邻里组织，也鼓励了公民参与。尤其是青年组织，能够对个体的公民参与有长期持久的影响。那些参与了基督教青年会、四健会社团或者童子军等组织的青少年在进入成年期后对公民活动有着更多的参与。

工作场所和宗教场所对公民参与的影响

在上一章中,我讨论了学校和居民区对我们在公民生活中的参与状况产生影响的方式。我们参与其中的其他所有社区对我们的生活同样也有着重要的影响。我们中的大多数人会在工作场所度过大部分的成年时期。多数人会在某个宗教传统的浸淫下长大,并且至少会在教堂、犹太教会堂、清真寺、寺庙或者其他一些宗教机构中有所参与。我们与这些工作场所和宗教社区之间的关系虽然并不会对我们在其他社区中的参与情况有所帮助,但是它们会影响我们是如何参与到那些我们是它们的其中一部分的其他社区中的。

宗教和公民参与

虽然宗教仪式在世界范围内有着很大的变化,但是几乎每个国家中都有相当部分的人们定期地参加了某些形式的宗教活动。盖洛普民意调查组织的一项针对美国人的调查发现,62%的被调查者声称他们是“教堂或者犹太教会堂”的成员,44%的人报告说他们每周或者几乎每周都要参与宗教服务,56%的被调查者表示宗教信仰在他们的生活中“非常重要”,仅有17%的人声称宗教信仰“并不是非常重要的”。基于他们得到的结果,盖洛普报告声称每10个美国人中就有超过8个人有正式的宗教信仰,并且声称宗教信仰在他们的生活中具有重要作用,并且至少是不定期地去教堂(Newport, 2007)。

对于生活在其他国家的人们来说,宗教信仰也是他们生活中的重要力量。盖洛普国际千禧年调查,1999年10月在全世界范围内调查了60个国家的人们,发现87%的被调查者把他们自己看成某些宗教的一部分。将近三分之一的被调查者报告说他们定期参加宗教服务。在世界的某些地方,人们参加宗教仪式的频率非常高:99%的来自非洲西部的被调查者把他们自己看成宗教的一部分,82%的人报告说他们至少每周都要参加一次宗教服务(Carballo, 2000)。

人们的宗教信仰和宗教实践跟公民参与的每一种形式都能够联系在一起。一些研究显示,在宗教信仰和志愿者服务之间存在着关联(比如,Lam, 2002; Wilson & Musick, 1997; Smetana & Metzger, 2005; Smith & Faris, 2002)。举例来说,社会学家克里斯丁·史密斯(Christian Smith)和罗伯特·法里斯(Robert Faris),检查了对美国高中生全国范围的代表性样本进行施测的"监测未来(Monitoring the Future)"(MTF)调查的结果,来探讨宗教信仰和社区服务之间的关联。他们发现每周都参与宗教服务的学生定期参与社区事务或者志愿者工作的可能性是那些从来都不参加宗教服务的学生的两倍多(Smith & Faris, 2002)。威尔逊(Wilson)和缪杰克(Musick)(1997)在对美国成年人的调查中得到了相似的结果。那些频繁地参与宗教服务的成年人比那些较少参与的成年人,更可能在前一年中做过志愿者服务。除了参与宗教服务的频率之外,宗教信仰的其他指标也与志愿者工作有关。培-扬·拉姆(Pui-Yan Lam)(2002),使用1996年"北美上帝和社会(God and Society in North America)"调查的结果,发现宗教或者与教堂有关的组织中的成员比起那些非成员们,更可能去做志愿者服务。她还发现频繁地进行祈祷和阅读宗教材料的人们比那些不这样做的人们,更可能成为志愿者。斯美塔拉(Smetana)和梅次赫尔(Metzger)(2005),在对中产阶级非裔美国年轻人的研究中,发现那些把自己看成更多地在精神上的,签署了诸如我认为"我内在地意识到上帝存在于我的生命中"之类的声明的人们,更可能参与到志愿者服务和社区服务中以及其他一些公民活动中去。尤尼斯(Youniss)、麦克莱伦(Mclellan)和耶茨(Yates)(1999)报告了"美国高中生监测未来调查"的结果,显示那些相信宗教信仰在他们的生活中是重要的年轻人参与社区服务的可能性几乎是那些不相信宗教信仰是重要的年轻人的三倍。

宗教信仰和政治参与之间也有关联。乔纳森·扎夫(Jonathan Zaff)和他的同事(Zaff et al., 2003),采用"美国国民教育纵向研究"(the American National Edutational Longitudinal Study)(NELS)的数据,发现在10年级的时候参与过宗教服务的年轻人在4年后当他们成为年轻成年人的时候,参与选举投票的可能性比那些10年级的时候没有参与过宗教服务的年轻人高了

24%。韦尔巴(Verba)、施洛兹曼(Schlozman)和布雷迪(Brady),在他们具有里程碑意义的美国成人政治参与研究中,发现人们越多地参与宗教服务,他们在当地的和全国性的选举中投票的可能性也越高(Verba et al., 1995)。其他研究显示,定期地参与宗教服务的个人更可能参与到各种各样的政治活动中去,比如出席公众集会、给当选官员写信或者签署请愿书(Jones-Correa &Leal, 2001)。

公民参与的其他形式,比如社会行动和社区组织,与宗教信仰之间也有着强有力的关联。其中一个在美国民权运动的历史上最强有力的人物是马丁·路德·金(Martin Luther King),这个浸礼会牧师于1957年帮助建立了非裔美国人牧师组织,而且他还是南方基督教领导联合会(the Southern Christian Leadership Conference)(SCLC)的宗教领袖。金和SCLC提倡采用非暴力性质的抗议来纠正公民弊病,并且组织了一些美国历史上规模最大、最有效的抗议活动,比如1963年八月在华盛顿特区举行的超过20万人参与的游行来支持公民权立法。SCLC带头游行,该游行在金博士著名的《我有一个梦想》的演讲中达到了顶峰,它想象了一个不再以"人们皮肤的颜色",而是以"人们的品质"来认识人们的未来世界。到今天,社区行动和社区组织之间仍然紧密地联系着。宗教信仰和社会行动之间存在着联系的其中一个例子是基于信仰的社区组织工作团体(the Faith-Based Community Organizing groups)(FBCO)(Wood & Warren, 2002)。它们是美国境内基督教和非基督教集会的团体,它们团结在一起,并且雇佣专业的社区组织者在必须处理的面向社区的重要社会问题上行使它们的政治力量。伍德(Wood)和沃伦(Warren)(2002)估计大约有3500个教会是FBCOs的成员。这些组织处理许多不同的问题,包括公共学校改革、经济适用房、减少帮派暴力和为老年人服务等。举例来说,德克萨斯的一个FBCO团体,自从20世纪80年代早期就在联邦州的层面上影响着政策,主导了一个运动,使得该联邦州将28亿美元作为教育改革方案的一部分,额外分拨给了该联邦州范围内的贫困学校。

在人们的宗教信仰和宗教实践中存在着什么因素激发了个人更多地践行着公民参与呢?在第一章中呈现的理论模型指出,当"启动"因素出现时,比如:他们的价值观、他人的影响或者跟公民参与有关的社会规范等,个人会开始卷入公民生活。如果"维持"因素也出现了,那么他们会继续参与其中。这些维持因素包括公民参与的积极成果和人们在完成公民活动的社会环境里面体验到的社区意识。宗教和宗教组织提供了启动和维持公民参与的要素。他们通过他们信奉的社会责任感价值观,神职人员和同一教派的人们带来的影响和他们为参与提供的很多机会以及其他一些事情,来帮助启动公民参与。他们也通过在那些参与了教堂内部和教堂外部的公民活动的人们当中激发社区意识来维持公民参与。

社会影响和社会网络

人们出席清真寺、教堂或者犹太教会堂时,不仅仅只是做祈祷。他们彼此之间相互谈论各种话题、结成好友、彼此给予建议,并且在教会和非教会的活动和组织中寻求集会参与者的帮助。人们开始参与到公民组织、政治活动或者社会行动中去的最普遍的方式是朋友或者熟人请求他们参加。因为教堂是人们交朋友和成为熟人的地方,所以它变成了“招募”个人来参加公民活动的一个重要环境。韦尔巴、施洛兹曼和布雷迪(1995)对美国公民参与的研究强有力地展示了这一点。他们询问了一个由超过15000个美国人组成的随机样本这样一些问题,是否是同一教派的人亲自请求他们去做政治竞选工作、与政府工作人员进行接触、参与抗议或者参与社区组织。每四个人中就有将近一个人表示,曾经有人请求他们去做这些事情中的一种或者几种事情。对于那些属于某个鼓励政治活动的教堂中的人们来说,这个比例要高得多,在这些教堂中神职人员(至少有时)会谈论政治问题。经常在这类教堂做礼拜的人们当中有50%的人表示曾经有人请求他们去参加某些类型的政治活动,比起那些在那种神职人员在布道坛上从来不谈论当地的或者全国的政治问题的教堂中做礼拜的人们来说,这个比例只有11%。

通过一个人的宗教关系建立起来的朋友和熟人网络同样地以更加间接的方式对个人施加了影响。简单地参与到和集会参与者之间对公民事务或者政策的讨论中,就已经能够提供信息并且强化个人意识到的融入到公民社会中去是重要的这样的观念。舍费尔(Scheufele)、尼斯比特(Nisbet)和布罗萨德(Brossard)(2003),使用从2000年美国全国大选研究中得到的数据,发现频繁地出席教堂的人们更可能与教堂成员同伴一起参与过政治讨论,而且这些讨论与更多地从全国电视新闻的视角来看问题、获得更多的政治知识和提高了的政治参与有关。麦肯奇(McKenzie),在非裔美国人当中,对那些经常去教堂做礼拜的那部分人的研究中(2004),发现那些表示说他们在教堂或者宗教场所“和人们谈论过政治问题”的人们更可能现身投票，以及参与其他许多诸如出席政治竞选筹款会、在选举日开车带人们去投票和帮助选民登记之类的政治活动。

以教堂为基础的社会网络在那种不需要直接劝说而采用强迫执行的公民行动的社会规范的建立过程中也很重要。当某人看到他所在的教堂网络中，人们在施粥场一起工作、一起帮助移民去适应他们的新社区或者为穷人捐献衣物，那么作为促进个人参与的强烈动机的社会责任感规范就建立起来了。贝克尔(Becker)和迪因格拉(Dhingra)(2001)使用对纽约州四个社区中的居民进行调查得到的结果，检测了宗教社会网络在志愿者服务这种形式的公民参与中的规范性影响。在他们的调查中，他们询问居民一些与他们的宗教信仰、归属和实践有关的问题，比如他们多久去一次教堂和他们的宗教信仰对他们有多么重要等。他们也询问了很多与他们的社会网络有关的问题，比如他们有多少好朋友(一个也没有，几乎没有，有一些，很多，几乎所有)是通过他们的教堂集会遇到的。他们发现在那些出入教堂的人们中，那些在他们的亲密朋友网络中有很多教堂成员的人们比起那些朋友圈中很少有教堂成员的人们，更显著性地可能去做志愿者服务工作。他们声称志愿者服务中的"教堂效应"(经常去做礼拜的人比那些不太经常去做礼拜的人更多地成了志愿者的事实)的发生主要是由于这些以教堂为基础形成的朋友网络以及在这些网络中建立起来的规范。

价值观和信仰

每一个主要的宗教都有一套在其内在核心定义了该宗教的信念。这些信念跟人们超越自己和他们的家庭，与上帝建立关系的需要有关。它们还跟人们通过慈善和怜悯来与其他人以及更广阔的社区进行接触有关。那么，认同宗教传统的个人同意这样一套信念，它们强调关心他人和积极参与到改善社区和他们身边的世界中去。举例来说，犹太教的核心原则是一种修缮世界(tikkun olam)的信念，意思是"修复世界"。它期望犹太教徒通过戒律(motzvot)或者做善事来修缮世界。这些善事不仅仅包括帮助那些需要帮助的人，还包括通过维护被压迫群体的经济和政治权利来维护社会公平。

考虑到为他人服务的信念在主要宗教中的中心地位，人们总是期望信仰宗教的人们会更可能同意这个核心信念，并且寻找机会去帮助他人。事实上也的确如此。罗布特·塞罗夫(Robert Serow)和朱莉娅·屈莱顿(Julia

Dreyden)完成了一项对美国西南部将近2000名大学生的调查(Serow & Dreyden, 1990),要求这些大学生在8个选项中选择“他们预期在他们的成年时期最重要的一个价值观”(第559页)。最频繁地被被调查者选到的3个价值观是职业满意、家庭和精神满足/宗教信仰。他们也询问了被调查者参与校外无报酬的社区服务或者志愿者服务的频繁程度。他们发现在那些把宗教信仰看成最重要的价值观的人们当中,52%的人至少每个月参与一次社区服务;在那些把其他价值观看成最重要的价值观的人们当中,仅仅有32%的人经常参与服务活动。研究者同样发现,比起不那么看重宗教信仰的大学生来说,那些看重宗教信仰的大学生更显著性地可能参与到社区服务中去。

当然,宗教不仅仅是为个人提供一个强调帮助他人或者寻求社会公平的信念系统。根据尤尼斯(Youniss)、麦克莱伦(McClellan)和耶茨(Yates)(1999)的研究,信奉某个宗教传统能够帮助个人感觉到他们是超越了自我的传统和历史中的一部分。在这种情况下,更深层次的含义渗透进了他们在服务事业或者社会公平事业中的行为活动,并且这些行为不仅仅把个人与他们的人类同伴们联系起来了,还把他们和他们的文化传统和历史联系起来了。尤尼斯和耶茨在他们对华盛顿特区境内,那些在学校附近的施粥场中提供服务的高中生的研究中,看到了相应的证据(Youniss & Yates, 1997)。学生们是应他们高中学校教授社会公平的宗教课程的要求而参加施粥场服务的。除了在施粥场中提供服务之外,学生们还在小组会议上讨论了他们在施粥场里面工作的经历并且把服务经历对他们的意义写成了文章。这些讨论和文章显示,学生频繁地(并且自发地)把他们的服务看成强调人类共同的人性的宗教传统的一部分。举例来说,一名学生在文章中提到:

> 我很感激我所拥有的一切,而且很感激别人关心我。这些人就像你我一样,唯一的不同是他们不得不睡在坚硬的冰冷的水泥地上,而我们可以在软和的床上闭上双眼安眠……我们应该对我们的社区中正在发生着的一切表明道德立场,并且我们应当像正派人一样修正上帝赐予我们的天赋。(Youniss & Yates, 1997,第96页)

当然,宗教和宗教传统中的教派在某些核心价值观和信念上彼此之间互不相同,这些差异几乎肯定地影响了公民参与的性质和水平。有研究显示,属于那些支持更保守的或者更基础的宗教信仰的教堂的人们更少可能参与到世俗的社区组织或者社会行动中(例,Schwadel, 2005; Sherkat & Blocker, 1993)。举例来说,夏盖特(Sherkat)和布罗克尔(Blocker)使用20世纪60和70年代密歇根大学调查研究中心收集的数据,发现更多地在字面上表达了圣经中提到的信念的人们(比如,他们认可"圣经是上帝说的话,它说的都是正确的"),比起那些较少地在字面上来表达圣经中提到的信念的人们来说,更少可能参与环保运动或者诸如反战示威或者公民权利示威之类的抗议行动。施瓦德(Schwadel)(2005)使用在美国中西部施测得到的调查数据发现,更多地从字面意义的角度来理解圣经的人们更少可能参与除了教堂以外的其他社区组织。然而,比起主流教会的成员来说,信奉正统派基督教的人们或者信奉福音派教会的人们花费了显然更多的时间在他们的教堂中提供志愿者活动(Campbell,2004)。福音派教会在动员它们的会众参加政治活动上也很成功。比如,"基督教右翼",美国信奉正统基督教的人们的网络、教堂和组织,从20世纪70年代开始就行使着重要的政治权利。

角色榜样

在历史上很多人都充当了具有深远意味的公民参与和关心社区的角色榜样。圣雄甘地(Mahatma Gandhi)、马丁·路德·金(Martin Luther King)、特蕾莎修女(Mothcr Theresa)、纳尔逊·曼德拉(Nelson Mandela)——所有这些个人通过他们为贫困和弱势的穷人、为社会公平事业做出的无私奉献工作,成了鼓舞精神的源泉。心理学家把他们描绘为奉献一生致力于帮助他人和拥护人权的"道德模范"(Colby & Damon, 1992; Carlo, Hardy, & Albert, 2006)。对于每一个像甘地和马丁·路德·金这样全世界都认可的人物,全世界还有成千上万个像他们一样致力于人类福祉的个人,他们中有些人是大名鼎鼎的,有些人是默默无闻的。发展心理学家安·科尔比(Ann Colby)和比尔·达蒙(Bill Damon)(Colby & Damon,1992)在他们的《有人在乎:道德承诺的当代生活》一书中描述了23个这样的个人。科尔比和达蒙记录到的其中一件引人注目的事件是,他们调查的人群中有80%的人把他们的宗教信仰看成他们的价值观和他们做出承诺帮助他人的基础。

科尔比和达蒙的工作激发了很多随后对那些表现出模范性的道德行为

的个人的研究，其中一些研究发现在道德模范和宗教信仰之间存在着牢固的联系。比如，马特苏巴(Matsuba)和瓦尔克(Walker)(2004)研究了年龄在18岁到30岁之间的年轻成年人，这些年轻成年人是由各种社会组织(比如，老大哥组织、青年服务机构、危机处理中心)的执行董事提名为具有“非凡的道德承诺(extraordinary moral commitment)”的个人。在某些变量上，研究者将这些人与那些在年龄、性别、受教育水平和种族等因素上与他们相匹配，但是没有展示出同类的道德承诺的一组人们进行比较。发现最能够区分道德模范和对照组的变量是他们高水平的信仰发展。

这个研究显示宗教信仰常常为那些堪称模范的、承诺了为人类福祉服务的个人提供了公民行为的基础。这些人往往被他们信仰中的角色榜样激励着。在我们对那些被当地服务机构提名为“忠诚的志愿者(committed volunteers)”的年轻人的研究中，我们发现了这一点(Pancer & Pratt, 1999)。举例来说，我们研究中的一位年轻女性，当被问到是什么促使她开始成为一名志愿服务者时，她说：

> 我想是我的信仰支撑了这一切……我想做一些事因为主为我做了那些多，因为那是他告诉我们去做的，去使用我们的天赋……和其他人，所以……为社区服务和帮助他人是由于我的基督教背景和我的信仰。

反过来，那些被宗教角色榜样激励着为社会做贡献的个人成了公民参与和社区意识的榜样，进而激励着其他人去模仿他们。

参与的机会

历史上，为穷人、病人、年老者、孤儿和社区中其他需要帮助的人们，建立了第一个有组织的社会服务的团体是教堂，而不是政府。即使后来政府接管了很多这些服务，提供失业保险、退休金和伤残津贴，教堂仍然在为需要帮助的人们提供帮助的事业中扮演着活跃的角色。在一个对美国教会全国性的代表样本的调查中显示，92%的教会都涉及了社会服务计划，从提供食物、衣物和房屋，到处理家庭暴力和药物滥用问题(Saxon-Harrold, Wiener, McCormack, & Weber, 2000)。在我自己的社区中，是当地的教堂组织了几乎所有的为饥饿但是买不起食物的人们提供食物的流动厨房，为那些在寒冷的冬夜找不到温暖的地方睡觉的无家可归者提供庇护所的“远离寒冷”计划，并且教堂在倡议提高穷人福利上扮演着重要的角色。

为了为这些计划配备职员，牧师和管理这些计划的神职人员寻找教友来做志愿服务者。这同样意味着，在教堂里教会成员有很多机会参与社区服务和其他的公民活动。所以，归属于某个教堂的人们更有可能应其他人的请求去参加教堂提供的社区服务，而且他们也有更多的机会去提供相应的服务。当十几岁的青年志愿者被问到他们是怎样参与到社区服务中来的，他们最频繁地提到的一种方式是通过教堂团体参与其中(Hogdkinson & Weitzman, 1997)，这就一点也不奇怪了。研究也显示，在教会附属学校上学的学生比在公立学校上学的学生更显著地可能参与社区服务，这是由于在教会学校中有更多的参与服务的机会(Youniss, McLellan, & Yates, 1999)。

教堂也为其他形式的公民参与提供了机会。拜尔莱恩(Beyerlein)和查韦斯(Chaves)利用全美教会调查的数据，研究了美国宗教组织的政治活动(2003)。该研究包含了在全国将近1500个教会的代表性样本中对主要知情者进行的访谈，尤其是牧师、神父、拉比或者其他的宗教领袖。在这些访谈中他们被问到，在过去12个月内当他们教会里面的成员在做礼拜的时候，是否告知了他们有机会参与诸如示威或者对议员进行游说等政治活动，教会是否针对谈论政治问题或者参与诸如敦促人们注册投票、游说当选官员或者参加示威之类的政治活动、召开过会议，组成过团队、讨论班，或者发生过相应的事件。虽然这些类型的活动在不同的宗教传统之间具有差异，但是结果显示，所有主要的宗教传统中都有相当大比例的教会提供了政治参与的机会。41%的教会为他们的成员提供了至少一种进行政治参与的机会；26%的教会在教友做礼拜的时候告知了他们政治参与的机会；17%的教会为教友分配了投票指导；将近10%的教会曾经组织过团队去参加游行或者示威活动。

教堂采用很多方式，为政治动员提供了理想的环境。它们充当着重要的政治信息来源的作用。它们的教友构建起了能够迅速地、高效地交流信息和影响作用，以朋友和熟人为主体的网络。在神职人员和非神职成员当中，他们都拥有有能力在政治活动中影响和组织教友的领袖。他们还为政治活动可以利用的会议、行政能力，甚至是经济支持提供了施展拳脚的空间。政治学家和评论员安娜·格林伯格(Anna Greenberg)把教堂描述为充当着“政治信息、机会、资源和激励人们参与政治过程的来源”的

"政治机构"(Greenberg,2000,第378页)

公民技能的发展

人们以不同的方式和不同的参与程度参与到他们所属的宗教组织中。他们中有的人仅仅只是出席宗教服务活动(偶尔地或者有规律定期地)。有的人也参加与教堂有关的其他活动。他们可能在唱诗班唱歌,在宗教学校执教,完成外展工作或者传教工作或者是成为教会委员会或者教会理事会中的一员。韦尔巴、施洛兹曼和布雷迪(1995)认为后面提到的这些活动培养了能够使个人在更广阔的社区中参与公民事务的重要技能。在他们对美国公民活动的调查研究中,韦尔巴和同事们询问隶属于教会的被调查者,在过去的6个月里,他们是否在教堂里做过诸如写信、出席会议、做出决策,或者做报告或主题讲演之类的事情。他们发现相当大比例的教堂成员做过一件或者多件这样的事情。比如,将近三分之一的人出席过制定决策的教堂会议。研究者认为,这些活动帮助发展了个人的组织能力和交流沟通能力,这些能力使他们在教堂内和教堂外都能够有效地参与社区活动。对他们的调查数据的分析显示,比起那些没有加入教会,仅仅是出现在教堂里的被调查者,教会成员在教堂活动中学会的技能,带来了更多的公民参与。

近期的研究支持了这些观点。德里斯凯尔(Driskell)、里昂(Lyon)和恩布里(Embry)(2008)使用对美国宗教和政治的全国代表性调查的数据,来研究不同类型的教会参与和这些活动是怎样跟教堂之外的广泛的公民组织(比如,艺术组织、服务俱乐部、民主协会、街道团体、政党)之间发生联系的。他们检查了宗教参与的三个方面:出席宗教服务的频率、宗教"参与行为"和宗教"参与状态"。通过简单地计算被调查者过去一个月里参加的不同种类教堂活动(比如,唱诗班练习、外展计划、委员会工作)的次数来测量宗教参与行为。为了评估宗教参与的状态,询问被调查者他们是怎样参与每一种活动的,要求他们指明他们是否是隶属于教会的一员,是否是志愿参与的,是否在他们参与的活动中做出了贡献,或者是否领导了这些活动。结果显示,虽然出席宗教服务和宗教参与行为跟有组织的公民活动之间仅仅存在中等程度的相关,但是宗教参与状态跟公民活动之间存在着高度相关。为教堂活动做出了贡献或者领导了教堂活动的个人极有可能在教堂之外还参与了公民活动。

工作场所和公民参与

发生在教堂和其他宗教组织中的很多事情，同样也发生在工作场所里。我们与我们的同事和工友谈论各种话题，有的话题与工作有关，有的与工作无关，我们形成了友谊和支持网络。我们的主管和同事，有意无意地，影响了我们对我们的工作和外面世界的想法和行为。我们拥有机会来学习组织会议或者做报告这些能够在工作场所和其他环境中被我们利用的技能。而且，虽然在工作场所形成的价值观往往比在那些有着共同的宗教信仰的人们组成的群体中形成的价值观具有更多的异质性，但是在很多工作环境中我们常常分享着共同的信念和价值观。在工作场所发生的所有这些事情都能够潜在地影响公民参与。

社会影响和社会网络

个人参与到诸如志愿者服务或者政治活动等公民行动中去的最普遍的方式是别人请求他们参与。像教堂一样，工作场所是一个人们形成友谊和成为熟人的环境。这些朋友和熟人是为公民参与进行人员招募的重要来源。在本章前面一点的地方，我讨论了政治学家西德尼·韦尔巴(Sidney Verba)、凯·施洛兹曼(Kay Schlozman)和亨利·布雷迪(Henry Brady)(1995)完成的研究的结果，在他们的研究中他们着眼于美国人的人事关系在公民参与中的影响与作用，比如教会会友身份。他们的研究显示，每四个人中就有将近一个人曾经收到过来自同一个教派的人们的请求，参与到某些形式的政治行动中去。韦尔巴和他的同事们发现这些类型的请求同样会发生在工作场所，虽然程度较轻一些。在他们研究的被调查者中，13%的被调查者表明曾经有工友请求他们去参加诸如投票、与政府工作人员进行接触或者为请愿书签名等政治活动。有趣的是，这些请求中的30%来自他们的主管，并且，这30%中的70%都能够成功地使人们参与其中。

工作场所的朋友和熟人也通过相互之间进行讨论和社会互动的过程，以不那么直接的方式影响着个人的公民参与。在水冷却器旁边(或者在流水作业线上)的讨论并不总是与体育、食谱和家具维修这些事情有关的，它们也经常涉及社区和政治事务。事实上，很多研究显示，可能除了他们的配偶，比起朋友、邻居或者其他人来说，人们更可能与自己的同事谈论到政治(Beck, 1991; Wyatt, Katz, & Kim, 2000)。但是在工作时遇到的人和在教堂或者社区组织中遇到的人在一个关键的方面上具有差异——他们倾向于在背景和信仰上都更加具有多样化。在教堂里通常有很多分享着他们的政治和精神信仰的志趣相投的人们。相反,在工作中遇到的人们可能不仅在政治信仰,而且在其他诸如种群和族群等特征上也有着重要的差异。这意味着在工作中人们预期着他们将跟那些与自己的观点和政治立场非常不同的人进行政治和社会问题的讨论。

社会学家迪尔遢·舍费尔(Dietram Scheufele)和他的同事(Scheufele, Nisbet, Brossard, & Nisbet, 2004)把在不同观点和不同政治立场的人们当中发生的这种讨论看成"民主的灵魂"(第332页)。他们认为跟那些并非志同道合的人们进行讨论有两个重要的效果。第一,暴露在不同的观点中,将会迫使人们去考虑其他的观点,并且有可能重新评估和重新规划自己的观点。第二,这些类型的讨论可以激励人们通过阅读报纸、观看电视新闻以及查阅其他的信息来源,来更好地了解他们谈论到的问题。这样,增长了的知识反过来可以产生更强的政治卷入。舍费尔和同事们在2002年完成的全国调查中发现了支持他们观点的证据。他们询问被调查者,在他们的工作中他们和谁一起谈论政治和候选人等问题;他们阅读全国性事务或者国际性事务或者观看电视上有关这些事务的新闻的频繁程度;以及他们是否曾经参与过诸如在上次竞选中投票、为竞选服务或者接触政府工作人员等活动。他们发现,人们在工作中跟不同背景、不同政治观点的人们之间越多地进行了谈论,那么他们也就会越多地阅读报纸或者观看电视新闻。而且,他们越多地了解了政治信息,他们越有可能参与像为竞选服务这样的政治活动。

公民技能的发展

工作环境为个人提供了学习各种各样的技能的机会。在工作中,常常要求个人做报告,参与决策制定会议,并且和团队合作一起来达成目标或者制造产品。执行这些工作所需要的技能和参与公民活动或者政治活动所需要的技能非常相似。这表明在工作场所学会了这些技能的个人在需要相似技能的公民或政治环境中,将会感到舒适和有成效。换句话说,工作会对公民环境进行外溢(Greenberg, Grunberg, & Daniel, 1996)。完成这些需要积极地与他人进行合作的任务的经验,可能也能够改善人们对参与的重要性的认识。

这种类型的理论化形成了韦尔巴、施洛兹曼和布雷迪在他们的著作《声音和平等:美国政治中的公民志愿主义》(Verba et al., 1995)中概述的"公民志愿主义模型"的基础。他们主张,在教堂、工作场所和其他环境中获得了"公民"技能的个人将要比那些没有获得这些技能的人们更可能参与政治事务。他们对美国公民活动的调查结果显示,在工作中做过出席决策制定会议、写信或者做报告等事情的人们,显著性地更有可能参与诸如投票、接触政府工作人员、参加示威或者在当地的董事会或理事会里面服务等公民活动。韦尔巴和同事们认为在个人隶属的各种类型的机构中,工作场所提供了最多的机会来学习公民技能。举例来说,69%的隶属于某个工作场所的人们表示他们在过去六个月内在工作中参加过决策制定会议,相较于仅仅有32%隶属于某个教堂的人们在过去同样的时间内在教堂中出席过这样的会议。

虽然有研究表明,工作场合的参与跟更大程度的公民参与之间是相关联的,但是找到的这种关系非常微弱,而且还有一些研究在工作场所的卷入和公民参与之间一点关系都没有找到(Ayala, 2000; Adman, 2008)。比如,阿亚拉(Ayala)(2000)使用1990年美国公民参与研究的数据来调查个人在三种情景中参与决策的程度,这三种情景分别是他们的工作场所、教堂和社区组织。要求该调查中的被调查者回答他们是否在每种情景中都参与过诸如规划会议、做报告或者出席决策制定会议等活动。他们也回答了他们参与到投票、为竞选活动服务或者服务于当地的社区委员会等政治活动中的程度。阿亚拉的分析显示,在政治卷入跟参加教堂和社区组织之间存在着强有力的联系,但是在工作情景中的参与和政治卷入之间的联系要弱得多。阿亚拉认为出现这种现象的原因是,工作场所是一个比教堂或者社区组织更少"志愿性的"情景。即使个人可以在每种类型的组织中通过参与计划和决策的制定来练习和学会相同类型的公民技能,但是在工作场合中这些活动的参加是工作的需求,而不是自由的选择。因此,工作情景中的参与对于激励个人在其他竞技场,比如政治和社区生活中,练习这些技能的效果要低一些。

公民参与的机会:企业志愿者计划

在过去将近20年的时间里,不仅把个人,而且把企业和商业也看成"公民"已经变成了普遍的看法。"企业公民权"或者"企业的社会责任"和怎样把企业跟它们作为其中一分子的社区(常常是当地的,但也可以是全球的)联系在一起有关。好的企业公民不仅仅通过提供就业，还通过为改善所有社区成员的生活而跟社区机构和组织进行合作，来为它所在社区的幸福贡献力量。公司做出贡献的其中一种方式是企业志愿者计划。这些计划有很多种形式。有些公司放雇员几天假，让他们去参加社区机构和社区组织的志愿者服务。还有的企业参与赈灾。有些企业聚焦在卫生保健或者教育等特殊的问题上，并且要求他们的员工参与资金筹集等活动来支持这些事业。

在北美，企业或者雇员志愿者计划正在变成企业生命中日渐突出的特色。光点基金会在2000年调查了248家公司，其中58%的公司建立了正式的志愿者计划(Points of Light Foundation, 2000)。超过一半的被调查的公司在它们的企业使命宣言中包含了对社区服务的承诺。加拿大的商业和企业也同样展示了对志愿者服务的重要支持。2001年“加拿大给予、志愿服务和参与全国调查”(The 2001 National Survey of Giving, Volunteering, and Participation in Canada)(Hall, McKeown, & Roberts, 2001)报告说27%的有工作的志愿者表示他们的雇主批准变更他们的工作时间，使他们能够参与志愿者服务。

这些类型的计划为在员工中能够产生出忠诚的、终生性的志愿者提供了所有必需的要素。这些计划通过一个社会影响过程启动了志愿者服务，在其中主管和同事鼓励个人参与到计划中去。而且，当有很多雇员参与的时候，它创造了同样鼓励着个人参与其中的强有力的社会规范。在系统水平上，雇员志愿者计划为公民参与创造了更多的机会。这些计划也同样通过认可、支持以及有时奖励员工志愿服务的成就来维持着志愿者服务。

我和同事马克·贝茨(Mark Baetz)和艾维丽娜·荣格(Evelina Rog)的研究提供了证据，支持企业志愿者计划的确能够通过雇员中的志愿者服务来鼓励增加公民参与(Bart, Baetz, & Pancer, 2009; Pancer, Baetz, & Rog, 2002; Rog, Pancer, & Baetz, 2004)。为了评估企业志愿者计划的影响，我们对加拿大福特汽车公司的100多名员工进行了访谈。福特是加拿大建立了卓越的企业志愿者计划的最大的公司之一。这个计划从一个被称为商业领袖提案(BLI)的1998年团队建设训练开始。这个提案包含了三天时间的会议和活动，来跟所有领薪水的雇员一起分享企业愿景。福特公司企业愿景的其中一个方面是它想要展示“企业公民权”的意愿。在这些会议的第一天，雇员团队乘坐巴士车队到非营利性组织中去做志愿者服务，通过亲身体验回馈社区来体验企业公民权是什么。这个事件完成得非常成功，以至于很多雇员都询问他们怎样才能够更多地参与到社区中去。福特公司不仅意识到了这是团队建设的机会,而且意识到该计划增强了福特作为负责任的企业公民的形象,在2000年福特公司开始了正式的企业志愿者服务计划。

这个计划允许领薪水的雇员每年可以花费16个小时的工作时间在社区的志愿者服务上。得到福特公司支持的社区组织必须是有资质的,必须是注册的非营利性的慈善团体。合格的计划必须具有至少五个员工来促进团队建设和领导技能的掌握。其他的一些要求包括所有的工作必须在正常的营业时间内完成,计划必须包含四个小时、一天或者两天厂区外的工作任务和计划。成为志愿者的机会,包含了潜在的志愿者所需要的所有细节——组织、工作的类型、进行志愿者服务的地点——都要在公司的内网上列出细节,而且雇员对感兴趣的计划可以进行注册。偶尔,员工可以自己找到一些机会,自己安排参与志愿者服务。

福特公司的计划对那些已经参与其中的员工有着明显的影响。我们访谈到的员工表示,志愿者服务计划使他们对他们为之工作的公司感觉良好,帮助他们与他们的工友之间建立起了更强有力的联系,并且给予了那些需要帮助的人们和那些他们用自己的志愿努力帮助着的人们更大的尊重。同样也增强了他们与社区之间的联系,并且,在很多人身上创造出了他们感觉会持续一生的、对社区服务的兴趣。正如其中一位雇员说的那样:

> 我很高兴他们实施了[企业志愿者]计划,因为他们让我参与其中并且使我对它感兴趣……你知道,如果我明天离开福特,我可能仍然会去做为治愈青少年糖尿病而奔走以及其他这类的事情。

我们访谈到的另一位雇员谈到了他的体验是怎样不仅影响到了他对他的老板的感情,而且在社区中去帮助他人的这种需要给他留下了深刻印象:

> 现在我走出去,去做我能做的,但是我也会鼓励我的家庭和其他人也这样做。[它]使我对成为回馈社区的组织中的一部分以及我的同事一起在与工作无关的环境中做一些有价值的事情感觉良好。

公民参与的机会：工会

工会是另一个与工作有关的，为个人提供了公民参与机会的环境。根据美国劳动部提供的统计(2014)，在美国，虽然工会会员人数下降了，但是仍然有大量的工人是工会的一员——大约有1450万(占到了所有工人的11.5%)。很多其他的国家有更高的会员率，比如，加拿大27.5%和芬兰70%的工人都是工会会员(Organization for Economic Cooperation and Development, 2014)。

工会的设立主要是为了代表其成员来寻求平等的工资报酬和健康的工作条件。但是他们同样也起到了个人学习公民技能和彼此施加社会影响的作用。类似于宗教组织和工作场所，工会也给予了其成员参加决策制定会议和其他成员一起在委员会中工作或者承担领导角色的机会。这些类型的活动为个人提供了能够运用到公民生活的其他领域中的技能，并且使他们更可能参与社区组织。韦尔巴和同事们在他们对美国成人的公民参与的研究中，发现56%的工会成员报告说加入工会给予了他们发展公民技能的机会(Verba et al., 1995)。举例来说，工会同样可以作为通过招募工友成员去参加社区中工会内部和工会外部的组织的活动，进而相互之间彼此影响。韦尔巴和同事们的研究发现，66%的工会成员曾经应工会中其他成员的请求去参加过在竞选中提供服务等活动。

近期的研究显示工会的成员身份的确与各种公民活动之间存在着联系。凯特森(Kerrisey)和舍佛(Schofer)(2013)采用三个大规模的美国成人全国调查的信息，发现工会成员比非工会成员更显著地可能在总统选举中投票、为竞选服务、参加抗议或者参加社区组织。有趣的是，在那些受教育水平较低的人群中工会成员身份和公民参与之间的关系比在那些受教育水平较高的人群中的这种关系更强。比如，在没有受过正式教育的人们中，工会成员参加抗议的可能性是非工会成员的五倍。在接受过大专教育或者本科以及更高程度教育的人群中，参与抗议的可能性在工会成员和非工会成员之间没有差异。

小　结

近期的调查显示，全球人口中的大多数人都接纳了某种宗教传统。有相当比例的接纳某种宗教传统的人们定期地出席宗教服务，并且参与以他们的清真寺、教堂或者犹太教会堂为中心的很多其他活动和组织。在宗教团体或者组织中的成员身份以很多方式影响了公民参与。宗教领袖和教友成了社会网络的一部分，并且这个社会网络往往起到了为公民和政治活动招募成员的来源作用。几乎所有的宗教传统都信奉一种为他人服务的信念，并且它们将这些价值观传递到了它们的信徒当中去。宗教领袖通过自己对改善社会的承诺来激励其他人，起到了角色榜样和道德模范的作用。参与到宗教团体中也为个人提供了参与范围广泛的社区计划的机会，以及学习能够在其他公民组织和公民活动中用到的技能的机会。

工作场所能够以很多与宗教组织相同的方式来影响公民参与。它们，同样是一个人们可以被朋友和工友招募来参加社区和政治组织的场所。个人在工作场所学到的很多技能，比如制定决策和团队合作的技能，在公民环境中也很有用。工作场所鼓励企业志愿者计划或者雇员志愿者计划等形式的公民参与。工会也是一个能够增加公民参与的与工作有关的环境。

对公民参与的社会影响

2011年的前几个月里，许多民众走到了突尼斯、开罗、的黎波里、大马士革以及中东和北非的其他城市的街道上，试图赶走那些几十年来一直阻止他们拥有作为公民应有的权利的独裁者。当海地，这个西半球最穷的国家，在2010年遭受了震级为7.0的地震时，估计有200,000人在地震中死亡，相当高比例的海地人民无家可归，世界各地的人们或者独自前往或者在非政府组织的安排下来到该国境内为受灾者提供帮助。2001年9月，恐怖分子控制的两架飞机撞向了纽约世贸中心的双子塔之后不久，志愿者服务急剧增加，“9·11”事件之后参与社区服务的美国人的人数将近是“9·11”事件之前参与志愿者服务的人数的两倍。这些行动毫无疑问地表明了，在国家和国际水平上发生的事件和国家、国际环境对人们的公民参与有着重要的影响，不论这些公民参与是通过抗议，参加社区和政治组织，还是通过帮助那些遭受疾病或者冲突伤害的人们来实现的。在本章中，我会讨论社会和政治系统以及相应的事件影响个人参与到他们的国家和社区中去的一些方式。

公民参与在国家之间的差异

表征着社会和政治系统能够影响公民参与的一个指标是在不同国家中公民现身投票的人数。在很多西方民主政体中，选民现身投票的人数在过去几十年中呈现稳定下降的趋势，并且在近期的选举中创下了新低。在2008年的美国总统选举中，仅仅有57.5%的合法选民投下了他们的一票。在2011年加拿大最近的一次联邦选举中，选民投票率是低迷的61.4%。在英国最近的一次普选中只有65.1%的选民现身投票。但是相反地，在2011年9月丹麦普选中，87.7%的选民在选举日现身投票，2010年瑞典有84.6%

的合法选民参与了投票。

当查看其他形式的公民参与，比如志愿者服务时，国家之间也存在很明显的本质差异。1999年到2002年之间，欧洲价值观调查和世界价值观调查收集了47个国家中志愿者服务的信息（Hodgkinson, 2003）。调查结果显示，世界每个区域的国家之间有着很大的不同。在北美，66%的美国人和47%的加拿大人报告说他们参加过志愿者服务。在西欧，参与志愿者服务的比率区间在瑞典的高比率54%和葡萄牙的低比率12%之间。在东欧，志愿者服务的比率一般更低，大多数国家都低于20%。弗拉纳根（Flanagan）和同事们在他们的青少年公民承诺七国调查中，发现了青少年志愿者服务率在国家之间存在着相似的巨大差异，虽然他们的研究显示，在匈牙利、捷克共和国和保加利亚等东欧国家中青少年有相对较高比例的志愿者服务率（Flanagan et al., 1999）。

不平等和公民参与

为什么在一些国家中的人们比在其他国家中的人们更多地参与到政治和社区生活中呢？为什么在美国和英国等国家中公民参与率下降了呢？要找到这些问题的答案需要了解政治和社会系统以及人类行为。被认为是公民参与率下降的可能原因的其中一个系统因素是，在很多国家，尤其是在美国，出现了稳定增长的经济差距。从20世纪30年代到20世纪70年代中期，在美国，收入不均衡是相对稳定的。最富有的10%的美国人拥有了总收入的35%少一点。这一情况在1979年左右发生了改变，最高收入和最低收入之间的差距开始急剧地增加。到2007年，最富有的10%的美国人拥有了将近50%的总收入。收入不均衡的增长也可以通过调查相对于公司雇用的中等熟练程度的员工的收入和公司的CEO们赚了多少来进行了解。在1978年，CEO的平均收入是中等熟练程度工人收入的35倍。到2005年，这个比例骤然上升到了262∶1。在那一年，中等熟练程度的工人的平均收入仅仅比41000美元多一点，而CEO的平均收入已经超过了1000万美元（Mishel, Bernstein, & Allegretto, 2007）。诺贝尔奖得主、经济学家保罗·克鲁格曼（Paul Krugman）把这种收入差距的拉大称为“重大分歧”（Krugman, 2007, 第124页）。

收入的不均衡跟各种健康和社会问题联系了起来。理查德·威尔金森（Richard Wilkinson）和凯特·皮科特（Kate Pickett）在他们的经典著作《精神层面:为什么更平等的社会几乎总是做得更好》中(2009),考察了发达世界的国家之间,以及美国的各个联邦州之间收入不均衡和社会问题之间的关系。评估收入不均衡的一个方式是考察相对于工资收入最低的10%的人们来说,工资收入最高的10%的人们的收入情况。这是包含在2009年联合国发展规划的人类发展报告里面的其中一个指标。根据该报告,在美国前10%工资收入者的收入几乎是工资收入最低10%工资收入者的16倍。在英国也有相似的13.8:1的高比例。在加拿大这个比例是9.4:1,在挪威和瑞典这个比例刚刚超过了6:1。当威尔金森和皮科特调查发展中世界的国家时,他们发现国家中公民收入越不均衡,该国家就经历着越多的健康和社会问题。比起收入不均衡程度较低的国家来说,收入不均衡的程度越高的国家中有着越高的婴儿死亡率、肥胖率、辍学率、谋杀率、未成年人怀孕率、校园暴力率、滥用毒品率和精神疾病率。相反地,在收入水平越均衡的国家中公民能够活得越长久,达到了更高的受教育程度,并且有更高的识字率。

威尔金森和皮科特(2009)也发现在国家或者联邦州中收入不均衡与“社会信任”之间存在着联系。社会信任可以通过询问个人,他们认为其他人可以被信任的程度来测量。使用从欧洲和世界价值观调查中得到的信息,威尔金森和皮科特考察了社会信任是怎样和经济不平等相互联系起来的。他们发现,比起在经济收入不平等国家中的人们来说,国家中的人们的经济收入越平等,生活在该国中的人们相互之间越信任彼此。举例来说,挪威、瑞典和芬兰等经济收入最平等的发达国家中,超过60%的被调查者同意大多数人都是可以被信任的,然而在保加利亚,一个经济收入最不平等的国家之一,不到20%的被调查者同意大多数人是可以被信任的。在美国的各个联邦州之一,威尔金森和皮科特在收入不均衡和社会信任之间找到了相似的关系。在像犹他州或者新罕布什尔州等收入均衡程度最高的联邦州中,社会信任的人数是像阿拉巴马州或者密西西比州等具有高不均衡水平的联邦州中的人数的三倍。超过60%的犹他州和新罕布什尔州的公民认为“大多数的人们是可以被信任的”,而生活在阿拉巴马州或者密西西比州的公民来说,这部分人数只有20%左右。

为什么经济平等和社会信任之间有这样的联系呢?政治学家埃里克·尤斯兰纳(Eric Uslaner)(Uslaner, 2002; Uslaner & Brown, 2005)认为,生活在更平等的社会中的个人感受到了一种与他们的公民同胞“共同命运”的意识,并且对未来感到更加乐观。正是这些感受引导出了邻里和同胞中更强的信任感。社会信任反过来也促进了更多的公民参与,如果某人参与到他的邻里和社区成员的生活和活动中去,他会感到这些人们是值得信任的。这也就是说,经济不平等通过对社会信任的影响,影响了公民参与的水平。

哈佛大学政治学家罗伯特·帕特南(Robert Putnam)也在经济平等和公民参与之间发现了联系。他发现20世纪70年代后期开始的在经济平等上的下降,与在同一时期出现下降的公民参与是齐头并进的:

> 这两个趋势出现的时间非常引人注目。在1965年到1970年左右美国采取了相反的做法,不仅开始变得不那么节俭了,而且社会联系和政治联系也变得没那么好了。这一对趋势说明友爱和平等是互补的,而不是敌对的。(Putnam,2000,第359页)

帕特南也在经济不平等和公民参与在美国各个联邦州当中存在着的差异之间看到了联系。他对各个联邦州的经济平等的调查显示,一个联邦州中人们的经济收入越平等,该州就有越多的公民通过出席公众集会、志愿者服务、加入当地组织以及其他一些形式的公民行为参与到公民生活中去。其他人也在经济平等和不同形式的公民参与之间找到了相似的联系。河内一郎(Ichiro Kawachi)和他的同事们发现,相比于如果他们是生活在经济不平等更加严重的联邦州中来说,如果他们来自经济更加平等的联邦州,那么(所有收入水平的)美国人更可能去投票,成为诸如教会团体、工会、专业协会和政治组织等公民团体和协会中的一员(Blakely et al., 2001; Kawachi et al., 1997)。

为什么收入不平等会使得人们较少可能参与到政治和社区生活中去呢?一种可能的解释与人们感觉到他们的行为确实能够影响在他们的社区和他们的国家中发生着的事情有关,比如谁能够被选举为政府官员,或者政治家和其他决策制定者会颁布什么类型的政策等。在政治领域,这种某人的行为能够对政治决策的制定产生某些影响的感受被称为"政治效能感"。自从1952年以来,在每个美国总统选举年,都通过要求人们指出他们是否同意诸如"像我一样的人对于政府做了些什么没有发言权"或者"我认为政府官员不关心像我一样的人想些什么"等陈述对政治效能感(倒不如说,政治效能感的缺乏)进行了测量(American National Election Studies, n. d.)。在整个20世纪50年代和60年代中,65%到75%的回答都不同意这些陈述;

大多数人感到他们确实对他们的政府做了些什么有发言权。这个比例下降得很稳定。在2008年的总统选举中，仅有38%的人不同意这些陈述。相当大比例的人们感觉到，他们对他们的政府做了些什么没有发言权。

这一点在很多研究中都得到了确认，人们越多地觉得他们对政府做了些什么有发言权，那么他们就会越多地积极参与到政治和社区事务中（比如，Morrell, 2003; Pattie & Johnston, 1998, Karp & Banducci, 2008）。因此，并不令人惊讶的是，政治效能感的下降跟投票和其他形式的政治参与的下降是平行地发生着的。如果你确实不在意，为什么还要为它做些什么呢？悲哀的是，研究显示，对于很多人来说，他们在政治领域里的作为，他们的政治领袖和代表们并不在乎。这一点对于那些穷人来说更是如此，但是对于中等收入阶层来说也是这样的。在2008年出版的《不平等的民主》（*Unequal Democracy*）一书中，拉里·巴特尔斯描述了他对20世纪80年代后期到90年代早期美国参议院的选举模式的分析。在诸如公民权、最低工资和政府开支等问题上，巴特尔斯发现，相比于针对不太富裕的人们的要求，参议员们对富裕的选民的要求更加有求必应。的确，他判定说根据对投票模式的影响，收入水平前三分之一的人们比那些收入水平在中间三分之一的人们，多行使了超过50%的影响。那些收入水平在后三分之一的人们完全没有影响力。

政治结构和参与

几乎可以肯定的是，国家管理的结构和程序影响了公民们对公民社会的参与，尤其是公民在政治过程中的参与。当把独裁政府和民主政府的国家放在一起进行比较时，这一点就是显而易见的了。由独裁者领导的国家中的公民参与少于那些拥有民主选举产生出来的领导的国家中的公民参与，因为独裁国家禁止公民选择他们的政治领袖，禁止他们自由地参加到其他政治机构和政治组织中去，比如反对党或者宣传组织。但是政治系统中的重要差异也同样地发生在民主管理的国家中。民主国家中的一个关键差异是人们投票决定谁会被选举成为政府官员的方式。像美国、英国和加拿大使用的是“简单多数票当选”（FPP）或者“赢家通吃”系统，也就是得票最多的候选人当选。这意味着，在有多于两个候选人的选举中，获得选票少于50%的候选人也能够当选。这种情况发生在2000年的美国总统选举中，民主党候选人阿尔·戈尔（Al Gore）以微弱的劣势惜败于共和党候选人乔治·

沃克·布什(George W. Bush)。在那场选举中相当少(2.7%)的选民投票给了绿党候选人拉尔夫·内德(Ralph Nader)。选举后的民意测验显示,如果内德没有参与竞争,大多数投票给内德的选民会投票给戈尔,这样就有可能使选举转为青睐戈尔。相反,虽然布什获得的选票少于50%,大多数人更愿意选择戈尔为他们的总统,但是布什还是通过选举成了总统。

当在一次选举中有两个以上强有力的、受欢迎的政党提名的候选人时,FPP系统甚至会更加严重地制造出对选民真实意图的曲解。比如,在2005年英国普选中,工党仅收到了36.1%的投票,但是它得到了下议院56.5%的大多数席位,并且组建了政府。相反,保守党收到了33.2%的投票,得到了下议院31.5%的席位,自民党收到了22.6%的投票,仅获得了9.9%下议院的席位。这就变得非常清晰了,在这种系统下,对受欢迎程度较少的政党表示同情的人们可能会感觉到他们的选票不那么有价值。即使将近四分之一的选民投票给了自民党,但是他们获得的席位仍然少于10%。政治评论员常常说,在这个系统中,投给没有当选的候选人的选票是“被浪费”了的。

比例代表制是简单多数票当选系统的主要替代方案。在这个系统中政党赢得的席位数是按照它收到的投票数的比例进行分配的。如果在2005年英国选举中采用了比例代表制,那么工党能够在下议院获得跟它在普选中收到的票数相同比例的36.1%的席位,而不是56.5%的大多数席位;自民党会获得22.6%的席位,比它实际获得的9.9%大得多。在这个系统下,就没有“被浪费掉”的选票了,因为每张选票都在选举中为他们投票支持的政党候选人做出了贡献。比例代表制是欧洲和几乎所有南美洲国家中最普遍采用的选举程序。

那么投票系统和公民参与之间有什么关系呢?事实证明二者之间存在着千丝万缕的关系。对不同国家选民现身投票的研究一致地显示,相对于非比例代表制,比如“简单多数票当选”来说,在比例代表制系统中有更大比例的选民会现身投票(Blais & Carty, 1990; Jackman, 1987)。一些分析显示,选民现身投票中那些能够支持比例代表制的差异可能会达到9%之多(Jackman, 1987)。为什么会发生这样的事情呢?近期研究显示,那些没有转变为席位的、被浪费掉了的选票可能会降低人们的政治效能感,反过来又减低了人们参与投票的动机。卡普(Karp)和班杜奇(Banducci)发现了支持这种解释的证据(2008)。他们检测了在27个投票系统不一致的民主国家中,人们的政治效能感和选民的现身投票情况,发现跟非比例投票制国家相比,比例投票制国家中的人们有着更强的政治效能感，并且也更可能现身投票。

选举程序：否定式竞选

选举程序能够对民主国家中的公民参与产生影响的另一种方式是通过竞选中的对抗方式来实现的。似乎在很多国家中，竞选变得越来越个人化，越来越充满了敌意(Pancer, Brown, &Barr, 1999; Pancer & Landau, 2009)。那些设计来诋毁政敌个人性格的“攻击性广告”的使用变得司空见惯了，尤其是在诸如美国等采用FPP选举系统的国家中。华盛顿特区布鲁金斯研究所的副主席和管理研究主任达雷尔·韦斯特(Darrel West)在他近期的一篇文章中，以《否定式攻击就像苹果馅饼一样打上了美国烙印》为开篇(West, 2009)。很多次，这些攻击性广告看上去非常有效。比如，2004年总统选举中，对民主党总统选举候选人约翰·克里(John Kerry)进行攻击的数次攻击性广告。这些广告是由一个自称为“快艇老兵寻求真相”的团体支付的，他们以越南战争中克里指挥的海军舰艇“快艇”命名。这些广告把退伍老兵克里描画成了一个讨论他在战争中目击到的战争罪行并且归还他收到的奖章的不爱国的形象。他们还尝试着把克里描画成质疑他的战斗记录合法性的、不爱国的形象。该次竞选的其中一个遗产是新名词“快艇”，指的是在试图抹黑对手的名誉时，邪恶地并且常常欺骗性地称呼政敌。

对攻击性广告和其他形式的否定式竞争的研究认为，这些类型的广告可能的确有效地让选民在心目中产生了对候选人的负面印象。研究显示它们除了能够导致人们对受到攻击的受害者产生负面态度之外，可能也能够导致人们对攻击的发起者产生负面态度(Roese & Sande, 1993)。但是否定性竞选的最大受害者可能是民主本身。政治心理学家刘(Lau)、西格尔门(Sigelman)和罗夫纳(Rovner)(2007)检测了已发表的和尚未发表的，总共111个对否定性广告进行的研究，这些研究还探讨了否定性广告对候选人形象的影响，以及它们对选民现身投票、对政府的信任和政治效能感的影响。他们发现在个人对政府的信任和他们对政治效能感的感知上，否定性广告有一致的并且是“压倒性的负面的”影响。他们下结论说：“否定性竞选具有损害政治系统自身的潜能，因为它倾向于降低人们对政治效能感、对政府的信任的感知，并且甚至可能降低人们对政府自身的满意度。”

在对效能感和对政府的信任的感知上的降低，影响了公民参与。举例来说，否定式竞争带来的其中一个伤害体现在选民现身投票上(Allen &

Burrell, 2002; Kahn & Kenny, 1999)。该结果展示在了卡恩(Kahn)和肯尼(Kenny)(1999)的一个研究中,他们访谈了美国1999年参议院选举中的竞选管理人员。根据他们的访谈和对竞选媒体报道的分析,他们为每场竞选建构了"隐私揭发"等级评定。当候选人的竞选使用欺骗信息和人身攻击来尝试抹黑竞选对手时,隐私揭发的等级也就更高。该结果显示,比起相对较少揭发隐私的竞选,在以隐私揭发为特点的竞选中选民现身投票的水平显著地更低。

社会规范和公民参与

在前面的章节中,我讨论了家庭、学校、邻里、宗教场所和工作场所建立起来的社会规范或者社会期望对在个人水平上的公民参与产生影响的方式。社会规范也能够有更广泛的基础。整个城市、联邦州、国家甚至是世界区域可能都具有影响着生活在其中的公民的社会规范,从一个区域到另一个区域,在这些社会规范之间可能存在着巨大的差异。这些差异有可能在导致那些我们发现的在一个国家内或者不同国家之间的城市、联邦州或者省之间公民参与的变异上,扮演着重要的作用。戴维·坎贝尔(David Campbell)提供了一个图例来说明个人生活在其中的城市是怎样影响着公民参与的(Campbell, 2006)。他叙述了崔西·霍奇森(Traci Hodgson)的故事,在她所在的拥有275位选民的选区中她是唯一一个在1989年波士顿市议会选举中投了票的选民。他认为崔西现身投票的原因是,她来自的城镇(堪萨斯州的利特尔里弗)在公民参与上有着强有力的规范,并且她内化了这种规范。

近期的研究看起来支持了这样的见解,参与的规范在各个联邦州和国家之间差异巨大。举例来说,菲尔德豪斯(Fieldhouse)、遄莫(Tranmer)、拉塞尔(Russel)根据选民的现身投票情况调查了欧洲国家中公民参与的变化(2007)。他们尤其关注在年轻人当中的选民投票情况,比起其他的合法选民,年轻人中有投票倾向的人数百分比低得多。他们利用2002年和2003年欧洲社会调查的结果,检查了年轻人当中投票率低的几个可能原因。他们发现,选民在国家选举中的投票率在被调查的国家之间具有很大的差异,从瑞士刚刚超过43%的低投票率到比利时超过90%的投票率。不出所料,年轻人群体(年龄范围从18岁到24岁之间)比年龄更大的群体投票的比率更低。但是影响年轻人投票可能性的最重要的决定因素是他们国家中总体的现身投票率。在有较高总体选民现身投票率的国家中年轻人投票的比例，高于在总体投票率较低的国家中年轻人投票的比例。菲尔德豪斯和同事们还发现，有着更高总体投票率的国家中的年轻人更可能相信投票是公民权的重要组成部分，并且相信归属于某个志愿者组织对于他们来说是很重要的。这些结果支持了在国家范围内的社会规范能够影响公民参与。在具有强有力的公民参与规范的国家中，公民社会的参与被看得很重要，并且人们期望能够参与到公民生活中去，大量的居民将会展示出积极公民权。

个人主义—集体主义

正如我们看到的，社会在很多方面上具有差异。它们在财富、经济平等、政府结构和管理公民行为的规范类型上都具有差异。另一个社会具有差异的基本方式跟在它们的公民中占优势的文化价值观有关。其中一个通常被称为个人主义—集体主义的文化价值观，关注人们对独立和与他人之间的关系的看法。在个人主义社会中，人们倾向于重视自力更生和独立。个人权利是最重要的，个人依靠自己获得成功被看成最大的成功。相反，在集体主义社会中，人们重视合作，与他人一起工作。比起那些单独地或者依靠自己完成工作的人们，他们的身份跟他们在家庭、工作群体以及社区中形成的关系和成员身份之间有着更大的关系。集体主义社会鼓励人们去考虑对于他们的社区来说什么是最好的，多于考虑对于他们自己而言什么是最好的(Triandis, 1995)。美国、加拿大和很多西欧国家普遍都是个人主义文化的国家，而遥远的东方国家，比如中国、韩国和日本普遍都是集体主义文化的国家。

一点也不奇怪的是，在公民的公民参与上个人主义社会和集体主义社会之间具有差异。比如，比起那些生活在个人主义文化更占优势的国家中的人们来说，生活在集体主义文化更占优势的国家中的人们更可能参与志愿者服务。巴波提亚(Parboteeah)、卡伦(Cullen)和利姆(Lim)在他们完成的有21个国家参与的世界价值观调查中对志愿者服务的监测上发现了这一点(2004)，该调查是对社会价值观和实践的跨国调查，囊括了五大洲具有不同发展水平的国家(比如，澳大利亚、巴西、德国、日本、墨西哥、尼日尼亚、俄罗斯联邦、菲律宾、韩国、土耳其、美国)。在该调查中，询问被调查者他们在从艺术组织和娱乐组织到工会和政党等志愿者组织中有多么积极。还询问他们在多大程度上同意一些与他们国家的个人主义—集体主义定向有关的陈述，比如“即使是个人的目标受损，领导们仍然鼓励对集体的忠诚”。这些结果显示，在国家的个人主义—集体主义文化和公民积极参与志愿者服务的程度之间存在着强有力的联系。集体主义文化国家中的公民比个人主义文化国家中的公民，更显著地可能参与志愿者服务。

宗教虔诚

另一个在不同社会中变化着的文化价值观是宗教的重要性。在他们对志愿者服务的跨国研究中，巴波提亚和他的同事们也将着眼点放在了各个国家之间公民的宗教虔诚上。他们使用一个国家中每周出席宗教服务的人数比例作为每个国家宗教虔诚程度的指标。正如我在上一章注解的那样，宗教虔诚跟志愿者服务和其他类型的公民参与之间存在着强有力的联系是有很多原因的。几乎所有的宗教都将为他人服务作为它们的核心信念之一，而且宗教机构和组织为个人通过志愿者活动参与到为他人服务中去提供了很多机会。那么，认为社会中信仰宗教的人们越多，参与志愿者服务的水平也就更高，这样的观点就讲得通了，因为这样的社会中有更多的个人会受到他们的宗教信仰支持着的为他人服务的价值观的影响，而且（通过他们的宗教关系）他们将会有更多的机会参与到志愿者服务中去。这是由巴波提亚和他的同事发现的。在他们检测到的国家中，比起宗教信仰程度低的国家来说，宗教信仰程度越高的国家有更高水平的志愿者服务。

生活在一个信仰宗教的或者“虔诚的”国家中，不仅仅影响了信仰宗教的人们，而且还影响了那些不信仰宗教的人们。鲁伊特（Ruiter）和德格拉夫（deGraaf）（2006）使用欧洲和世界价值观调查的数据，考察了具有不同“虔诚程度”的国家中那些有宗教信仰和没有宗教信仰的人们的志愿者服务的参与情况（虔诚程度使用上教堂的平均频率来进行评估）。他们发现，那些生活在宗教虔诚的国家中的人们比那些生活在更世俗的国家中的人们，更可能进行志愿者服务。确实，他们证实，生活在他们检测到的最虔诚的国家中的人们进行志愿者服务的可能性，是那些生活在最世俗的国家中的人们的四倍，不论他们自己是否信仰宗教。研究者认为，连世俗的人们都会受到他们所在的社会中的虔诚程度的影响，其原因是，生活在越虔诚的社会中，将会有更多的信仰宗教的人们出现在不信仰宗教的人们的社会网络之中，而且这些社会网络中的成员还通过社会影响来招募他们参与志愿者服务工作。研究者还认为，在虔诚的社会里面，信仰宗教的人们当中高水平的公民参与将会创造出志愿者服务的参与规范和社会压力。

物质主义

世界上很多人都生活在高度物质主义的社会中。居住在这些社会中的人们感受到由于以金钱和财产的形式来获取物质商品，与其他人竞争财富、权力和地位带来的压力。每天数千个广告对他们进行狂轰滥炸，劝说他们购买最新的电子产品、电子应用或者汽车来引领更快乐的生活。不幸的是，这样做并不会使他们感到更加快乐。社会心理学家蒂姆·卡塞尔（Tim Kasser）和其他人的研究显示，在生活中那些以获取财富或者地位等物质目标为主要驱动力的人们，实际上过着在很多方面使他们更加贫困的生活（Kasser, 2002）。他们忍受着更高水平的抑郁和焦虑，而且他们有更多的健康问题。他们跟朋友和伴侣之间的关系更糟糕。他们甚至有更多的噩梦。更重要的是，当考虑积极公民权时，对物质目标的追求似乎只为其他追求留下了很少的时间和爱好，比如与他们所在的社区进行联系或者为社区的幸福做出贡献等追求（Kasser, 2002, 2011; Rath & Transue, 1998）。温迪·拉恩（Wendy Rahn）和约翰·特兰斯（John Transue）（1998）使用每年对美国高中学生进行的监控未来调查中得到的数据，发现那些表示“有很多钱”对他们来说是非常重要的学生比那些有很多钱对他们来说没有那么重要的学生，更少可能感到人们是可以被信任的。

调查不同国家物质主义的研究发现，有些国家比其他国家更加信奉物质至上。比如，美国社会就是高度物质化的。美国人比那些来自其他国家的人们更可能同意诸如“当朋友拥有我买不起的东西时，它会困扰我”等陈述（Ger & Belk, 1996）。在其他国家中的人们，比如瑞典、法国或者印度，更少物质化。这些国家中的公民更可能重视拥有牢固的联系和紧密的社区，而不是重视财富和权力的获得。在一个近期的研究中，卡塞尔（2011）研究了与利己主义和权力有关的物质化的价值观跟这个国家拥有的关心儿童和后代的政策和实践的程度之间的关系。他发现在那些占优势的价值观是拥有权力和利己主义的国家中，有更少的这样的实践，所以它们的儿童有着更低的幸福水平。该研究认为物质主义的社会较少可能有提升个人与他们所在的社区之间的联系，以及关心后代的政策和规程。

卡塞尔和他的同事史蒂夫·科恩（Steve Cohn）、艾伦·肯纳（Allen Kanner）和理查德·瑞恩（Richard Ryan）（2007）认为，一个社会的物质主义跟人们生活和工作在其中的经济系统之间有着紧密的联系。他们声称，管理着美国和全世界其他国家经济的资本主义系统（一种称为“美国公司资本主义”的形式）在这些国家的公民中积极地培育出了一套价值观，它重视以利己主义、竞争、物质商品的获得和追求经济成功为中心。他们认为这些价值观“排挤掉了”其他类型的更多关注为社区做出贡献，与社区紧密联系之类的价值观。屡获大奖的学者和电影制作人索尔·兰多（Saul Landau）认为美国经济系统把国家从“公民”的国家转变为了“消费者”的国家（Landau, 2004）。研究支持了这些说法。比如，麦卡哈斯金（McHoskey）（1999）发现，那些同意“生活中最重要的目标是经济成功”这样的陈述的人们，较少可能参与到诸如志愿者服务等公民行为中去。

世界性事件

有时单一的一个世界性事件就能够对我们的集体意识产生深远的影响。这样的事件往往意义重大，能够烙印到我们的记忆中去。就像即使几十年以后我们几乎仍然可以看见它们正在我们眼前发生一样，我们可以回想起当它们发生时我们正在做些什么这样的细节。20世纪60年代对于我们周围的那些人，约翰·肯尼迪（John F. Kennedy）、罗布特·肯尼迪（Robert Kennedy）和马丁·路德·金暗杀事件仍然生活在我们的记忆中。对于生活在21世纪的北美人，2001年9月11日的事件将在我们的意识中一直生活下去。在现在被简单地称为“9·11”的那一天，两架被恐怖分子劫持了的飞机撞向了纽约市的世界贸易组织大厦，两栋大楼在充满尘埃和残骸的浓烟中倒塌。第三架飞机撞向了五角大楼，原本计划袭击华盛顿特区的第四架飞机，在机上乘客试图反抗劫机者后，坠毁在了宾夕法尼亚州尚克斯维尔附近的空地上。包括第一批前往现场的救援者在内，总共有超过3000人失去了生命。从此，世界不再一样。有两场战争与“9·11”事件有着直接的联系，一场发生在阿富汗，一场发生在伊拉克。在国际和国内政策上，美国做出了重大调整，包括全世界最大的反恐机构——美国国土安全局的成立。空中旅行也有了重大改变，显著地加强了安全措施。而且，“9·11”在北美和欧洲也引领了一股有时被称为“伊斯兰恐惧”的反穆斯林偏见浪潮。

然而该袭击还有其他的影响。在“9·11”事件后不久，社会心理学家路易斯·彭纳(Louis Penner)接触到了一个致力于提升美国境内志愿者服务的组织——志愿者人力银行(Volunteer Match)。志愿者人力银行经营的网站上列出了全美数百个志愿者服务的机会。人们查阅该网站，可以找到在他们的社区中有着各种不同的组织需要志愿者，并且他们可以在罗列出的其中一个组织中注册登记志愿者服务。当彭纳和志愿者人力银行进行接触的时候，他发现该银行记录了每天愿意提供志愿者服务的人数，因此他决定分析这些数据来探讨“9·11”事件后志愿者服务的比例有什么变化(Penner et al., 2005)。他发现志愿者服务激增到“9·11”事件发生之前的两倍多，并且这样的增长持续了数周。而且，志愿者服务不仅仅是在提供与危机有关的帮助上有所增长。所有类型的志愿者服务活动，从为难民和移民提供服务到帮助教育选民，都有所增长。

在其他近期发生的灾难中，也有类似的志愿者服务和帮助上的增长。2004年将亚洲西南部的大片区域毁坏殆尽的海啸发生后的一年里，在全世界范围内为赈灾募集到了超过130亿美元(国际新闻社新闻总局，Inter Press Service News Agency, 2005)。2005年8月卡特里娜飓风袭击了新奥尔良和美国墨西哥湾沿岸的部分区域之后，超过一百万人放弃了他们的周末和假期，前往帮助市民重建被洪水损坏的住宅和社区。数千人从其他的联邦州开了很长时间的车前去提供帮助(Corporation for National and Community Service, 2008)。在这些事件中无辜的受害者一点错也没有犯，却遭受到了伤害，唤起了高水平的同情，反过来为人们提供了强烈的动机去提供帮助(Marjanovic, Greenglass, Struthers, & Faye, 2009)。

其他类型的事件也能够引起在很多类型的公民参与上的增长。令人感兴趣的是，当美国、加拿大和英国等民主国家中的年轻人在选举日回避投票时，特里波利斯、开罗和大马士革的很多年轻人走到大街上，为他们能够更加有意义地参与到管理他们国家中去的权利而斗争。这场为了建立更民主的政府而进行的运动就是现在被叫作“阿拉伯之春”的运动的一部分。它开始于2010年12月突尼斯发生的抗议和街头示威，很快就导致统治了24年的突尼斯独裁总统扎因·阿比丁·本·阿里(Zine El Abidine Ben Ali)的废黜。突尼斯事件在阿拉伯世界触发了一股为了争取更大程度的民主而大量进行着的示威浪潮。它是怎样发生的呢？不幸的是，很少的已经发表了的心理学研究,如果有的话,关注了参与这些抗议中的人们的态度和情感。但是可以很容易地应用心理学的理论和原则来解释这些事件。其中一个可以被用来解释“阿拉伯之春”的最合理的心理学概念是政治效能感,公民感到他们的行动能够在那些影响他们的政治决策中起到作用。当突尼斯的市民很快地成功迫使他们的独裁领导人下台,这提高了其他阿拉伯国家的公民对参与抗议和示威也能够类似地推翻统治着他们的专制统治的感受。换句话说,由于目击到了突尼斯的斗争结果而得到提高的政治效能感,导致了其他阿拉伯国家以参与示威的形式践行着的公民参与。

小 结

社会和政治系统以及世界性事件,对公民有着重大影响。证据来自不同国家中的人们在投票或者参与志愿者服务的可能性上有着很大的差异这样的事实。很多因素可能可以用来解释这些公民参与上的差异。其中一个因素与经济不平等的程度有关。生活在经济不平等程度高的国家中的公民比那些生活在经济平等程度较高的国家中的公民,较少地参与公民生活。管理国家的政治结构和程序似乎也影响了公民参与。比起在只有得到最多选票的候选人才能够被选举出来的“简单多数票当选”系统中,在通过比例代表制选举出政治家的国家中有着更多的公民参与。研究还发现,在以敌意的党派偏见和揭发政敌的隐私为特征的政治系统中,公民会唾弃政府,而且较少参加到政治生活中去。国民性格和全民规范也会影响公民参与。那些具有提升公民参与的规范,集体主义价值观占优势,宗教虔诚的水平更高,以及物质主义的程度较少的国家中,有着更多的公民参与。世界性的事件也能够强有力地影响公民参与,比如“9·11”事件、2004年亚洲的海啸和2010年海地的地震等之后急剧增长的志愿者服务。另一个能够影响公民活动的世界性事件的例子是“阿拉伯之春”,民众起义推翻了突尼斯的独裁政府,激励了阿拉伯世界的人们站起来反抗他们的独裁领导者和政府。

公民参与对青年的影响

许多人第一次参与公民活动是在他们的青年时期，他们可能是在学校里面加入某个团队或者俱乐部，在基督教教堂或者犹太教会参加青年组织，在食物银行提供志愿者服务，成为女童子军(girl guides)或者四健会等青年组织的成员，或者作为环境行动组织的一分子参与抵制危害环境行为的抗议。这些活动为青年人提供了和他们所在的社区之间进行联系的第一个环节和作为积极公民的第一次体验。现在有相当多的研究探讨了个人的这种早期公民参与带来的影响作用。这些研究显示这些影响作用几乎总是积极的，它们往往具有深远的意义，并且这些影响作用能够持续终生。

参与和问题行为

若干研究调查了青年的公民参与跟诸如酒精和药物滥用、行为不良以及辍学等各种“问题行为”之间的关系。大多数这些研究都显示，青年在学校、邻里、宗教团体以及其他组织中融入得越好，那么他们表现出问题行为的可能性也就越小。

酒精滥用

不论是在年轻人中还是年长者中，酒精滥用都是最常见的其中一个问题行为。根据美国酒精滥用和酗酒国家研究所(NIAAA)的调查，每4个美国成年人中就有一个人报告说他们有饮酒问题，或者报告说他们养成了将他们自己置于引发出严重问题的风险中的饮酒模式(NIAAA, 2005)。这些酒精滥用的模式大多始于青少年时期。酒精滥用的后果是毁灭性的。在美国，每年有将近2000人是因为在达到法定年龄之前饮酒而死于车祸的。酒精滥用也会引发大量的生理和心理问题，包括心脏和肝脏疾病、人际障碍，以及就业困境和经济困难。

大量研究已经探讨过青年的酒精使用情况和他们在各种公民活动中的参与情况之间的关系（Barber et al.,2001; Denault et al., 2009; Eccles et al., 2003; Harrison & Narayan, 2003）。这些研究一致地显示，践行了公民参与的青年较少可能摄入和滥用酒精。其中一位就青年的公民参与对问题行为的影响做了广泛探索的研究者是发展心理学家和青少年研究协会（Society for Research on Adolescent）的前主席杰奎琳·艾克尔斯（Jacquelynne Eccles）。在她的其中一项研究中，艾克尔斯和同事们（Eccles, Barber, Stone,& Hunt,2003）使用青年人纵向调查的数据，来探讨众多问题行为（包括酒精使用）以及这些问题行为与不同类型的青年活动之间的关系。该研究结果表明，他们在10年级的时候参与过教会团体或者社区服务等亲社会活动，当他们成为年龄在21岁到22岁之间的年轻成年人时，较少可能出现喝酒、喝醉或者是酒后驾驶等行为。哈里森（Harrison）和纳里扬（Naryan）在一项研究(2003)中调查了超过50000名明尼苏达州9年级的学生，证实参加了志愿者服务和青年组织活动的学生在过去一年里喝过酒，或者在过去两周里有过狂饮的概率会减半。尽管大多数类型的青年参与都跟较低水平的酒精摄入相关，但是看起来参加团队运动似乎是跟较高水平的酒精使用之间存在着联系的其中一类有组织的活动，这可能是因为这种类型的团队成员之间有着使用酒精的规范或者传统（Barber et al., 2001; Denault et al., 2009）。

药物使用

酒精仅仅是人们滥用着的很多种物质中的其中一种。药物使用是另外一个常常始于青少年时期的祸害。美国国家药物滥用研究所（NIDA）最近的调查表明，有超过四分之一的12年级学生在过去一年里使用过非法药物。药物使用造成的人力资本的损失和经济损失都是巨大的。据估计，在美国与非法药物的使用有联系的损失在犯罪、丧失劳动生产力和医疗保健等方面，达到了将近每年2000亿（国家药品情报中心，National Drug Intelligence Center, 2011）。

以课外活动的形式进行着的公民参与似乎跟较低水平的药物使用有关（Barber et al., 2001; Bohnert & Garber,2007; Eccles et al.,2003; Elder et al., 2000; Youniss et al., 1999）。先前提到的艾克尔斯和同事们的研究（Eccles et al., 2003)，除了探讨公民参与和酒精使用之间的联系之外，还探讨了公民活动和药物使用之间的联系。该研究发现在10年级的时候参加过社区服务或者宗教组织等活动的青年，在大约10年后成为年龄在25岁到26岁之间的年轻成年人时，显著地较少可能使用药物。埃尔德(Elder)和同事们(2000)发现只参加过一种或者两种公民活动的青年，比如学校内或者学校外的俱乐部、组织，他们吸食大麻的可能性是那些没有参与过这些活动的青年的2/5。公民参与和降低了的药物使用之间的联系不仅仅是在"软性"毒品，比如大麻的使用中被发现出来了，还被发现出现在了"硬性"毒品的使用中(Eccles & Barber, 1999)。

行为不良

行为不良或者"反社会"行为是另外一种与青年有关的重要问题。美国犯罪学家罗伯特·布雷姆(Robert Brame)和同事们(Brame , Turner, Paternoster, & Bushway, 2012)近来的一项研究，采用了全国青年纵向调查的数据，估计出每3个年龄在23岁以下的美国青年中就有一人曾经因为违法或者过失行为而被逮捕过或者被拘禁过。被逮捕过的青年常常面临着一生的艰辛，包括失业、可以获得的教育机会的缩减、家庭暴力，以及涉足更加严重的犯罪活动。

对青年人公民参与的研究认为，在校内和校外有组织的团体和活动中以成员身份进行的公民参与，能够阻止青少年涉足行为不良的活动(Busseri et al., 2006; Crean, 2012; Harrison & Narayan, 2003; Mahatmya & Lohman, 2011; Mahoney, 2000; Mahoney & Stattin, 2000; Uggen & Janikula, 1999)。耶鲁大学心理学家约瑟夫·马奥尼(Joseph Mahoney)对青少年参与课外活动带来的影响做了大量的研究。在他的其中一项研究中，马奥尼(2000)通过学校年鉴获得了学生在高中学习期间参与课外活动的情况。接着，他通过在联邦州调查局查看被逮捕记录，确认了哪些参与了他的研究的学生在23岁之前因为谋杀、盗窃、袭击、强奸和破坏他人财产等犯罪活动被逮捕过。结果显示，参加过一种或者多种课外活动的学生被逮捕的可能性显著地低于那么没有参加过课外活动的学生。

我自己的研究也证实了这些发现。在过去的两年里，我和我的同事凯伦·海沃德(Karen Hayward)、戴安·海斯·班尼特(Dianne Heisse Bennett)(Pancer, Hayward, & Heise Bennett, 2013)对一个被称为"inREACH"的帮派

—预防计划进行了评估。inREACH的其中一个关键目标是在贫穷的，具有高风险的社区中，通过为青年提供参与艺术或者音乐工作室等有组织的社区活动的机会，来阻止青年参与帮派和进行犯罪活动。我们访谈了若干位参加了该计划的青年，来评估该计划对他们的影响及作用。这里是其中一位青年谈到的内容：

> 我爱基奇纳[开展该计划的城市]因为这是一个贩卖药物的好地方……后来我接触到他们[inREACH]，我发誓我不知道到底发生了什么。我开始参与这个计划。艺术计划和视频节目……我在教堂里现场表演饶舌(rapping)……我才意识到还有许多别的、有趣的事情可以做……以前我不知道，直到他们展示给我看……每周五都有涂鸦活动，我都会去……在市政厅一切都那么棒……不再是在墙上乱喷乱画，我现在在画廊里画……所以我不再是非法地画，我是合法地画……他们帮助我找到了除了贩卖药物之外我可以做的许多不同的事情……这一切都是免费的，而且我过得很高兴……它改变了我对基奇纳让我想要离开的印象。

学校问题、学业失败和辍学

最近，在我生活的加拿大安大略省，该省的教师发起了一项变相的罢工运动，或者称为怠工。作为该罢工运动的一部分，教师们停止了学校里面所有正常运转着的课外活动。不再有田径队的训练，取消了音乐排练、音乐会，没有了俱乐部——没有了任何形式的上学前和放学后的活动。但是，教师们像往常一样地坚持了所有的教学活动，因此学生们的学业没有受到影响。然而，不幸的是，研究告诉我们，不能参与课外活动的学生的确在学业上遭受到了影响。没有参与课外活动的青少年相比于参与了这些活动的青少年来说，对学校有着更多消极的态度(Fredricks & Eccles, 2008)，较少完成家庭作业和学习(Harrison & Naryan, 2003; Marsh, 1992; Marsh & Kleitman, 2002)，并且更加频繁地逃课(Harrison & Naryan, 2003; Marsh, 1992)。他们也更容易接受在考试和作业中作弊(Anderson-Butcher et al., 2003)，更可能被勒令休学(Allen et al., 1997)，以及更可能被别的学生欺凌(Jimenez et al., 2009)。于是，毫不意外的是，不参与课外活动的学生的成绩也更差

(Fredricks & Eccles, 2006, 2008; Schmidt, Schumow, & Kackar, 2007),更可能在所学科目上达不到及格的要求(Allen et al., 1997),并且更可能辍学(Mahoney, 2000; Mahoney & Cairns, 1997)。

性行为

尽管从20世纪50年代开始,未成年母亲非婚生子的数量已经在稳定地下降了(Hamilton & Ventura, 2012),但是依旧有大量的未成年少女产子。2010年美国有大约400000名少女怀孕生子,这是在工业化世界中最高的比率之一。根据联合国最近的一项报告,发展中国家每年有超过700万的女孩未满18岁就已经产子,其中200万是在14岁或者更小的时候产子的。过早生育为未成年母亲和孩子的健康都带来了风险。比如,未成年妈妈更可能分娩出体重偏轻的新生儿。

与青少年的性行为联系在一起的另一个风险是性传播疾病。2008年美国疾病控制和预防中心(CDC)的一项研究表明,每4个年龄在14岁到19岁之间的女孩中就有一个人——超过300万少女——患有性传播疾病(CDC, 2008)。CDC还报告称,到2020年美国感染HIV病毒的所有新增人口中,年龄在13岁到29岁之间的年轻人将占到将近26%(CDC, 2014)。

大量探讨青年人在诸如学校俱乐部、社区服务和青年组织等活动中的参与情况的研究都认为,这些参与了此类活动的青年人较少可能进行高风险的性行为。例如,艾伦(Allen)和同事的一项研究(Allen et al., 1997)在参加了青少年外展计划(Teen Outreach)的高中生中调查他们的未成年怀孕率,该计划中的学生在学年学习期间在当地社区组织中参加了志愿者服务。随机分配参加该研究的学生到实验组和控制组中,实验组的学生在青少年外展计划中完成了志愿者服务工作,控制组的学生不需要完成志愿者服务工作,但是他们需要完成和实验组学生一样的测验。当计划结束的时候,向所有学生提问,是否曾经怀孕(女生)或者是否造成某人怀孕(男生)。研究结果表明,在控制组中女生(没有要求她们进行志愿者服务工作)怀孕的人数(将近10%)是在青少年外展计划中完成了志愿者服务工作的女生(比4%稍高)的两倍。

研究识别出青少年的公民参与对高风险性行为的减少有益处的其他一些方式。一项对俄克拉荷马州(Aspy et al., 2010)青少年的研究发现,那些没有融入社区的年龄在12岁到14岁之间的青少年发生性交行为的可能性,比那些融入了社区的青少年高2.5倍。对年龄在14岁到18岁之间的非洲裔美国青少年的研究(Crosby et al., 2002)发现,参加了非洲裔美国人团体或者组织的青少年,比起那些没有积极参与这类组织的青少年来说,较少可能和多于一位性伴侣发生性行为,而且他们更可能采取避孕措施,与性伴侣讨论性传播疾病的预防和避孕方法。

吸 烟

吸烟对人们的健康和寿命有着众所周知的不良影响。大多数(88%)成年抽烟者是在青少年时期开始抽烟的。因此,许多阻止吸烟的计划都瞄准了青少年。不幸的是,它们通常只取得了有限的成功(Rooney & Murray, 1996)。目前有大量的研究表明,参与了校外活动和社区活动的青少年较少可能吸烟(Anderson-Butcher et al.,2003; Bohnert & Garber,2007; Elder et al., 2000; Marsh & Kleitman, 2002; Metzger et al., 2011)。比如,安德森-布彻(Anderson-Butcher)、纽瑟姆(Newsome)和法拉利(Ferrari)(2003)发现定期地参加男孩和女孩俱乐部的美国青少年比那些没有参加或者很少参加俱乐部会议和活动的青少年,较少可能吸食香烟。埃尔德(Elder)和同事们(2000)采用美国东南部超过3500名高中生的调查数据,发现参加了校内或者校外的俱乐部、组织等有组织的活动的青少年吸食香烟的可能性,比那些没有参加过这类活动的同龄人吸食香烟的可能性低了一半。

心理健康

美国卫生总署的报告指出,每5个年龄在9岁到17岁之间的儿童和青少年中就有多于一个人患上了严重到需要治疗的心理健康障碍(U.S. Department of Health and Hunan Service, 1999)。心理健康问题对青少年有着毁灭性的影响,并且这种影响会持续一生。有心理健康问题的青少年比那些没有心理健康障碍的青少年,更可能辍学、被监禁以及自杀。

研究认为,公民参与保护了青少年避免患上心理障碍(Bartko & Eccles, 2003; Bohnert et al., 2008; Fredricks & Eccles, 2006)。比如,弗雷德里克(Fredricks)和艾克尔斯(Eccles)(2006)使用马里兰州美国青少年纵向调查的数据,探讨了公民参与和心理健康问题之间的联系。作为该研究的一部分,要求11年级的学生回答他们参加运动队、学校俱乐部、学生会、社区服务和公民权利组织等课外活动的情况;并且要求学生的家长对子女表现出来的焦虑、抑郁、攻击性和问题行为等心理健康困难的程度完成等级评定。研究结果表明，广泛地参与了课外活动的学生相比于那些很少或者没有参与过课外活动的学生，显著地较少可能经历着“内在”问题，比如焦虑和抑郁，和“外在”问题，比如打架和欺凌。看起来在课外团体和课外活动中的参与颇有成效地缓解了青少年经历着的抑郁(Bartko & Eccles, 2003; Denault et al., 2009; Mahoney et al., 2002)。德诺(Denault)和同事们(2009)对加拿大魁北克市的青少年进行的研究发现，在7年级的时候参加过童子军、服务俱乐部或者男孩和女孩俱乐部等青年俱乐部的青少年在他们就读7年级到10年级期间较少可能表现出抑郁症状。

参与和积极的青少年发展

强有力的证据表明，通过他们在课外团体和活动中的参与，那些融入他们的社区中去的青少年较少可能经历各种问题。但是避免出现问题只是健康发展的一个方面。真正朝气蓬勃的青少年不仅仅有较少的心理问题，而且还能够发展出使他们成为能够为构建健康社会做出贡献的情感健康的成年人所具备的力量和能力。发展心理学家理查德·勒纳(Richard Lerner)(Lerner et al., 2005)识别出了标志着青少年健康、积极发展的5种主要能力(他把它们称为“5个C”)：信心(Confidence，积极的自我价值感和自我效能感)；联结(Connection，与同伴，家庭，学校和社区缔结积极的纽带)；关爱(Caring，对他人有同情心)；能力(Competence，社会的，学业的，认知的，和职业的技能)；以及品质(Character，正直和是非观)。对青少年参与校内和校外社区的研究为公民参与促进了这五种或者更多能力的发展，提供了强有力的、一致性的证据。

信心、积极认同和生活满足感

很多研究提供了证据支持践行了公民参与的青少年有着更高的自尊和自信心，能够更清楚地知道自己是谁和他们自己想要从生活中得到些什么，以及有更好的生活满意度(Barber et al., 2001; Jimenez et al., 2009; Johnson et al., 1998; Rose-Krasnor et al., 2006; Zeldin, 2004)。我自己的大量研究(Henderson, Pancer, & Brown, 2014; Pancer & Pratt, 1999; Pancer et al., 2007)证实了青少年的公民参与和自尊之间存在着联系。在其中一项研究中，我和我的同事迈克·普拉特（Mike Pratt）、布鲁斯·汉斯伯格（Bruce Hunsberger）和苏姗·艾丽萨特（Susan Alisat）要求高中学生在高中学习的第二年和最后一年之间完成若干量表，其中一个量表是青少年参与问卷，旨在评估青少年在从社区服务到学校俱乐部再到邻里组织等广泛的公民活动中的参与情况（Pancer et al., 2007）。我们还要求研究的参与者完成用来测量自尊和乐观的量表。在完成这些量表时，要求他们指出他们同意这些陈述的程度，比如“总体来说，我对自己感到满意”和“我对我的未来总是保持着乐观”。我们的结果显示，越多地参与了公民活动的青少年比那些没有参与的青少年，有着越高水平的自尊并且更加乐观。

在其他的研究中，我们对参与了社区服务和社会行动的青少年进行了访谈，询问他们这些经历对他们的生活有什么影响。在我们最早对青少年的公民参与进行的其中一项研究中，迈克·普拉特和我（Pancer & Prat, 1999）要求当地使用了志愿者的宗教、健康、教育和社会服务组织在他们的组织中提名出那些他们认为是“忠诚的志愿者”的青年。我们想知道这些青年是如何第一次开始参与到社区服务中的，以此来尝试确认某些能够在青年人中启动这种类型的社区参与的关键因素。我们访谈了20名年龄在16岁到20岁之间的志愿者，在访谈的结尾，我们要求他们回答他们的志愿者服务经历为他们带来了哪些改变。每一个访谈到的青年都指出，他们的志愿者服务工作为他们带来了意义深远的改变。其中一个最常提到的改变是自信和自尊水平的提高：

> 我觉得通过志愿者服务……我对我自己和我能够处理的事情以及在我的生活中我能够承担的挑战上都获得了大量的信心并且……我想我总的来说……觉得有了这些经历现在我能够应对任何挑战了。

其中一些青少年报告说对他们的自信和自尊最有力的影响是他们感到他们能够为其他人的生活和他们的社区“创造出不同”的那种感觉。在若干研究中，在我们对青年志愿者的访谈中我们反反复复地听到了这一主题。举例来说，我们访谈到的其中一名辅导幼儿识字的青年是这样描述自己的经历的：

事实是我一直参与了高中学校校外的社区活动……我切实地感受到我融入了自己出生的社区并且看到自己所做的事情正在发挥着作用……这让我感觉自己很有价值。

感觉到个体能够“创造出不同”是心理学许多重要概念的核心——诸如赋权、自我效能和力量等概念——而且它被看成激励个体以为他们自己的生活和其他人的生活带来积极改变的方式,而进行行动的强大驱动力。

与个体的自尊紧密联系的是同一性概念。同一性跟一个人对他自己是谁的认识,以及他怎样与其他人和社会联系起来的认识有关。发展心理学家埃里克·埃里克森(Erik Erikson),在他的著作《童年与社会》(Childhood and Society)中第一次详细地对同一性进行了探讨(Erikson, 1968)。埃里克森把青少年时期看成同一性发展的关键时期。他认为在这个时期,青少年尤其关注对他们自己是谁,他们是怎样与其他人相处来适应社会,以及在他们的生命中他们将去向何处等问题的探索。根据詹姆斯·玛西亚(James Marcia)(1966)后来对埃里克森理论进行的发展,那些对他们自己是谁进行了探索,并且坚信一套价值观和未来的目标的青少年,在同一性上发展得最好,达到了玛西亚称之为“同一性获得”的状态。

在前面提到过的,在我们对高中生公民参与的研究中(Pancer et al., 2007),我们要求学生完成一份名为自我同一性状态客观测量(the Objective Measure of Ego Identity Status, OM-EIS—Adams, Shea, & Fitch, 1979)的问卷,来测量他们的同一性发展情况。OM-EIS要求青少年指出他们同意还是不同意这样的一些陈述,比如“我经历过一段严重质疑信仰的时期,而且现在我能够说我明白了作为一个个体应该相信些什么”。同意这些陈述的青少年有着更好的“同一性获得”,因为他们已经探索过不同的信念然后才选定了他们自己的信念。我们发现参与了公民活动的青少年比那些没有践行过公民参与的青少年,更可能展现出“同一性获得”状态,并且具有发展得更好的、对他们自己是谁的认识。

其他一些使用不同研究方法的研究证实了公民参与和同一性发展之间存在着联系(Busseri et al., 2011; Dworkin, Larson,& Hansen,2003; Hardy et al.,2011; Larson et al., 2006; Yates & Youniss, 1996; Youniss, McLellan, & Yates, 1997; Zeldin, 2004)。同一性的其中一个方面尤其受到了公民活动参与的影响,这个方面跟个人通常如何与其他人相处,以及如何与社会相处有关。我自己对青少年的研究使我相信,公民参与会引起青少年们对社会责任感的认同,在其中个体把自己看成跟社会中的其他人有联系的并且是对他们的幸福负有责任的(Pancer & Pratt, 1999)。吉姆·尤尼斯(Jim Youniss)和米兰达·耶茨(Miranda Yates)(Yates & Youniss, 1996; Youniss, McLellan, & Yates,1997; Youniss & Yates, 1997)认为公民参与对青少年的同一性有着更为广泛的和更加深远的影响。他们认为,当青少年通过社区服务融入他们的社区中时,他们面临着社会上存在着正在遭受苦难并且需要帮助的人们的现实。在理解为什么会有这样的事情发生的过程中,青少年开始发展出他们对他们在社会中扮演着的角色的认识,以及他们对他们自己和社会承担着的帮助那些需要帮助的人们的责任的认识。

毫不意外的是,开始融入他们就读的学校和居住的社区中的青少年,通常对他们的生活感到更满意(Albanesi et al., 2007; Jimenez et al., 2009; Magen et al., 1992)。在吉姆尼斯(Jimenez)和她的同事对意大利青少年的研究中,要求研究参与者完成一个社区参与测验,在测验中要求他们指出他们同意还是不同意,诸如"我参加——独自地,和家人或者和朋友一起——我的社区中的组织和协会"等陈述。另外,该研究的参与者还要完成一项评估他们对他们的生活的满意程度的测验("生活满意度量表",Diener et al., 1985)。结果显示青少年参与社区的程度越高,他们对自己的生活感到越满意。其他研究(Magen et al., 1992)认为通过诸如社区服务等活动融入社区中的青少年,能够在生活中感受到更强的目标感和凝聚感,而且对他们生活中的积极事件有着更强烈的体验。

联　系

茁壮成长的青年人具有的特征以及他们具有的另一种主要的"能力"是他们与同龄人、家庭、学校和社区之间存在着的联系。研究认为,以社区服务、学校组织的成员、参与社区团体和其他活动等形式进行着的公民参与,帮助青少年建立起了所有的这些联系。

若干研究显示融入了他们所在社区的青少年体验到在他们与朋友和家庭成员之间存在着更好的关系(Jimenez et al., 2009; Pancer etal., 2007; Rose-Krasnor et al., 2006)。举例来说,罗斯-克拉斯诺(Rose-Krasnor)和她的同事(2006)在对加拿大高中生的调查中,发现在学校和社区里广泛地参与了活动的青少年报告出他们跟同龄人和最好的朋友之间有着更好的关系,以及他们和父母之间有着更亲密的关系。他们还拥有更大的“社会支持网络”——由在他们需要帮助或者支持的时候他们能够去寻求帮助的人们组成的网络。这些跟同伴和家庭成员之间增近了的关系可能至少部分地是青少年在融入社区过程中社交技能得到提升的结果——这些技能,比如能够更加清楚地并且更加有效地与其他人进行交流,或者当与其他人发生分歧时能够“管理”自己的情绪(比如,在争执中不发脾气)(Dworkin et al., 2003; Hansen, Larson, & Dworkin, 2003; Mahoney et al., 2003)。

正如预期的那样,融入社区也有助于增强青少年与他们的社区之间的联系。这种联系以多种方式表现了出来。其中一种方式是扩张了由公民参与产生出来的社会网络。通过他们的参与,青少年不仅仅与同伴,还与那些具有不同年龄、文化和背景的人们之间建立起了新的联系(Dworkin, Larson, & Hansen, 2003)。这一点在我们对高中学校强制性服务计划的研究里面,对青少年进行的若干访谈中体现了出来(Henderson, Panxer, & Brown, 2014)。我们访谈到的其中一名学生,她通过在她的家乡的市政委员会中进行服务来完成了她的社区服务要求,她是这么描述自己的经历的:

> 这里有许多的关系网……就像是在社区里与人们见面一样,现在我认识了商会负责人……现在当我回去[我的家乡]碰到他们,市长或者主要议员……我们会坐下来聊一会儿。就像现在我在合作社,计划回去找一份工作,我要做的第一件事就是给Zehrs(一个连锁杂货店)的店长打电话,因为他参与了所有的这些志愿者服务事项和社区事项。这真的很棒。

另一种青少年与他们的社区进行联系的方式在他们对他们的社区的归属感中表现了出来。用来形容这种归属感的术语是“社区意识”。亚尔巴内西(Albanesi)和同事们(Albanesi, Cicognani, & Zani, 2007)对意大利高中生的研究发现,参与到一个或者多个包含了体育运动、文化或者艺术等活动的社区组织中的学生,比那些没有参与任何组织的学生,有着更显著的社区意识。

参与到社区生活中的青少年通过更加坚定的承诺要为社区和社会的进步而奋斗,表现出了他们与社区之间更强的联系(Astin & Sax, 1998; Johnson et al.,1998; Magen, Birenbaum, & Ilovich, 1992)。阿斯汀(Astin)和萨克斯(Sax)(1998)在对美国大学生的研究中发现,参与了社区服务和政治等活动的学生更倾向于制订出包含了做志愿者服务、参与社区行动项目或者为非营利性组织工作等活动的未来计划。约翰逊(Johnson)和同事(1998)在对美国高中生开展的志愿者服务活动的研究中发现了相似的结果。参与该研究的学生完成了一个调查,在该调查中要求他们回答他们是否做过任何志愿者服务?如果做过,他们总共做过多少个小时的志愿者服务?还要求他们回答问题,“当你成年的时候,你认为下面提到的每一件事情对你来说有多么重要?”该问题后紧跟着一个包括了婚姻、友谊,以及“作为一个公民参与到我的社区中去”的列表。结果显示,做过志愿者服务的学生比那些没有做过志愿者服务的学生,在对参与到社区中去的的重要性上给出了显著更高的等级排名。马根(Magen)和同事们(1992)在对以色列青少年(年龄从14岁到17岁之间)的研究中发现了相似的结果。在他们的研究中,他们询问了积极的或者不那么积极的青年志愿者,“在你的生命中你想要做的最美好的事情是什么?”那些做过志愿者服务的学生显著地更倾向于给出那些标志着当他们成为成年人时他们想要为社会中的其他人谋取福利的回答:

> 我最想要用我的一生去做的事情是为其他人做贡献。这个国家有太多的事情困扰着我,比如交通事故和给予老年人的待遇,但是逃避并不是解决问题的办法,应该做的是去尝试改变它们(Magen et al., 1992, 第52页)。

纵向研究表明,一个人在青少年时期做出的承诺并不是毫无意义的瞎想。在青少年时期就参与到了学校和社区中去的个体,在成年的时候也更倾向于参与社区生活(Astin, Sax, & Avalos, 1999; Ladewig & Thomas, 1987; Obradovic & Masten, 2007; Youniss, McLellan, & Yates, 1997; Zaff et al., 2003)。这一点在奥布拉多维奇(Obradovic)和马斯廷(Masten)的研究中也展现了出来(2007),他们选取年龄在14岁到19岁之间的青少年作为样本,要求他们回答自从高中入学的时候起,他们参与过41项课外活动中的哪些活动。在这41项课外活动的列表中包括了参与某个学生组织、为校报工作、完成社区服务,以及成为俱乐部或者团队的一员。在15年以后,当他们成为年龄在28岁到36岁之间的年轻成年人时,再次对他们进行调查。后来完成的调查询问了被调查者在大量的公民活动中的参与情况,包括做志愿者服务、投票、履行陪审团成员的义务,以及参加某个社区组织。研究结果表明,年轻成年人的公民参与情况可以用他们在青少年时期在课外活动中的参与情况来进行预测。在青少年时期参与了课外活动的个体在成年时期显著地更可能进行志愿者服务、加入社区组织，以及融入社区生活。拉德维希(Ladewig)和托马斯(Thomas)的研究(1987)发现，在青少年时期是四健会等青年组织成员的个体在他们的成年时期加入社区组织的可能性，是那些在青少年时期没有参与过这些类型组织的个体的两倍或者三倍。

另外一种可以通过在课外活动中的参与培养起来的联系是个人跟他的祖国和生活在其中的社会之间的联系。这种联系通过个体对政治活动的参与和他们对国家与全球突出的社会问题的关注，得以展现出来。人们通过很多方式参与到他们祖国的政治生活中去。他们通过阅读报纸和观看电视新闻熟知国家事件，他们参与投票，他们加入政治党派，他们给报刊和当选官员写信，他们还参与国际特赦组织等政治行动团体。研究告诉我们，参加课外团体和课外活动的青少年显著地更有可能成为那些通过政治参与建立起他们自己与国家和社会之间的联系的成年人。在青少年时期参与过课外活动的个体，当他们达到成年时期时，更可能为政治运动贡献时间或者金钱、参加政治集会、参加示威或者抗议游行，以及在地方性选举或者国家选举中投票(Glanville, 1999; Jennings, 2002; McFarland & Thomas, 2006; Sherkat & Blocker, 1997; Smith, 1999; Zaff et al., 2003)。社区参与对青少年也有着立竿见影的影响效果。融入了其中的青少年对政府、政治和国家事务有着更多的了解(Schmidt et al., 2007)，并且他们相信自己的行动会对世界有影响(Roker et al., 1999)。在英国心理学家黛比·罗克(Debi Roker)、卡蒂·普莱耶(Katie Player)和约翰·科尔曼(John Coleman)对英国青年志愿者服务和社会行动的研究中收集到的青少年的回答里面，强有力地展现出了这些影响。举例来说，在他们的研究中，一位15岁的女孩以国际特赦组织成员的身份写信要求释放政治犯，信中提到：

> 我在国际特赦组织中的活动对我有着很大的影响。和一群有着共同的奋斗目标，都非常关心别人的人组成的团体在一起，我感觉很棒。但是这段经历也让我觉得我在乎，有多少像我这个年纪的人给印度尼西亚的国王写过信并且问过他政治犯的问题？(Roker et al., 1999, 第193页)。

关　爱

青少年通过参与到学校和社区中去而建立起来的与其他人之间的联系，有助于他们看到他们遇到的、打过交道的人们有着跟他们自己截然不同的需要、想法和背景。这种全新的了解引发了对他人更大程度的共情（尤其是对那些正在遭受着苦难的人们）、更加尊重多样性，以及更强烈的社会责任感（Dworkin, Larson, & Hansen, 2003; Henderson, Pancer, & Brown, 2014; Roker et al., 1999）。我们在我们对加拿大高中学校里面参与了强制性服务计划的学生的研究中，看到了相当多的证据支持了青年们发展出了共情（Henderson, Pancer, & Brown, 2014）。比如，一个在退休之家做志愿者服务的青年这样描述自己的经历：

> 我只是看到了老人不同的一面……像你总是看到的老年人那样，我的祖母在家里养老……但是我这才真正地看到老人在退休之家里是什么样的，他们正在经历些什么和他们都在想些什么以及他们经历着的挣扎……看到他们很多人正在遭受着磨难，忍受着疼痛和孤单，我真的很伤心，这使我感激有那么多关心我的人并且庆幸我自己有一个家，我知道我的祖母住在家里，我们绝不会把她送进退休之家，但是他们所有的人就像是被遗忘了一样，没有人去探望他们或者为他们做任何事情。

与来自不同背景的其他人之间建立联系也有助于建立对差异的尊重，还能够打破对来自不同群体的人们既有的刻板印象（Astin et al., 1999; Yates & Youniss, 1998）。在对参与了为期一年的服务—学习计划的高中学生的研究中证实了这一点，在该计划中，这些高中生在学年读书期间在市区里的粥棚工作（Yates & Youniss, 1998）。学生们去了粥棚超过4次，总共工作了20个小时。每次去了之后，他们都要写一篇文章记录他们的经历和他们的感受。该研究还包括联系那些已经从高中毕业的学生，要求他们写一篇感想来描述在粥棚工作的经历对他们产生的影响。参与研究的许多学生都提到他们的经历是如何打破了他们一直以来就有的刻板印象的。比如，一位学生提到她对无家可归者的看法是如何发生转变的：

> 在[粥棚]的工作让我知道了世界上有一群没有自己那么幸运的人。去那儿之前，我总是把无家可归者看成愚蠢的、没有受过教

> 育的、脏兮兮的人。在与他们中的一些人会面后，我才意识到他们中的大多数人并不想成为无家可归者或者到粥棚来填饱肚子。和我交谈过的大多数人都是大学毕业生、年轻妈妈，都是跟大家一样的普通人。(Yates &Youniss,1998, 第 508 页)

阿斯汀(Astin)和同事的研究(1999)认为，除了打破刻板印象，参与志愿者服务之类的公民活动还能够引导出与来自不同背景的人们之间更加频繁的互动。他们发现在读本科期间就已经在社区中提供过志愿者服务的大学生，在他们毕业9年后，显著地更有可能与来自不同种族和族群的人们之间进行着社会交往。

青年人拥有的融入学校和社区的经历，有助于在青年人中建立起社会责任感——一种他们觉得他们有责任去帮助那些没有他们自己那么幸运的人们的感受。在我们已经完成的一些研究中我们看到了支持这种社会责任感的证据。在其中一个已经在先前的章节中提到过的研究中(Pancer et al., 2007)，我们要求来自不同高中的学生完成青少年参与问卷，评估他们在各种学校和社区组织活动中的参与情况。我们还要求这些学生完成一个“青少年社会责任感量表”，要求他们指出他们同意还是不同意诸如“人们有责任去帮助那些没有自己富裕的人们”和“对于人们来说敢于指出不公平是很重要的”之类的条目。我们的结果显示，更多地参与到了他们的学校和邻里生活中去的学生比那些没有融入其中的学生有着显著更强的社会责任感。在我们的另一个研究中，我们访谈到的一名青年志愿者(Pancer & Pratt, 1999)以这种方式描述了社会责任感：

> 很多时候……你处在帮助别人的位置上仅仅是因为你是幸运的，你知道，你做过的事情没有一件是配得上你现在的位置的……在不同的位置上……而且你知道的，一切皆有可能……只是一眨眼的工夫有些事情就会截然不同，肯定的是每个人都有责任在他们的社区里提供志愿者服务并且为他们的社区做点什么。这就是社区的意义。(第 52 页)

能　力

以在学校或者社区中参与团体和活动等形式进行着的公民参与，有助于培养出各种技术和能力。参与过我们对志愿者服务和其他形式的公民活动进行的若干研究的青年，常常提到他们从公民参与中学到了许多东西而且习得了很多技能。比如，在我们对青年志愿者的第一个研究中，我们访谈到的一名青少年(Pancer & Pratt, 1999)这样说道：

> 我学到了数不清的东西，知道了如何与人共事而且……甚至还了解了人们是如何思考和如何工作，以及如何做出反馈的，知道了当事情发生时我应该怎样最好地做出反应。(第51页)

我们访谈到的青年提到他们通过参与获得的许多技能。他们提到他们学习了如何在团队中工作、解决冲突、清晰有效地交流、管理他们的时间，以及领导活动。其他研究证实了公民参与能够帮助培养技能这一观点(Astin & Sax, 1998; Dworkin et al., 2003; Hamilton & Fenzel, 1988; Hansen et al., 2003; Larson et al., 2006; Zeldin, 2004)。举例来说，阿斯汀(Astin)和萨克斯(Sax)(1998)采用了对美国42所大学的本科生进行的调查中得来的数据，检验了参与社区服务活动的学生和那些没有参与这类活动的学生之间，在技能获得上的差异。他们发现，参与过服务活动的学生，相比于那些没有参与过服务活动的学生来说，对他们自己的领导能力、冲突解决技能、合作能力，以及与具有不同种族、不同文化的人们相处的能力都给出了显著更高的评分。德沃金(Dworkin)和同事们(2003)在他们对参与了学校和社区组织的青少年的研究中，发现参与了这些组织的青少年发展出了“主动性”——他们定义为“在一段时间内能够把自己的注意力和努力指向具有挑战性的目标的能力”(第21页)。这一点在他们制订切实的目标、坚持不懈地完成工作，以及管理时间的能力中展现了出来。

我们期望那些通过他们的公民参与获得了这些技能的青年人能够在他们的生活中付诸努力取得成功。在他们的学业成就上，这一点是确信无疑的。融入了学校和社区生活的青年比那些没有融入其中的青年，对学校持有更加积极的态度、学习更加努力，并且取得了更优异的成绩(Anderson-Butcher et al., 2003; Astin & Sax, 1998; Bartko & Eccles, 2003; Denault et al., 2009; Eccles et al., 2003; Fredricks & Eccles,2007; Harrison & Naryan, 2003; Marsh, 1992; Marsh & Kleitman, 2002; Schmidt et al., 2007)。他们对自己的受教育程度有着更高的渴望，更有可能去上大学，完成更高水平的教育(Astin et al., 1999; Barber et al., 2001; Eccles & Barber, 1999; Eccles et al., 2003; Fredricks & Eccles, 2006; Mahoney et al., 2003; Marsh, 1992; Marsh & Kleitman, 2002; Zaff et al., 2003)。当他们进入大学时,参与过公民活动的学生在他们的课程学习上下了更多的功夫,与教授有更多的接触,并且更有可能毕业(Astin & Sax, 1998; Barber et al., 2001; Eccles et al., 2003; Marsh & Kleitman, 2002)。

青少年通过学校和公民参与获得的兴趣、联系和技能,还能够帮助他们决定选择从事哪种类型的职业,并且引导他们提高自己的就业前景,以及取得事业上的成功。在我们对他们进行的志愿者活动的访谈中,若干青少年提到他们的志愿者服务经历是如何影响了他们对职业的选择的。举例来说,一名为残疾儿童提供志愿者服务的青少年说道:

> 虽然这是我做过的最竭尽心力的志愿者工作之一,但它却是我最爱的一份工作,我学到了许多……为他们[残疾儿童]服务的确帮助了我决定在我以后的人生中我想要做些什么。(Pancer & Pratt, 1999,第51页)

社区服务等公民参与对人们的职业生涯的影响,在我已经毕业了的学生特雷弗·泰勒(Trevor Taylor)和我一起共同完成的对我们所在学校的学生进行的另一项研究中展现了出来(Taylor & Pancer, 2007)。在该研究中,我们要求为了达到心理学课程规定的要求而进行社区服务的学生,完成一个评估他们获得的服务经历的积极程度的量表。我们还要求他们完成若干测验来评估他们对未来职业所做的决策的方方面面。我们发现学生体验到的社区服务经历越积极,他们就越明确他们想选择什么类型的职业,并且对他们正在考虑着的职业的有关知识进行了更多的了解。

公民参与还能够帮助青年获得稳定的工作,常常是通过他们在公民活动中建立起来的联系做到这一点的。泽尔丁(Zeldin)(2004)在他完成的、对那些为管理董事会和服务组织委员会工作过的青少年的访谈研究中,找到了支持这一观点的证据。由于有了在这些组织中工作过的经历,这些青少年获得了实习机会、就职申请的推荐,甚至是现成的工作。一位年轻女士在她对她是怎样从她的经历中受益的描述中,说到"那些我甚至都不知道存在的大门现在对我敞开了"(Zeldin, 2004, 第83页)。

性　格

作为公民参与和公民承诺的结果，青少年发展出了另一个主要的能力——"性格"。勒纳(Lerner)(Lerner et al., 2005)将性格定义为行事正直、有道德感，并且尊重社会和文化规则。正如在先前的章节中提到的一样，发展心理学的研究和理论认为儿童通过观察其他人的行为发展出了道德感——分辨是非。在生命的早期阶段，这些"其他人"是儿童的父母。当个人成长到青春期时，影响个体道德感的"其他人"包括了同伴和重要的成年人角色榜样。个体观察父母、同伴，还有其他人的行为，通过他们的观察，形成了是非观并且了解了在社会中什么是"正确的"或者是符合规范的。参与校内和校外活动的青少年获得了观察人们在大多数情况下以积极的方式行事的机会。作为团队和俱乐部成员，他们观察到成员们齐力协力地实现团体的目标。在进行社区服务的时候，他们观察到别人在尽力地帮助那些需要帮助的人们。作为社会或者环境行动组织的成员，他们观察到其他人正在试图构建一个更加公平和能够持续地发展的社会。通过这些观察，青少年开始认识到，在社会中遵循着的"社会责任感规范"——一种社会规则或者标准，要求人们都应该去帮助那些需要帮助的人们，还应该为了把社区和世界建立得更加美好而共同努力。接着他们开始"内化"这种规范，使之成为他们自己道德哲学的一部分。在我们对青年在高中读书时期体验到的志愿者服务经历的访谈中，我们的确看到了有关的证据。比如，在我们对强制性志愿者服务的研究中，访谈到的一名高中生(Henderson, Pancer, & Brown, 2014)这样描述她自己的道德哲学:

> 我们是如此的幸福，生活在这样一个富裕的国家中，而且我们拥有如此多的资源，并且如果你仅仅试想一下，我们是全世界百分之一的人口，同一个世界中的其他人并没有拥有我们所拥有的东西，那么我们的责任就是贡献我们所有的一切。贡献你的一些时间和金钱不会使你破产。它不会夺走你的任何东西，但是却可以改变别人的生活。

青年人参与其中的组织和协会——他们的学校、教堂、青年组织、文化团体和其他一些组织协会——拥有它们自己的规范和意识形态。耶茨(Yates)、尤尼斯(Youniss)和他们的同事把这些类型的组织称为"意识形态承载”或者“规范承载”机构(Yates & Youniss, 1996; Youniss, McLellan, & Yates, 1997)。正如在第4章中提到的一样,几乎每一种主要的宗教信仰都有一套包括着正直行事、关心他人,并且为了改善他们生活在其中的社区和周围的世界而奋斗的信念。那么,这些组织为正在探索着他们自己的意识形态或者人生观的青少年提供了一种强调道德行为并且关怀其他人的幸福的信仰。

谁受到了公民参与最大的影响?

成长在贫困或者功能不良的家庭等逆境中的青少年,显著地更可能遭受着各种社会的、情感的和行为的问题,也就是所说的“处于风险中”(Bradford, Vaughn., & Barber, 2008; Bradley & Corwin, 2002; Masten, 2011)。而且,当这些处于风险中的儿童和青少年身上出现问题的时候,他们通常是最难获得到帮助的那一部分人。但是并不是所有的青少年都会这样受到逆境的影响。心理弹性好的青少年即使在困难的条件下,也有能够保护他们摆脱这些环境的影响并且容许他们茁壮成长发展成为情感上健康的成年人的品质和能力(Fergus & Zimmerman, 2005)。研究显示,公民参与能够帮助青少年变得更有弹性。比如,弗雷德里克(Fredricks)和艾克尔斯(Eccles)使用美国青少年纵向调查的结果,来检测学生的参与状况和他们的“心理弹性”之间的关系(2008)。采用量表来测量弹性,要求研究的参与者指出,他们是否经常“善于”“从糟糕的经历中迅速恢复过来”,并且“从你的错误中吸取教训”。结果显示,在8年级的时候参与过学校俱乐部的青少年比那些没有参与过俱乐部的青少年,拥有显著的更高水平的心理弹性。在三年后他们读11年级的时候,他们依旧表现出更高水平的心理弹性。

更进一步地,若干研究显示,越是处于风险中的青少年越能够从公民参与中获益(Kinney, 1993; Mahoney, 2000; Mahoney & Cairns, 1997; Mahoney et al., 2003; Marsh & Kleitman, 2002)。在其中一项研究中,约瑟夫·马奥尼(Joseph Mahoney)和罗伯特·凯恩斯(Robert Cairns)(1997)通过查看高中学校年鉴中对每一个学生的记录,编制了学生课外参与的记录。使用其他一些信息,他们运用“聚类分析”统计程序把学生分为三组:一个“风险”组,由来自贫困家庭、在学校有攻击行为、在学业上表现不良,以及在同伴中不受欢迎的学生组成;一个“边缘能力”组,该组学生有一些“风险”组学生拥有的特质，但并不是全都有；还有一个“高能力”组，由来自至少在经济上适度富裕家庭的学生、受到同伴的欢迎，以及在学校表现良好的学生组成。另外，研究者查看了学校记录，了解学生是否在完成高中学业前就已经辍学。他们发现，相比于边缘能力组和高能力组中的学生，参加课外活动对风险组中的学生有着更大的影响。在不参加任何活动的情况下，风险组中的学生辍学的可能性是边缘能力组学生和高能力组学生的两倍或者三倍。但是风险组学生即使只参与了一项活动，他们辍学的可能性就会低得多，而且他们的辍学率和边缘能力组学生和高能力组学生之间没有显著差异（见图 6.1，来自马奥尼和凯恩斯，第 249 页）。马奥尼和同事（Mahoney, 2000; Mahoney et al., 2003）完成的其他研究，以及其他调查者（Kinney,1993;Marsh & Kleitman,2003）的研究显示，在犯罪行为、接受教育的愿望和学业成就上，处于风险中的青少年比那些没有处于风险中的青少年，能够通过课外参与获得更多的受益。

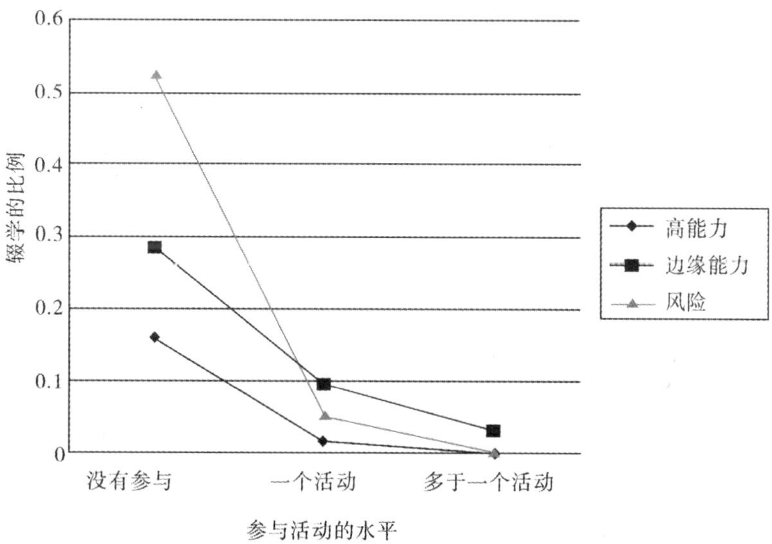

图 6.1 课外活动的功能和风险状态对辍学的影响

摘自 Mahoney, J. L. & Cairns, R.B. (1997). Do extracurricular activities protect against early school dropout? Developmental Psychology, 33(2), 241-253. 重印得到了 APA 的允许。

公民参与的影响能够持续多久?

强有力的证据证明,以参加学校俱乐部、青年组织、社区服务、社会行动、宗教组织,以及其他活动等形式进行的公民参与,有助于减少青少年问题的出现,而且能够促进青少年的积极发展。但是这种参与的影响作用能够持续多久呢?目前已经有若干研究探讨了在公民参与发生若干年后它的影响作用。这些研究的结果一致显示,公民参与的影响可以持续很多年,而且,相当大可能地持续终生。比如,比恩(Beane)和同事(1981)调查了在从1945年到1949年之间在高中学校参加过以学校为单位集中进行的社区服务计划的高中生。这些参与过该计划的学生参与制订了美国东北地区城市发展计划。此外,他们开展了公民调查,了解土地的利用情况和交通模式,为公园和其他娱乐设施的创建提供建议,并且向当地政府递交了调查报告。这些个体以及没有参与该计划的对照组,在30多年后的1979年再次接受了调查。研究显示,30多年前参加过该社区服务计划的个体,在中间的这些年里参与了若干个组织的概率,是来自同所学校但是没有参与该计划的学生的四倍,他们在组织中居于领导位置的概率是那些没有参与该社区服务计划学生的两倍。

社会学家道格·麦克亚当(Doug McAdam)在1964年夏天参加了美国公民权运动的人们身上发现了相似的长期影响(McAdam, 1988, 1989)。在那个夏天,因为参加"自由之夏计划"(the Freedom Summer project),成百上千的来自美国北部的各所大学的学生来到密西西比州帮助非洲裔选民进行投票注册,并且为他们的公民权做斗争。20年后,在1983年和1984年,麦克亚当联系到了他能够找得到的尽可能多的这些人,以及当时报了名想要参加但是最终未能参与的人们,要求他们完成一份问卷,调查他们现在的参与情况。他发现,比起那些没能参加"自由之夏计划"的个体,实际参加过的个体显著地更倾向于参与社会运动而且更可能是政治组织的成员。另外一项詹宁斯(Jennings)的研究(2002)发现,在20世纪70年代早期参与过抗议的人们和那些没有参与过抗议的人们之间也有着相似的差异。当在将近25年后对他们再次进行调查时,那些抗议者们更倾向于参加了诸如联系政府官员、出席政治聚会,或者是参加示威之类的政治活动。

对个体在青少年时期进行的其他类型的参与进行的研究,也显示出公民参与具有长期的影响。大量研究发现,还是高中学生的时候就已经参与过课外团体和活动的个体，比那些在青年时候没有参与过这些团体和活动的个体，更可能在多年后当他们成年的时候参与公民组织和活动（Hanks & Eckland, 1978; Ladewig & Thomas, 1987; Obradovic & Masten, 2007）。比如，汉克斯（Hanks）和艾克兰（Eckland）（1978）发现在青春期参与过四健会等青年组织的人们，在成年时积极参加社区组织的可能性是那些在青春期没有参与经历的人们的两倍。

孰因孰果?

在本章中，我提到的许多研究揭示出青年的公民参与和大量积极结果之间存在着联系。参加学校和社区组织的青少年比那些没有参与其中的青少年，遇到了较少的问题并且有着更高的幸福感。但是很重要的是注意到，公民参与和幸福之间存在着联系或者相关关系并不是意味着其中一个因素导致了另外一个因素。的确有可能是公民参与导致了幸福，但是幸福诱发出更多的公民参与也是有可能的。比如，在学校表现良好的青少年有更多的时间去做像课外活动这类的事情。因此有可能是在校期间的竞争力引起了在俱乐部和青年团体等活动中更多的参与。换句话说，可能是学业成就导致了更多的课外活动参与，而不是在课外活动中的参与导致了更高的学业成就。或者也可能并不是在这两者中谁导致了谁，而是有一些别的变量导致了更大程度的参与和更强的在校竞争力，例如经济资源。经济条件好的家庭能够支付子女参与课外活动所需的费用，所以他们的子女参与了更多的活动。这些家庭还能够为子女提供使他们在学校表现得更好的资源（比如书籍和学习材料）。再一次，这意味着并不是公民参与引起了更高的学业成就，而是一些其他的因素，例如家庭经济状况，造成了参与程度和学业成就的不同。精心设计的研究尝试着去解决孰因孰果的问题。举例来说，本章中提到的由马奥尼和艾克尔斯以及他们的同事完成的几乎所有的的纵向研究中，都尝试着去解释或者控制涉及的每一个变量，比如在开始参与课外活动之前青少年的学业表现或者他们的家庭经济状况，因此他们能够更加确定，的确是青少年的公民参与带来了学术表现的提高等事实。

在参与和幸福之间建立起因果关系的最严谨的方式，是开发一个旨在使青少年参与社区活动的项目，随机分配青少年到参与项目的实验组或者不参与项目的控制组中，然后观察项目组和控制组之间的差异。在本章前面部分提到的艾伦和同事(1997)的研究采用的就是这种方法。在该研究中,青少年被随机地分配到有社区服务部分的项目组(青少年扩展项目)或者不要求做社区服务的控制组。他们发现参与了项目的青少年比控制组中的青少年显著地更少可能在学业上经历失败。在该研究中,我们非常有信心的是,对社区服务的参与引起了更高的学业成就,而不是学业成就(或者是一些诸如智力等与学业成就有关的因素)诱发了更多的社区参与。

小 结

青少年的公民参与可能采取参加学校俱乐部和学校团队,提供志愿者服务工作,加入基督教教堂或者犹太教会堂等青年组织,或者成为女童军等青年组织中的一员,以及参与其他一些活动等形式来进行。研究告诉我们参与过这些类型的公民活动的青少年较少可能使他们自己陷入困境之中。他们较少可能滥用药物和酒精、吸烟、行为不良、学业失败或者辍学。他们还较少可能经历过未成年怀孕、感染性传播疾病或者出现心理健康问题。相反地,青年时期进行过公民参与的青少年体验到了很多益处。他们有着更高水平的自尊、发展得更完善的自我认同和更高的生活满意度。他们与父母、同伴、学校和社区之间建立起了更好的关系。他们还表现出了对他人更多的关心、更强的社会责任感,以及更加欣赏和尊重差异。他们获得了大量的技能和能力,在学校表现良好,而且对自己的未来有着更高的期望。更进一步地,研究告诉我们,由于生活在贫穷或者功能不良的家庭环境中而处于发展出问题的风险中的青少年,能够从公民参与中获得最多的受益。研究也显示,公民参与的影响可以持续许多年,而且非常有可能会持续终生。

公民参与对成年人的影响

20多年以前，我开始参与一项叫作“更好的开始，更好的未来”（Better Beginnings, Better Futures）的计划（在第3章中已进行了简略的描述）。我们使用“更好的开始”这个名字来指代这个计划是一项预防性的项目。“更好的开始”计划，在儿童很小的时候（8岁以下）为儿童和他们的家庭以及社区提供活动项目和支持，来预防生活在贫困社区中的儿童发生社会的、情感的和学业的问题。该计划选取了8个社区作为“更好的开始”（Better Beginnings）计划的实施点，为生活在这些社区中的每一位父母和每一位儿童提供了各种各样的项目和服务，包括家访、教室设施的增添完善、上学之前和放学以后的活动、营养点心和午餐、父母和儿童活动中心、托儿所、玩具借出库、育儿课程，以及其他更多的项目和活动。

这些类型的项目和活动绝不仅仅只出现在了“更好的开始”计划中，在全世界很多其他社区中也有这些项目和活动。“更好的开始”计划的与众不同之处在于，尤其是当它在20世纪90年代早期第一次开始实施时，父母和其他的社区居民在计划的实施中扮演着的角色。居民并不是仅仅接受计划提供的服务，他们在计划开发与发展的每一个方面上都扮演着活跃的角色。他们在监管该计划的指导委员会中占有一席之地（事实上，该计划明确要求居民在指导委员会中至少要占到51%的席位）。他们参与了对该计划中的工作人员，包括项目总监或者协调人员的雇佣。在与当地的健康和社会服务专业人员的合作中，他们编制预算并且为未来项目做计划。他们担当着该计划的倡导者，并且帮助联系其他居民，让他们参与到该计划中来。他们提供了诸如准备零食和午餐、推动父母团体的运作、管理玩具借出库等服务，以及许多其他的任务。因此，“更好的开始”计划不仅仅是为了促进儿童的健康发展，还鼓励了父母和居住在该社区中的其他居民发展他们的积极公民权。

我们的研究团队在“更好的开始”计划创立之初就对其进行了研究，采用了广泛的定量和定性研究，探讨该计划对儿童、儿童的父母，以及其他社区成员的影响(见 Peters et al., 2010,和 www.bbf.ca)。我们完成的其中一项研究使用了在心理学调查中日益普遍并且被广泛接受的叙事法来评估该计划的影响作用。叙事法包括要求研究参与者讲述他们的生活故事，详细叙述意义重大的事件以及跟这些事件有关的情感。在我们的叙事研究中，我们访谈了以该计划的参与者、职员或者志愿者等身份深层次地参与了该计划的81名个体。我们要求他们讲一些他们在社区中参与“更好的开始”计划过程中发生了的故事，指导他们回答诸如“你在参与‘更好的开始’计划之前是什么样的？你是怎样第一次参与到该计划中的？‘更好的开始’计划为你的生活带来了哪些不同”等问题。

在居民讲述的故事的基础之上形成了一份我们命名为“故事”的报告(Pancer & Foxall, 1998)。当阅读这份报告的时候，最令人印象深刻的是在指导开发“更好的开始”计划的过程中，居民们从他们的积极合作中有多少获益。在“故事”报告中，我们将我们访谈到的几个人讲述的完整故事纳入了其中。下面是来自其中一位个体叙述的故事的一部分摘录(我将用笔名Anna来称呼她)，其中列举出了人们能够从这种积极的合作关系中得到的受益：

> 当我第一次参与“更好的开始”计划时，我是生育了两个小孩子的全职妈妈——我最小的孩子还只是个婴儿。独自一个人待在家里使我感到很厌烦、孤独、无事可做。我只能无所事事地看很多电视。我从我在学校里面认识到的一位家长那里第一次听说了“更好的开始”计划。她一遍又一遍地给我介绍这个计划——“更好的开始”活动中心——然后我就这样开始参与这个计划了。真的很喜欢它。仅仅是和家长们坐在一起，让孩子们一起玩耍，就结交了很多朋友。
>
> 于是我加入了家长小组。家长小组的其中一个成员叫我来参加一个会议。第一次会议是在学校闲置的移动校舍里召开的，我们围坐在一起讨论我们觉得社区需要些什么、我们希望在学校里看到些什么、我们觉得孩子们需要些什么。从那之后我就不断地参与其中。那次会议后我参与的第一个委员会不是营养委员会就是校内委员会。然后我也和社区发展工作人员一起做扩张工作。甚至在参加这些委员会的工作之前我就被叫去参加招聘委员会的工作——去帮助雇用该计划的协调者！

参与这个计划的最初几个月里我感到惊奇，我很兴奋。赋权，那时我还不知道这个计划的本质可以用这个词来描述，但是现在我知道了。我喜欢它，现在仍然喜欢。打破隔离对我来说很重要。它彻底地改变了我的个性。我从来没有真正地把自己看成害羞的人，但是我觉得当我出来和其他人在一起时，我有点害羞，有点后退回避，而且除非你先和我讲话，否则我是不会先开口和你说话的。仅仅是能够和其他家长一起进行讨论就对我产生了影响——走出来和其他家长讨论，参与进来，并且把你的想法写在纸上。在时事通讯上我谈到的内容对我来说是一项巨大的任务。接触校长和老师，被副校长所熟知。被别人了解被别人觉得我是很重要的，这真的很好。

我还学到了很多技能。协调者鼓励我参加了自信心训练课程，它对我的生活影响很大。我还得到了怎样运行一个委员会的训练。这些不仅仅是在委员会的工作方面，而且在个人层面上也很有帮助。能够平衡好时间，知道什么是重要的以及什么是不重要的，能够和别人进行沟通。

大约在3年前，我丈夫和我分开了，从此我成了一名单亲妈妈。孩子们还很小，他们一会儿感到心烦意乱，一会儿退缩、沉默寡言，一会儿又很安静。这个计划给予了我帮助。在该计划中结识的一些朋友在我和丈夫分开后不久过来我这里跟我说："你需要暂时摆脱孩子们，我们去参加这次的圣诞节庆祝活动。我们一共筹集到了50美元，它将支付一切花费，你必须参加。"这种类型的事情一直都在发生。我觉得如果没有这个计划，到人们那儿去跟他们说"我就是这样想的，给我一些建议，告诉我该怎么做"，如果我没有这些亲密的关系，我什么都不会说。这个计划帮助了我很多，我觉得我的孩子们肯定也从中受益了。

我不能想象如果我的生活没有"更好的开始"计划。一直待在学校里面。感觉自己是如此地被需要。能够到那些需要你的地方去。学校的理事给我写信，给我打电话。我认为对孩子，对未来，以及对社区来说，"更好的开始"项目都是很重要的。

在很多方面，安娜(Anna)的故事和我们从居民那里听到的，其他很多人通过“更好的开始”计划成了他们所在社区中更加积极的公民的故事相类似。在她的故事中，安娜谈到了很多通过她自己的参与收获到的益处：赋权感、减少了的孤立、她获得了的技能，以及当她遭受着离婚时她从别人那里获得的支持等。我们访谈到的几乎每一个人都一再地提到了这些类型的受益。

当查阅那些探讨人们参与社区活动的经历带来的影响的研究文献时，给我们留下的压倒性的印象是当个人成为积极的公民时，好事情几乎总是会发生。在下文中，我描绘了若干研究，告诉了我们当成年人成为积极公民时他们的经历带来的几种受益。

自尊、自我效能感和赋权

在对参加了“更好的开始，更好的未来”计划的很多人进行的访谈中，我们听到的其中一件事情是他们的参与使他们感觉到自己更加有信心并且体验到更高的自尊。一位参与了很多个计划委员会的居民这样描述：

> 在刚开始的时候，我并没有希望能够得到任何东西。它仅仅是一个出路。我并不认为能够从中得到一份工作或者任何东西……它仅仅是一个我不必乘坐公共汽车就能去的地方……然而，列席各种委员会，真真正正地和那些看起来像正在听我讲话的人们在一起……我获得了信心，因为我想，我总是知道我是有脑子的，虽然它休眠了一段时间。是真的……很长一段时间以来我第一次开始获得了尊重……人们确实在听我讲话。(Pancer &Cameron,1993, 第 70 页)

很多的研究，使用了各种定性和定量的方法，发现公民参与对自尊有着类似的积极影响(Attree et al., 2011; Brown et al., 2012; Pancer & Cameron, 1993)。比如，在澳大利亚的研究者布朗(Brown)、霍伊(Hoye)和尼科尔森(Nicholson)对澳大利亚维多利亚州的成年人随机样本进行的调查(2012)，询问被调查对象是否“目前是任何正式的有组织的团体中的志愿者”。研究者还让参与调查的被调查对象完成了一份广泛使用的自尊测量——罗森伯格自尊量表(Rosenberg, 1965)，该量表要求参与者指出他们同意还是不同意诸如"我感觉我有很多好的品质"等陈述句。结果显示,现在正在提供着志愿者服务的人们比那些现在没有做志愿者服务的人们有着显著的更高的自尊水平。

该研究的参与者还完成了对自我效能感的测量——一个人能够成功实现生命中重要目标的信念。在进行该测量的过程中,人们阅读了一系列陈述,比如,"如果我足够努力,我总是能够解决困难的问题",并且指出对他们来说,每一个陈述在多大程度上符合他们自己的情况。结果显示,那些现在正在进行着志愿者服务的被调查者比那些现在没有做志愿者服务的被调查者有着更强的自我效能感——他们感觉到自己能够实现预定目标这样一种更强烈的意识。

和自我效能感密切相关的概念是赋权。赋权是现在使用得非常广泛的一个术语,并且正在成为改善个体和社区生活的一个重要过程。社区心理学家朱利安·拉帕波特(Julian Rappaport)是其中一位最先定义该术语、建立了理论来解释赋权是如何发展的,并且确定了赋权对个体和社区的影响与作用的社会学家。在他早期就该主题写作的一篇文章中,拉帕波特谈到赋权是对一个人有能力决定自己的生活进程,并且有权利运用这种能力来实现自身和社区的积极转变的这样一种意识的开发、发展(Rappaport, 1987)。研究认为,公民参与通过在社区组织中的成员身份、在社区服务中的表现,以及其他的活动,产生了赋权。比如,齐默尔曼(Zimmerman)和拉帕波特(1988)实施测量评估了两个群体——大学生和社区居民的赋权的各个方面。他们还询问这些个体他们参与了多少个团体或者组织,比如政治团体、服务组织和教会团体。他们发现,越积极地参与其中的个体,在积极参与的过程中他们是更多个团体的成员,比那些较少参与或者完全没有公民参与的个体,几乎在每一个方面都有更强的赋权感。越积极的个体感觉到他们越能控制他们自己的生活、拥有更多的技能和能力去实现他们的目标,并且有更大的力量去影响在他们的生活中和他们的社区中发生着的变化。

我们确实在我们对"更好的开始,更好的未来"计划的研究中发现了支持赋权得到了提高的证据。作为该计划"故事"报告的一部分,我们询问那些以志愿者和计划委员会成员身份进行服务的个体,他们的参与是怎样影响他们的。我们访谈到的很多人都谈到他们的参与是怎样帮助他们意识到他们拥有"话语权",以及在塑造他们自己的未来中他们拥有的角色地位。

在我参与“更好的开始”计划之前，如果你问我谁是总理，你必须给我一点提示，我的意思是我不太关心这些问题……政府发生的任何事情都不会影响到我。但是通过参与“更好的开始”计划它使我睁开了双眼，帮助我意识到我能够参与我的未来结局……能够控制它。我不必眼睁睁地看着事情发生在我身上。我能够帮助改变事情并且……即使这些事情是没有必要改变的，至少我会知道我没有无动于衷，没有让别人牵着我的鼻子走或者让政府牵着我的鼻子走。至少……我得到了我的话语权。我认为拥有话语权确实很重要，而且当人们听你讲话的时候，那种感觉真的很好。（Pancer & Foxall, 1998,第 43 页）

人际关系和社区意识

几乎所有的公民活动都具有的一个共同点是它们使人们彼此之间相互联系着。正如我们在上一章《公民参与对青年的影响》中看到的一样，参与社区团体和社区活动使人们彼此之间相互联系，促进了新的友谊和社会联系的发展。珀瑞斯特(Prestby)和她的同事(1990)在她们对纽约市邻里组织成员的社会联系研究中，阐述了这一点。他们发现这些组织中积极的成员要比那些只是在名义上参与，从来没有出席过组织会议的个体拥有更多的社会联系。老年人可能会更孤独，并且存在更大的健康风险和出现其他问题的风险，因此拥有朋友和社会联系对老年人来说尤其重要。在对老年个体(年龄在60岁到92岁之间)的研究中，罗克(Rook)和索尔金(Sorkin)发现(2003)在祖父母培养计划中帮助照看发育迟缓儿童的老年个体，比那些没有参与该计划的老年个体，在该研究的实施过程中形成了显著更多的新关系。其中超过70%的新关系是跟那些他们在该计划中遇到的人们之间形成的。

很多受益都源自这些类型的社会联系。其中一个最重要的好处是人们从他们的朋友和社会联系网络中获得的支持感。在我们对“更好的开始”计划的研究中我们确实发现它是这样的。这是一名曾经作为志愿者参与计划的妇女陈述的内容，谈到了她通过“更好的开始”计划形成的人际关系：

“更好的开始”对我有很大的影响，因为我结交了许多确实可以依靠的很好的朋友……如果有一天我不在家并且我预期有一些事情会发生在我的孩子身上，那么在我回家之前，我可以很轻松地给我的朋友打电话请他们来照顾我的孩子……我们所结交的朋友已经达到更像一家人的程度，就好像我们已经超出了朋友关系……我们像一家人……我们非常亲密地一起工作……无论我们有什么样的困难，总有一些我们可以和他们讨论我们遇到的问题的人们。(Pancer & Foxall, 1998, 第 44 页)

其他研究通过不同的研究方法证实了公民参与和社会支持之间的关系。比如，澳大利亚的研究者海伦·拜里(Helen Berry)和詹妮弗·威尔士(Jennifer Welsh)(2010)，调查了澳大利亚15岁以上的成年人的随机样本在"家庭劳动力动态和收入调查"(Household Labor Dynamics and Income Survey)中获得的数据，评估了公民参与和社会支持之间的关系。在该调查中，要求被调查者回答公民参与的若干问题，要求他们指出他们每隔多长时间参与一次志愿者服务、参加社区活动，或者在俱乐部的董事会或者委员会工作。他们还要完成社会支持测量，要求他们指出他们同意还是不同意若干个陈述的描述，比如，"当我需要有人帮助我的时候，通常我能够找到一些人。"研究结果显示，越积极地践行着公民参与的人们比那些较少践行公民参与的人们拥有着更多的社会支持。

那些通过志愿者服务和社区组织工作等活动参与到社区生活中的个体，经常会和那些与他们自己拥有的背景不同的人们进行联系。在前面的章节中，我谈到了青年人与来自不同背景的人们之间的联系是怎样帮助他们打破了刻板印象，并且产生出移情和对多样性的尊重的。研究认为，公民参与对成年人也有着相同的影响。在我和我的同事马克·贝茨(Mark Baetz)和埃维莉娜·罗格(Evalina Rog)(Pancer, Baetz, & Rog, 2002)共同完成的其中一个研究中，我们对加拿大福特汽车公司(the Ford Motor Company of Canada)内参与了该公司企业志愿者服务计划的员工进行了访谈。福特公司给予参与企业志愿者服务计划的公司员工假期，使他们能够和同事一起在社区中做志愿者服务。我们在员工对他们的志愿者经历的描述中观察到的其中一个成果是，他们对于那些与他们自己有着不同的生活经历的人们表现出了更多的移情和尊重。比如，一位在食品银行工作的员工提供了他的志愿者服务工作对他产生的影响的描述：

> 它的确使我睁开了双眼……老实地说，我……有这样的想法，或许这些人真的不需要有施粥场，因为他们不能打理他们的财产，或者他们在学校里不够努力……他们使他们自己陷入了困境，然后我们来到了食品银行，一位女士告诉我们……事实上在我们这个地区有很多公司倒闭了，于是就会出现那些曾经有工作，有上学的孩子的家庭……突然之间没有了任何收入。(Pancer,Baetz, & Rog, 2002,第 15 页)

参与公民生活还给予了人们一种“社区意识”——一种归属感以及他们与其他社区成员之间相互联系起来了的感觉(Chavis & Wandersman, 1990; Ohmer, 2007; Talo, Mannarini, & Rochira, 2014)。社会工作研究者玛丽·荷马(Mary Ohmer)在她对宾夕法尼亚州匹兹堡(Ohmer, 2007)的 4 个贫困居民区中的邻里组织成员的研究中，提供了支持这种关系的证据。她给这些地区中所有的社区组织成员发放问卷，询问他们在不同的组织活动和组织职能中的参与情况；她还要求他们完成对社区意识进行测量的量表。他们完成的量表——简化版社区意识索引(sense of Community Index)(Perkins et al., 1990)——包含要求被调查者指出他们同意还是不同意诸如这样的陈述：“对我来说，居住在这个居民区中是很重要的。”结果显示，在邻里组织中参与得更多的人们比那些较少参与的人们，有着更强的社区意识。在最近对 34 项研究进行的元分析中，探讨了公民参与和社区意识之间的联系，塔洛(Talo)和同事(2014)发现，在所有的研究中公民参与和人们的社区意识之间都存在着相当大的重要联系。这种联系适用于各种各样的公民活动，包括参与抗议、投票、政治竞选和志愿者服务。

健 康

若干研究显示，公民参与和人们的总体健康之间存在着联系(Berry & Welsh, 2010; Borgonovi, 2008 ; Helliwell & Putnam, 2004; Kim & Kawachi, 2006; Oman et al., 1999; Poortinga, 2006; Thoits & Hewitt, 2001)。在本章的前面部分我们讨论过拜里和威尔士(2010)的研究，研究者着眼于澳大利亚成年人在多种不同的公民活动中的参与情况，比如在社区活动中的参与、在俱乐部或者社区团体中的参与，或者为某个政治事业工作，以及他们在这些活动中的参与是怎样与他们的身体健康联系起来的，利用流行的身体和心理健康测量——36项简明健康状况调查（the Short Form 36 Health Survey）（Ware et al., 1993）来评估他们的身体健康状况。他们发现更多地践行了公民参与的个体比那些较少参与的个体有着更高的健康水平。博尔戈诺维（Borgonovi）在对美国成年人的调查中探讨志愿者服务和健康之间的关系时，发现了类似的影响和作用（2008）。要求调查的参与者回答他们在最近12个月内是否做过志愿者服务工作，而且还要求他们指出他们感觉到他们自己总体的健康状态是差的、一般的、好的、很好的或者是极好的。她发现过去12个月里参与过志愿者服务工作的个体报告出的健康状态显著好于那些没有参与过志愿者服务活动的个体。

对健康和公民参与进行探讨的其中一个最有趣的研究是菲利斯·莫恩（Phyllis Moen）和她的同事（1992）完成的研究，她们使用了在1956年对313名女性进行访谈得到的数据。在那次访谈中女性们被问到的其中一个问题是她们是否是俱乐部或者某些组织的成员。很大比例的女性（70%）报告说已经参与了某些组织，比如家长—教师协会、教会团体、医院辅助会和女童军（Brownie troops）。30年以后，在1986年再次对这些女性进行访谈并且询问了她们的健康状态。研究结果显示，在1956年报告说参与了公民活动的女性比那些报告说没有参与公民活动的女性，在30年后有着显著更好的健康状况。30年间她们更少可能患过重病，而且她们能够更好地完成诸如上下楼梯或者在房子周围进行繁重的劳动等活动。

践行公民参与的人们不仅体验到了更好的健康状况，而且他们还以那种能够有助于增强体质，降低他们患病可能性的方式来行事。汀格（Poortinga）使用来自英国成年人年度调查——英国健康调查（Health Survey England）的数据发现（2006），以加入成为俱乐部和组织的成员为形式进行的公民参与，跟吸烟以及饮食习惯之间有相关关系。那些是某些俱乐部和组织成员的个体比那些不是俱乐部和组织成员的个体，吸烟的可能性更小而且更有可能每天摄入5份或者更多的水果蔬菜。阿曼（Oman）和同事（1999）在对加利福尼亚州马林县（Marin County, California）的较年长的成年人（年龄在55岁及以上）进行的研究中，也发现积极地参与志愿者服务的个体比那些没有参与志愿者服务的个体，吸烟的可能性更小；另外，他们还发现这些志愿者锻炼得更加频繁。对在纽约市中那些到美沙酮诊所看病的注射吸毒人员的研究，也发现以注册投票认同某个政党的形式践行公民参与的注射毒品使用者，可能较少地共用针头，从而降低了他们感染HIV的风险（Mino et al., 2011）。

一个人健康状况的终极指标可能是他们活了多久。大量研究显示，通过志愿者服务或者成为社区组织的成员等活动参与到他们的社区中的人们比那些没有参与的人们能够活得更长久（Harris & Thoresen, 2005; Moen et al., 1989; Musick et al., 1999; Oman et al., 1999）。哈里斯（Harris）和托雷森（Thoresen）在他们对社区服务和死亡率的研究（2005）中使用了美国老化纵向研究的数据。参与该研究的人们在1984年第一次接受访谈时，都已经到了70岁以及70岁以上的年纪了。在访谈中，要求研究的参与者回答他们现在是否参与了任何志愿者服务活动，比如做社区工作、为非营利性组织提供志愿者服务或者在医院或者养老院工作。他们还被要求回答在过去的12个月中他们完成这类工作的频繁程度（从来没有做过、很少做、有时做或者时常做）。8年以后在1992年，研究者查阅了全国死亡指数（National Death Index），记录所有发生在美国的死亡人口的数据库，来确定在1984年访谈过的人们当中，哪些人在此期间已经死亡了。结果表明，在此期间死亡的人数占到了整个样本的将近40%。还发现相对于那些不是志愿者的个体来说，那些在1984年积极参与志愿者服务的人们当中死亡的人数少得多。与那些报告说没有做过志愿者服务工作的人们相比，在接下来的8年中，那些在1984年报告说“很少”或者“有时”参与志愿者服务工作的人们当中的死亡率降低了40%多，然而在那些报告说“经常”参与志愿者活动的人们中死亡率惊人地降低了53%。其他研究显示，志愿者人群中的死亡率有更大的下降。阿曼和同事们（1999）发现，相比于非志愿者的老年个体，在那些自愿为社区组织提供服务的老年人群中的死亡率降低了63%。

在本章较早部分描述过摩恩和同事们（1989）在那些参与了女性角色纵向调查的女性中，发现在公民参与和死亡率之间也存在着相似的联系。当研究者尝试再次联系那些在1956年首次访谈过的女性，邀请她们在30年后参与随访时，发现在1956年首次接受访谈的女性中，有76%的人仍然活着，19%的人已经死亡（5%的人们没有被找到）。当他们将那些在1956年参与过社区组织的女性和那时没有参与社区组织的女性进行对比时，发现当时进行了公民参与的女性在首次访谈结束后的30年时间里面死亡的可能性小得多。

另一个值得注意的、展示了公民参与和死亡率之间存在着联系的研究是由西门扎(Semenza)和同事于1995年夏天在芝加哥经历的一次高温热流中完成的研究(Semenza et al., 1996)。在那一年的七月,当芝加哥的气温在4天内连续达到历史纪录水平时,有超过700人由于高温死亡。研究者在对年龄和居住地进行了匹配之后,把在那个时期死于高温的死亡者组成的样本和一个在高温热流中幸存下来的控制组样本进行了对比。一个能够将高温热流的幸存者和不幸死亡者区分出来的关键因素是他们在他们的社区中的参与情况。与在高温热流中不幸死亡的人们相比,那些高温热流的幸存者显著地更可能参与了俱乐部、支持性团体或者教堂活动。

心理健康

研究显示,公民参与和心理健康以及身体健康有关(Berry & Welsh, 2010; Brown et al., 2012; Musick & Wilson, 2003; Thoits & Hewitt, 2001)。在本章较早时候提到的由布朗和同事(2012)完成的研究使用了澳大利亚维多利亚州成年人的调查数据,来探讨公民参与(以志愿者服务工作的形式)和心理健康之间的关系。研究的参与者除了报告他们现在是否正在进行着志愿者服务之外,还要完成心理健康测量,要求他们回答这样一些问题,比如,“在过去的4周中,由于情绪问题(比如感到沮丧或者焦虑)你花在你的工作或者其他规律性的活动中的时间比你通常花在它们上的时间少了多少?”结果表明,志愿者的心理健康状况好于非志愿者的心理健康状况。拜里和威尔士(2010)也使用澳大利亚的调查数据,探讨了一个更宽泛的公民参与指标以及它是怎样与心理健康联系起来的。该调查的参与者除了完成标准的心理健康测量之外,还要指出他们参与各种公民活动(比如,在董事会或者委员会中工作、参与社区活动、在做礼拜的地方提供服务以及进行志愿者服务)的频繁程度。结果显示,越多地践行着公民参与的个体比那些较少践行公民参与的个体报告出了更好的心理健康程度。在美国公民参与研究中发现了类似的结果。比如,缪齐克(Musick)和威尔逊(Wilson)使用美国成年人的调查数据发现(2003),出席了团体或者俱乐部会议或者在社区组织中进行志愿者服务的个体体验到抑郁症状的可能性更小。

幸福感和生活质量

和公民参与有关的所有属性——自尊、社会支持、归属感、健康以及心理健康——可以看作一个人总体生活质量的重要要素。那么,研究一致表明,公民参与和生活质量之间存在着联系也就不奇怪了(Borgonovi, 2008; Brown et al., 2012; Meier & Stutzer, 2008; Piliavin & Siegl, 2007; Thoits & Hewitt, 2001)。参与各种各样的公民活动的个体,相比于那些没有参与这些类型活动的个体来说,不论是参与志愿者服务,参与社区组织,还是参与宣传或者社会行动,都倾向于体验到他们对他们自己的生活有着更高的满意度。索茨(Thoits)和休伊特(Hewitt)(2001)使用密歇根大学调查研究中心(University of Michigan's Survey Research Center)完成的对美国成年人的纵向研究中得到的数据,展示了公民参与和生活满意感之间的关系。要求研究参与者回答在过去的12个月中,他们是否在诸如教堂、子女就读的学校、政治团体或者工会或者老年人团体等组织中做过志愿者服务工作,以及他们花费了多少个小时来完成这些工作。还要求他们对有关生活质量的陈述做出回答,“在总体上思考你的生活。你对你的生活有多么满意?你是完全满意,非常满意,有点满意,还是一点也不满意?”研究结果表明,被调查者越多地参与了志愿者服务工作,他们的生活质量也就越高。其他要求被调查者回答的问题,跟他们参与宗教服务或者在他们的社区中参与组织、俱乐部或者团体会议的频繁程度有关。结果显示,这些类型的公民参与也和生活质量之间存在着相关关系。越频繁地参与教会和社区组织的人们,对他们自己的生活也越满意。

在对公民参与和生活质量的探讨中,其中一个最有趣的研究是斯蒂芬·迈耶(Stephan Meier)和阿洛伊斯·斯塔特勒(Alois Stutzer)使用德国市民纵向调查数据进行的研究。1985年该调查首次在西德市民中进行,随后每年进行一次,直到1999年迈耶和斯塔特勒对调查数据进行分析为止。在柏林墙倒下后,东德和西德重新统一之前,从1990年开始,该调查每年还在东德市民中进行,直到1999年为止。每个年度的调查都包含了对志愿者服务和生活满意度的测量。志愿者活动测量要求被调查者回答他们进行志愿者服务工作的频繁程度(每周地、每月地、次数很少地或是从来没有),生活满意度测量要求被调查者回答,“考虑到所有的事情,你对你的生活有多么满意?”结果显示,志愿者服务和生活满意度之间存在着一致的相关关系:个体越多地参与志愿者服务,他们对他们的生活也越满意。在来自东德和西德的人们当中都找到了这种关系。该研究最有趣的发现是，在1990年(重新统一之前)以及1990年以后当德国的两个部分重新统一时，东德人民对志愿者服务活动的参与和他们对生活的满意度都陡然下降了。为什么会发生这种情况呢？研究者把生活满意度的下降归因于，当两个国家统一时，相当比例的东德志愿者(超过37%)停止了他们的志愿者服务工作，很多人是因为先前他们在其中参与志愿者服务活动的团体和组织在新的重新统一的德国不复存在了。研究者给出了一个令人信服的案例：志愿者服务活动的减少，至少是在部分上的，引起了生活满意度的下降。比如，他们发现，在重新统一后那些能够继续进行志愿者服务工作的东德人当中，没有显示出和那些不能继续进行志愿者服务工作的东德人一样的在生活质量上的下降。

其他形式的公民参与也跟更高的生活满意度有关。马尔特·克拉尔(Malte Klar)和蒂姆·卡塞尔(Tim Kasser)在他们对居住在美国的社会活动家的研究中，展现出了这种关系(2009)。他们通过向在参与社会活动的团体和个人的在线网络校园行为组织(CampusActivism.org)注册的人们发送电子邮件的方式，来为他们的研究招募被试。除了使用这种方式招募被试外，他们还通过调查公司来寻找那些在年龄、性别和受教育程度上等因素上跟活动组被试相匹配的人们，来组成不太可能参与社会活动的对照组。活动组和对照组被试完成了很多评估他们的能动性和生活质量的测量。在对能动性的测量中，要求研究的参与者指出他们同意还是不同意，诸如“成为一名积极分子对于我是谁来说，是极为重要的”等陈述。还要求他们回答他们参加组织抗议游行等不同活动的程度。要求研究参与者指出，他们同意还是不同意，诸如“我有方向感和生活目的”和“在大体上，我对我自己有信心并且觉得自己是积极的”等陈述。结果显示，积极分子比非积极分子显著地更满意他们的生活。在使用大学生为研究参与者的第二个研究中，克拉尔和卡塞尔发现参与了社会行动的大学生体验到了被研究者称为“蓬勃的”心理状态的可能性是非积极分子的3倍。

技能和资源

在上一章中，我谈到了通过参与校内和校外的活动，青年在对公民生活的参与过程中发展出了很多技能和能力。融入了社区生活的成年人也发展出了这些类型的技能。通过志愿者服务、社区组织工作和社会行动等活动践行的公民参与，为人们提供了参与很多在普通的家庭和工作生活中他们可能没有机会去做的事情的机会。韦尔巴（Verba）、斯科尔兹曼（Scholzman）和布雷迪（Brady）在他们对美国公民志愿主义的研究（1995）中，询问参与者在过去的6个月中他们是否参加过决策制定会议、计划或者主持过会议，或者做过报告或者演讲。接近40%的社区组织成员和32%的宗教组织成员参与过决策制定会议。接近20%的教会或者社区组织成员做过演讲或者报告。这些机会几乎都起到了提高在交流、决策制定和领导等领域中的技能的作用。玛丽·荷马在对融入到了宾夕法尼亚州匹兹堡市的社区组织的人们的研究中（2007），阐述了公民参与导致技能提高的效应。在该研究中，荷马要求这些组织中的成员在1到5的尺度上标出他们参与各种有组织的活动的频繁程度，比如出席会议、以委员会成员的身份服务或者招募新成员。还要求研究的参与者评估他们在领导能力、决策制定和制订计划等方面上的技能，以及他们对那些影响着他们居住在其中的居民区的政策信息的了解程度。研究结果显示，在邻里组织中参与程度更高的人们比那些较少参与这些组织的人们，把他们自己评估为更精通所有这些技能。珀瑞斯特（Prestby）和同事（1990）在对纽约市邻里组织成员的研究中发现了类似的结果。那些更加积极地参与街区协会的人们报告说，他们在新技能的学习中获益最大。他们还指出，他们是通过更好地了解他们的社区来受益的。

在我们对"更好的开始，更好的未来"计划的研究中，我们也发现邻里参与有着类似的益处。当我们询问"更好的开始，更好的未来"计划的参与者，这个计划是怎样影响着他们时，很多人谈到在他们的参与过程中他们学到了技能：

> 它就像上大学一样。它是实践经验。大多数上大学的人们能够学到它的理论部分，你知道的，只有理论，但……实际操作是非常，非常不同的，而且，对我来说，我有我学到了的技能的大学文凭，你知道，主持委员会、写信、参与活动和会议以及真正地做报告，做这些事能够提高你的语言表达技巧，消除在一大群人面前演讲时的恐惧，并且使你知道无论有多少人坐在那儿看着你，你都能够处理它……我认为在我读大学的4年里，我没有学到所有这些我在参与计划时已经学到的东西……而且，你学到得越多，你感觉你越有能力，因为我回去开了很多工作坊。（Pancer & Foxall, 1998, 第41页）

参与“更好的开始”计划还能够使参与其中的居民更多地接触到他们能够用来改善他们自己的生活以及子女和家庭的生活的信息和资源：

> 通过在“更好的开始”计划中工作，我发现了很多我以前从来都不知道的资源，像我发现了“大姐姐”计划（Big Sisters）……我还为我儿子每年夏天的露营发现了[露营项目]……我还通过“更好的开始”计划发现了不同的机构和产品。我发现现在有越来越多的人们参与这些项目。（Pancer & Foxall, 1998, 第42页）

毫不令人惊讶地，因为参与社区活动能够提高他们的技能，并且能够使他们更多地接触到资源，所以成年人在社区活动中的参与为他们自己以及他们的子女创造出了受益。马奥妮（Mahoney）和马格努森（Magnusson）在对瑞典的男孩和他们的父母的研究中（2001），发现那些参与了教会团体、工会、政党或者非营利性组织等社区组织的父亲们，比那些没有参与社区组织的父亲们，更少可能参与犯罪活动。

通过和来自当地学校、房屋委员会以及福利机构的专家们一起工作，不是作为服务的接受者，而是和这些专家一样，同等地在董事会和委员会中提供服务、参与“更好的开始，更好的未来”计划的居民还和这些专业人员建立起了新的、更加平等的关系：

> 我们和这些机构建立了更好的关系而且街区也有了很大的不同，现在人们知道他们有地方可去，有人可以和他们交流，然后那些人能够将他们放到他们需要去的地方或者他们需要交流的人那儿去……当他们看到有人处于和他们一样的福利状况，将他们看成普通人。他们就像是你和我一样的人，需要一份工作。（Pancer & Foxall,1998,第43页）

消极影响

压倒性的研究证据表明，公民参与的影响几乎总是积极的。那些融入社区生活中去的人们比那些没有融入其中的人们更健康、更快乐、更有信心，而且较少受到情绪的困扰。但是，那些参与社区活动和组织的人们偶尔也会付出代价。帕梅拉·艾特垂(Pamela Attree)和她的同事(2011)在他们对22项探讨人们在社区参与中的主观体验研究的回顾中,发现在所有情景中的社区参与并不是都能够给参与者带来积极的体验(第252)。在他们的综述研究中提到的消极体验包括,当参与者被他们的组织角色期望他们完成的工作总量所压倒时,以及当社区居民感到他们的参与只是象征性的参与时,他们体验到了"咨询疲劳"的感觉。珀瑞斯特和同事(1990)在他们对纽约市的社区组织研究中评估了跟公民参与有关的代价。这些代价包括参与其中需要的时间,以及花在照顾儿童和交通上的费用。"更好的开始,更好的未来"计划的参与者也提到了某些代价。比如,当计划刚刚开始时,相对较少的社区居民在几个不同的委员会中提供服务并且承担了大量的行政工作,这就导致他们体验到了压力和倦怠感。

> 我甚至现在就感觉有压力,每天都感觉有压力。今天我决定,嗯,这种[焦点团体访谈]可能要比这个项目更重要,然而每个经常参与这个项目的人们会说为什么你不再参与这个项目了呢,所以你就觉得,哦天呀,我应该参与,但是等一等,我应该去吗?你必须为自己决定你能做什么,因为,有时候,有些日子,你可以做所有的事情,但是有些日子你做不到。(Pancer & Cameron, 1994, 第207页)

谁从公民参与中获得了最大的受益?

有些人比其他人经受着那些能够产生健康问题和其他类型的问题的更大的风险。其中一个将个体置于产生健康问题和社会问题的风险之中的因素是他们的收入水平。那些生活在贫困中的人们有大得多的风险产生出各种不同的健康问题和社会问题,以及早逝的风险。另外一个将人们置于风险中的因素是他们的年龄。年龄越大,那么存在着健康问题的风险也就越大。在上一章中,我们看到从公民生活的参与中获益最大的人群经常是那些被置于最具风险境地中的青少年。对于成年人来说似乎也是这样的。研究显示,由于低收入或者年龄等因素而处于风险中的成年人,成了从公民参与中获得最大受益的人群(Borgonovi, 2008; Lancee & ter Hoeven, 2010; Musick et al., 1999; Oman et al., 1999)。比如,阿曼和同事(1999)在加利福尼亚州马林县(Marin County)对年纪较长的成年人(从55岁到85岁以上)的研究。在1990年和1991年对该研究的参与者进行了访谈并且询问了在那时他们参与了多少个志愿者组织。5年以后,研究者尝试着联系那些研究的参与者,计划进行一个追踪访谈。在这5年的时间里,很多参与者都已经去世了。正如人们所预料到的一样,年龄较大的参与者比年龄较轻的参与者,更可能在此期间去世。研究者还发现,正如在本章前面部分提到的一样,在这5年的时间里,参与了志愿者服务的人们比那些没有参与过志愿者服务的人们,较少可能死亡。该研究最令人震惊的发现是,处于最高风险中的年龄最大的老年人中的死亡率,在志愿者和非志愿者之间存在着最大的差异。在最年轻的年龄组中(从55岁到64岁之间),活跃的志愿者和不太活跃的志愿者或者非志愿者的死亡率之间没有差异,但是随着年龄的增长,志愿者和非志愿者的死亡率之间的差异有了大幅增长。在最大年龄组的人群(年龄在85岁以上)中,较少参与或者没有参与志愿者服务的人们的死亡率比活跃的志愿者的死亡率高了3倍多(见图7.1)。

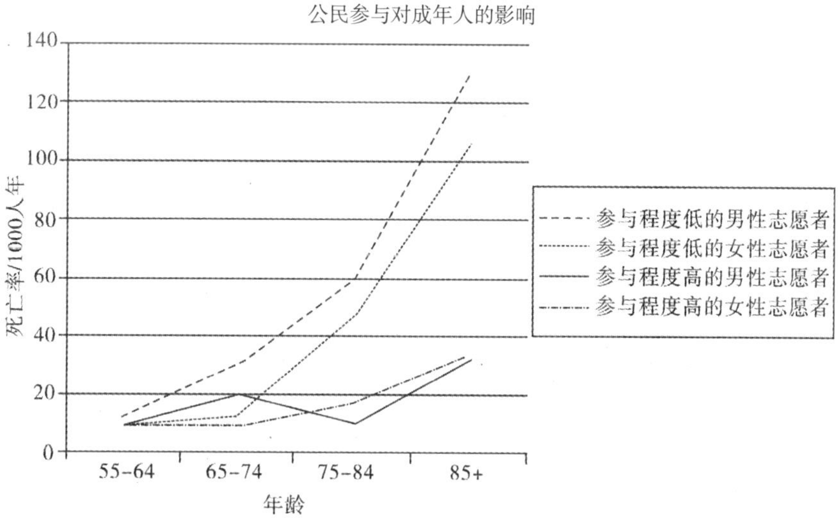

图7.1 参与程度高和参与程度低的志愿者的死亡率

来自 Oman, D., Thoresen, C. E. & McMahon, K. (1999). Volunteerism and mortality among the community-dwelling elderly. Journal of Health Psychology, 4(3), 301-326. 版权归属 SAGE。再版获得 SAGE 许可(© 1999 by SAGE. Reprinted by permission of SAGE)。

小　结

积极参与的成年人体验到了可观的受益。他们拥有着更高的自尊，而且感到他们自己能够克服生活中的困难，达成目标。他们有着更宽泛的社会网络和更多的社会支持，还更加重视在他们居住的社区中的人们的多样性，并且对他们的社区有着更强的归属感。践行公民参与的成年人还体验到更好的身体和心理健康程度，并且拥有更高的生活质量。他们较少生病，能够更轻松地完成日常活动，有更健康的生活方式，体验到的抑郁水平较低，甚至活得更长久。通过参与公民活动，个体还获得了在沟通、制订计划、决策制定、领导能力以及其他领域的技能。研究显示，经常是那些由于他们的年龄或者社会环境（比如生活在贫困中）而处于产生问题的风险之中的人们，从公民参与中获得了最大的受益。虽然践行公民参与的成年人通常从他们的参与中获得了受益，但是有些时候他们还是会感到过度劳累和不堪重负。

公民参与对项目计划、组织、邻里和社会的影响

上一章我以“生命叙事”开篇，讲述了一位妇女诉说她的生活以及她参与打造一个社区计划是如何影响了她的生命历程的故事。这些故事并不是简单地告诉我们一个人的一生中发生了些什么。它们还透露出一个人身份的本质和人们在其中理解那些发生着的事件的方式(McAdams et al., 2006)。但是生命叙事不仅仅是关于个人的。传记也可以是和组织、邻里、社区，甚至是和整个社会都有关的故事(Rappaport, 1995, 1998, 2000)。这些类型的叙事常常是在那些生活在同一个社区中的人们当中相互之间分享着，而且从它们中透露出来的东西为该社区的成员定义了该社区是什么样的社区，正如一个人的生命叙事帮助我们理解那些个人是如何定义他们自己的一样。其中一个界定“更好的开始、更好的未来”计划的元素，是我在前面几章中描述过的主动预防，它是指社区居民参与到计划开发的每一个方面当中去。在我们对参与了整个计划的居民进行的访谈中，清楚明白地看到了居民在其中的参与，以及居民在和那些计划的志愿者共同工作的过程中形成的对联系和信任的感受。在很多访谈中，居民们都谈到“更好的开始”是如何变得像他们的家庭一样；这种对“更好的开始”计划像家庭一样的共同认识几乎肯定地是该计划的生命叙事中的一个关键要素。

> 我会全力拼到底来维持更好的开始。它是我的家。它是我延伸的家庭。我在这个城市里没有亲人。我在这儿一个亲人也没有。我有很多朋友但是没有家庭。他们变成了我延伸的家庭。(志愿者居民，“更好的开始，更好的未来”，Pancer & Foxall，1998，第44页)

像这样的声明，在很多作为志愿者参与到“更好的开始”计划中的人们的故事中彼此附和，显示出公民参与不仅仅影响了那些参与其中的个人，而且还影响到了这些人生活在其中的整个社区。在下文中，我将会描述经过研究发现的，除了对个人的影响之外，公民参与的其他一些作用——它是怎样影响了项目计划、组织、邻里和全社会的。

对项目计划和组织的影响

在对几乎任何一个社区计划进行规划和管理时，把那些该计划会影响到的社区公民包含在那些决定了该计划看起来将会像什么以及它将会怎样执行的关键性的决定中，已经成为人们的共同预期——常常还是强制性的。在健康促进领域，比如，世界卫生组织带头开展了一项名为“健康城市和健康社区”的运动，它的一个关键原则是应该将公民包含在他们的社区承担着的健康促进计划的开发中去(Kegler et al., 2009)。在心理健康领域，人们早就认识到了应该把社区成员包含到心理健康服务的开发中来。30多年以前，社区心理学家伯纳德·布罗姆(Bernard Bloom)阐述道：

> 通过心理健康专业人员来了解社区中的人们在心理健康方面的需求，并不是有关数据的唯一来源或者是满足那些需求的最好方式。当然，社区心理健康诊所的职员应该与社区或者它的代表一起携手来识别这些需求，提出并且评估满足那些需求的计划，并且为未来计划的发展做规划。(Bloom，1973，第2页)

在城市规划领域人们也认识到了将公民包含进来的需要。北卡罗来纳大学教堂山分校城市及地区规划专业的教授雷蒙德·伯比(Raymond Burby)阐述道：

> 如果计划者成功地在计划制订阶段将广泛的利益相关者包含在其中，他们就能够在那些最初缺乏公众参与的问题上制订出更好的计划并且提高政府行动的潜在可能性。原因并不复杂……公民参与能够生成与问题和问题的解决方式有关的信息、理解和一致意见。它能够为利益相关者提供规划建议的主人翁意识并且使

为了实现计划而努力工作的联盟易于形成。(Burby,2003,第34页)

确实,将公民参与包含到决策制定中的愿望已经得到了从教育机构到房屋委员会,再到警务服务等几乎所有类型的、以社区为基础的计划和组织的普遍认可。在一项对美国国家健康和社会服务组织的超过1200个地区分支的调查中,发现将近三分之二对调查做出回应的地区分支都表明,他们认为,邀请公民或者他们为之服务的消费者入席他们的董事会将会是有益的或者是必要的(Blair, LaFrance, & Murray, 1999)。

公民的积极参与对这些项目计划和组织有哪些影响呢?虽然普遍地认识到了公民参与对于组织的有效运作是必需的,但是只有相对较少的研究探讨过公民参与在组织水平上的实际效果。可以找得到的很多研究都是针对组织在公民参与上形成的经验进行的个案研究。只有很少的系统性研究探讨了遍及多个组织的公民参与以及它是怎样影响了组织运作的(Crawford et al., 2002)。但是,可以找到的研究都显示,积极践行着的公民参与不仅对那些以社区为基础的组织的运作方式有着深远的影响,而且还对这些组织建立起来为之服务的社区也有影响。

更恰当的、更便利的和利用得更好的服务

在一项对公民参与在健康服务计划里面的效果进行评估的系统性的综述研究中,迈克尔·克劳福德(Michael Crawford)和他的同事们(2002)发现了公民参与存在着大量积极影响的证据。其中一个影响与社区成员对这些服务的可获得性有关。若干因素会成为阻碍个人尝试获取健康服务的障碍。它们包括了使用服务的花费、服务设施所在的位置、服务在不方便的时间开放以及缺少残障人士需要的便利设施。克劳福德和同事们评论到的若干研究描述道,在决策制定中公民参与通过健康服务的延长开放时间和改进可供人们使用的到达健康设施的交通运输等方式,减少了这些类型的阻止着人们尝试获取健康服务的障碍,并且增强了公民在健康服务上的可获取性。

该评论识别出的公民参与带来的另一个积极结果是能够满足社区需要的新计划和服务的开发。由于对社区生活有着切身体会,居民对于他们自己和他们的邻里需要哪些服务来满足现有的服务没有能够满足的需要,有

着自己的真知灼见。克劳福德和同事们完成了的评论中的很多研究，识别出了一些新的服务，比如生育治疗和危机服务，如果没有公民的投入，社区是不可能提供这些新服务的。一般而言，由公民参与激发起的更容易获取的、需求更迫切的服务的提供，会促进项目计划和组织更积极地响应社区的需要。对全美健康服务计划团体的调查（Checkoway, 1982）发现，88%的回答显示公民参与使得健康计划更加积极地响应了社区的需要。

那些便利的、响应了社区需要的项目计划和服务的开发，能够强烈地影响公民对项目计划的利用和出席情况。泽尔丁（Zeldin）和他的同事们（Zeldin, 2004; Zeldin et al., 2000）在他们对有年轻人进入董事会和其他决策制定团体中的组织的研究中发现了这一点。年轻人很少成为社区组织的董事会中的成员。根据一项研究，只有3%的非营利性组织的董事会的成员在29岁以下（Moyers & Enright,1997）。即使是在那些主要功能是为了青年人服务的组织中，也很少有青年人在他们的董事会中或者扮演着其他关键的决策制定角色，即便是有的话。然而，这一点正在开始发生着改变，现在已经有一些为青年人服务的组织将青年人囊括在了董事会和关键的委员会中。泽尔丁和他的同事们的研究是第一个检查了年轻人的参与对组织的影响的研究。他们在许多为青年人服务的各种不同的组织中访谈到了那些作为董事会和委员会的成员而在一起工作的青年人和成年人。他们发现的其中一件事情就是，青年人参加到董事会和委员会之中能够使新的计划和活动对青年人更具有吸引力，并且使更多的青年人参与其中。这些活动包括这样的一些事情，比如更加努力地接触社区中的年轻人、给年轻人分发避孕套以及赞助社区庆祝活动。由此，报名参与这些组织的项目计划和活动的人数也提高了。

在对"更好的开始，更好的未来"计划的研究中，我们也发现了类似的效果（Pancer & Cameron, 1994）。在施行了"更好的开始"计划的社区中，居民在该计划的董事会和项目计划开发委员会中提供服务，并且积极地接触到了社区中的其他居民。因为那些熟悉他们所在社区的社区居民帮助决定了提供哪些类型的项目计划，而且还因为他们出去接触到了他们的邻里，告知他们并且鼓励他们出席这些项目计划，所以居民们对这些项目计划的报名和实际参与情况几乎总是良好的。正如一位社会服务提供者在"更好的开始"计划实施的场所所说的那样：

> 比起那些仅仅在那里工作的人们，他们[志愿者居民]对该计划有更多的感受……它可能运作得更快……如果父母不参与，那么家庭指导员什么也做不了……因为如果父母们[比如，社区中的其他父母]和这个计划一点关系都没有的话，这个计划只能失败。(Pancer & Cameron，1994，第204页到205页)

我和我的同事们在本书第六章提到的我们对inREACH帮派预防计划的研究中，看到了相似的效果(Pancer et al.，2013)。正如我在那一章中描述的那样，inREACH帮派预防计划尝试通过为生活在贫穷和高风险社区中的青年提供积极的替代方案，来减少他们在帮派中的参与。为年轻人提供帮派参与的积极替代方案并不是随着inREACH计划才开始的。在该计划开始之前，在这些街区所在的社区中已经多次尝试创建了针对青年的计划，但是青年人总是很少参加。inREACH计划的不同之处在于，它让年轻人参与进来决定他们想要什么样的活动，而不是由社区中心的成年人来为他们做决定。这样做的结果就是由于青年有了做出选择的发言权，新的计划非常受欢迎，并且屡见不鲜的是，在计划施行的夜晚有30或40个年轻人前来参加那些以前只吸引到了很少的年轻人的项目。一位参与到该计划中的年轻人这样描述道：

> 这个项目是为我们建立的，为我们运行的，应该让我们所有人参与进来，不是吗？……我们对将要发生些什么有发言权……就像——你们想要做什么……在你们的社区中你们想要看见什么，什么样的个人才华或者对你而言哪些特殊的事情你想要向别人展示，也许[其他的]人们会喜欢它，不是吗？这不仅仅是使孩子们远离毒品而且也为那些贫困阶层的孩子，那些可能从来都没有机会参与其中，成为其中的一分子的孩子……发现他们对艺术的热爱或者诸如此类，因此它给予每个人机会去实际做那样的一些事情，做那些他们想要做的事情，这就是我为什么开始过来参与的原因。(Pancer et al.，2013，第42页)

更高效能的组织

只有极少数的研究调查过公民参与对组织效能的影响。然而，这些研究显示，公民在决策机构中的出席能够显著地提升组织的表现（Burby, 2003; Checkoway, 1982; Zeldin, 2004; Zeldin et al., 2000）。比如，伯比（Burby）调查了（2003）华盛顿和佛罗里达州60个城市和郡（县）中公民参与对策划组织的效能的影响。利用在这些组织制订的计划中包含了的抵御自然灾害（一个被称为“危害化解”的过程）保护社区的建议书的数量，来评价计划的有效性。伯比还调查了这些计划中实际实施了的建议数量。利用公民和其他利益相关团体参与规划过程的数量来度量公民参与的程度。结果显示，当参与规划制订的利益相关团体的数量从少于5个增加到10个或者更多时，计划中危机化解建议的数量增加了72%，并且实际执行了的建议的数量也增加为原来的两倍多。伯比声称，建议实施的增加显示的是更多的公民参与创造出了有着更大的机会被实施的更好的计划。

在本章较早时候提到的，由泽尔丁和同事（Zeldin, 2004; Zeldin et al., 2000）完成的对在服务于年轻人的组织中年轻人参与董事会和委员会的研究，也显示了公民参与到决策制定中增强了组织效能的证据——在这个案例中，公民特指青年公民们。根据和这些年轻人一起工作的成年人的说法，年轻人的参与以这样的一些方式为组织的效能做出了贡献。他们带来了新鲜的基于对年轻人和年轻人的需要的切身体会而提出的观点。他们更乐意挑战现有的做事情的方式，他们更加能够欣然接受组织的改变和创新。他们的出现还改变了讨论发生的方式，使得这些讨论不那么正式、更有活力、更有生产力。

更具代表性、更具包容性和更负责的组织

于是，看起来在社区组织的管理中，让公民参与到董事会和关键的委员会当中，是有潜力使得那些组织更加积极地响应它们为之服务的人群的需求，使组织更加有效力，并且使它们的计划和服务能够被更好地利用。但是公民参与其中可能有着比此更深远的影响。研究认为，在委员会和董事会中的公民参与能够对管理这些组织的机构的组成方式产生根本性的改变。根据一项来自1997年非营利性董事会国家中心的报告（美国非营利性董事会快照（A Snapshot of America's Non-profit Boards）, Moyers & Enright, 1997），在该报告发布时，美国非营利性组织的管理董事会主要由年长的白人男性和女性组成。董事会中85%的成员是白人，将近2/3的成员年龄在40岁到64岁之间。很显然，这样的董事会并不能反映他们为之服务的人群

的多样性。研究显示,让公民参与到决策制定任务中能够促使组织更好地代表它们的客户群体。布莱尔(Blair)和同事在1999年对美国国家健康和社会服务组织的调查显示,比起那些没有将公民参与纳入董事会中的组织,那些使公民参与到了它们的董事会中的组织在社会经济地位、种族划分和地理分布上显著地更好地反映了社区的人口组成状况。切克维(Checkoway)和同事(1984)使用对美国健康规划机构的调查得到的数据,认定那些效果更好的、公民参与质量更高的机构中的成员对这些机构为之规划的社区中的公民更具有代表性;比起那些公民参与效果较低的机构来说,它们的成员中有显著更多的妇女、少数民族和老年人。泽尔丁和同事(Zeldin et al., 2000)在他们对囊括了年轻人在董事会和关键的委员会里的组织的调查中,发现在体验过年轻人在机构中的服务带来的积极经验之后,这些组织开始考虑把其他不同的人群包含进他们的董事会和委员会中,比如年老的和少数民族的团体。

当组织的主管部门对他们的社区具有了更好的代表性,他们对那些社区也更加负责任了。这一点在兰森(Ranson)和同事们(2005)完成的对英国学校管理董事会的调查中体现了出来。1986年到1988年之间,英国颁布了彻底改变学校管理方式的法案。在该法案颁布之前,学校是由地方政府管理的;该法案颁布之后,政府解除了对学校的管理,每个学校改为由一个由大量志愿者公民组成的管理董事会来进行管理。该法案的结果导致了无数志愿者市民参与到了他们的子女就读的学校的管理中来,参与到诸如雇用学校管理人员、决定每个班级的大小和监督学校的经费预算等事务中来。在对提高了的公民参与对学校的影响的研究中,兰森和同事们发现,公民参与到学校的管理中增强了对学校管理的监督;现在学校管理者制定了衡量标准和绩效目标,并且根据这些标准来监督学校的运行。公民们参与到学校的管理中增强了学校对那些子女就读于该学校的公民肩负着的责任感。

更便利的获取资源

公民通过他们的志愿者服务为社区组织提供了巨大的资源。但是他们还帮助这些组织调配到了其他类型的资源。兰森和同事在他们对英国学校管理董事会的调查中发现了支持居民参与到董事会中能够帮助学校更成功地从当地政府部门游说到更大的经济资源的证据。泽尔丁和同事(2000)发现,在青年服务组织的董事会中年轻人的出席能够帮助那些组织从慈善基金中获得资金。的确，常常在寻求基金的组织开口讨论年轻人参与董事会的问题之前，这些基金会自己就已经提出了年轻人参与董事会的问题。泽尔丁和同事们还发现，当这些组织为潜在的投资者做报告时，年轻人是很有效的代表和发言人。美国的一个国家青年组织中的一名员工谈论到青年人参与其中对于她的组织获得资金的能力的影响：

> 我不能告诉你有多少人说过“我把它给你的唯一的原因是我以前从来没有收到过14岁的人写的信”。(Zeldin et al., 2000，第42页)

对邻里和社区的影响

到目前为止，在本章中我评述到的研究认为，当公民作为决策者参与到社区组织中时，那些组织变得更具有包容性、更负责任、更有效。但是那些组织是在什么样的社区中运作的呢？它们是怎样受到公民在社区生活中的参与的影响的呢？这些拥有积极参与社区事务和组织的公民的社区是否比那些没有公民参与其中的社区更好呢？我自己的研究以及其他人的研究显示的确是更好，而且在很多方面都更好。

社区意识

在上一章，我谈论到社区意识是个体具有的归属于社区、与社区之间存在着联系的感受。但是社区意识可以不仅仅是个人拥有的感受，它还可以被用来描述整个社区的感受。当整个社区中的居民都感到他们具有归属感和依恋感，邻居们彼此了解并且彼此信任，那么就可以说社区具有了社区意识。我们自己对“更好的开始，更好的未来”计划的研究发现，大量的居民参与到诸如“更好的开始”这样的计划中，能够产生整个社区的改变，创造出具有社区意识的居民区。我们访谈到的其中一位居民这样描述她所在的居民区经历着的变化：

> 我真正地认为在此之前[更好的开始]居民区是一个地点，是一个装人的口袋……我觉得居民区现在开始变成了一个社区，我觉得它以前并不是这样的。(Pancer & Cameron,1994，第205页)

在实施“更好的开始”计划的社区中，另一位居民用她与邻居之间的联系来表达了她的社区归属感：

> 社区平静了很多而且人们也很有礼貌。我们都彼此了解，就像我了解周围相当多的人一样。如果他们需要什么东西，他们会过来我这里，或者如果他们需要帮助，他们会去找其他人……人们彼此之间有了联系。如果人们有问题，他们可以打电话和别人进行讨论…… 你会开车去看一栋待出售的房子并且你觉得那栋房子不错，我愿意搬过去，但是如果那栋房子不在实施了“更好的开始”计划的社区当中，我是不愿意离开的，因为在这里人们彼此之间的联系是如此之好。(Pancer & Foxall, 1998，第 65 页)

衡量居民们发展出了社区意识的另一个指标是在实施了“更好的开始”计划的社区中，人们开始采取措施使他们的社区更干净、更有吸引力：

> 我觉得其中一件几乎是立马就很明显的事情是，人们意识到这里是我们的家。我们，作为社区的成员，生活在这里……这里是我们的家。尊重我们的物质社区，我们栽培花园、鲜花并且铺设人行道、种植树木以及这样的一些事情来翻新[当地的公园]，这些事情是人们感觉到这里是我们的家的首要证据……人们聚在一起提出问题……来保护社区中的绿地……(Pancer & Foxall, 1998，第 56 页)

我们从我们在实施了“更好的开始”计划的社区和那些在人种和社会经济水平上相似但是没有执行“更好的开始”计划的对照组社区收集到的问卷中，找到了居民们具有社区意识的其他证据。在问卷中用包括了诸如“我感到我属于这个居民区”和“我觉得我对这个居民区是很重要的”之类的陈述，要求回答者用同意或者不同意来进行回答，以此来测量社区意识。我们的结果显示，实施了更好的开始计划的社区比对照组社区有着显著的更强的社区意识(Peters et al., 2010)。

社区领袖和社区活动

当大量个体开始参与社区生活，几乎不可避免的是，他们中的一些人会认识到他们自己具有组织人们、与人们打交道的才能，并且他们会在社区中成为领袖。在所有实施了“更好的开始，更好的未来”计划的社区中，都出现了这样的情况。在其中一个我紧密合作服务了20年的社区中，我亲眼目睹了这个过程。在这个社区中我曾经出席的第一次会议是在当地的一个高中学校里面召开的。在那次会议——该计划的指导委员会的第一次会议——中一些人聚在一起为这个计划项目应该是什么样的制订计划。这些人包含了高中学校的校长、儿童福利组织在当地机构中的一位高级管理人员、一位学校管理者、一位当地小学的校长、一位心理学教授（我自己）以及三位生活在社区中的年轻母亲。那是一场非常活泼的讨论，每个人都贡献了他们对这个项目计划的想法，除了那三位年轻的母亲，她们一句话都没有说。显而易见，她们被会议中这些高级官员的出席吓到了。但是随着这些年来越来越多的社区成员参加其中，居民在计划中扮演了活跃得多的角色。他们开始找到了自己的发言权，而且一些人开始在这个计划以及在该居民区中运行的其他团体和组织中扮演了领导角色。近期我出席的指导委员会会议——在第一次会议召开将近20年后——是由一位展现出高超能力的、在紧张的日程中领导委员会成员（他们中很多人也都是居民）的社区居民主持的。而且会议中每个人都贡献了自己的意见。

在参与“更好的开始”计划的过程中，居民获得的领导能力和组织技能不仅仅可以用来指导该计划，而且还通过社会和社区活动改善他们的居民区。在一个实施“更好的开始”计划的社区中，举例来说，社区居民组织起来游说在一个发生过儿童致死车祸的十字路口安装闪烁的停车标志。在另一个实施了“更好的开始”计划的社区中，居民协同合作清理了当地一个因为不安全而被关闭的公园，并且为该公园安装了照明设备。这个公园随后变成了整个居民区中频繁地使用着的活动中心。这种类型的社区活动不仅仅帮助改善了居民区中每个人的生活，而且还帮助居民们学习如何支持他们需要的计划和服务。

安全状态、安全保障和犯罪

当邻居们通过参与诸如“更好的开始，更好的未来”这样的社区计划和组织，他们变得彼此了解时，研究证据显示社区也成了更加安全的生活区。在我们的计划评估中访谈到的一些居民谈到了，由于参与“更好的开始”计划，增强了邻里之间的联系，他们感觉到他们的居民区更加安全了，犯罪现象也有了下降。

> 几年前我教芭蕾舞的时候，孩子们会过来打碎窗户，向我的学生扔东西。现在已经有了诸如邻里监督之类的组织了。但是人们正在学习大声地说出自己想要些什么……即使他们还没有直接这样做，但是至少他们会和别人谈论问题并且处理问题。我发现现在可以沿街散步……我在为青年转向处分方案（the Youth diversion program）服务的法院社区委员会工作，有很多孩子被逮到这里，他们中的大多数都是在其他社区被拘留的，而不是在这里。（Pancer & Foxall, 1998，第54页）

我们在近期对那些在实施了“更好的开始”计划的社区中成长起来的年轻人的研究中，也发现了犯罪或者反社会活动减少的证据。在我们完成的对实施了“更好的开始”计划的社区中和对照组社区中的年轻人的问卷调查里面，我们发现比起那些对照组中的年轻人来说，“更好的开始”社区中的年轻人将他们的社区评价为显著地有更少的个人涉及了诸如使用毒品或者暴力等“越轨”行为的社区（Pancer et al., 2013）。

其他的研究也显示，公民参与，尤其是年轻人中的公民参与，对一个居民区中的犯罪率有着显著的影响。这一点可以在琼斯（Jones）和奥佛德（Offord）完成的令人印象深刻的对加拿大渥太华的两个社区的调查中看到（Jones & Offord, 1989）。这两个社区都有这样的特点：它们都有高犯罪率；几乎所有的居民不是依靠着社会福利金生活，就是工作收入低、需要政府援助才能承担得起住房花费。在其中一个社区中，研究者开始了一个名为PALS的项目（为了“参与和学习技能”）。在超过32个月的时间内，为社区中的年轻人提供了他们可以参与其中的从童子军活动到曲棍球再到演奏乐器这样的40个计划项目和活动。这个社区中有很大比例的年轻人都参与了这个项目，在第一年，社区中322个年轻人中有超过70%的人至少参加了一个活动。在对照组社区中，没有提供除了那些已经有的活动之外的额外活动。研究追踪了在引入PALS计划之前的两年时间里，PALS计划运行的过程中和PALS计划完成16个月之后警察对年轻人的控告。结果显示，PALS计划开始之前两个社区有相同的针对年轻人的刑事控告数量，但是在该计划运行过程中，在实施PALS计划的社区中控告数量下降到比对照组社区中控告数量的四分之一还要少，而且在该计划结束后，在实施PALS计划的社区中控告数量仍然保持在对照组社区的一半以下(见图8.1)。这些结果显示，通过提高年轻人的公民参与可以极大地降低居民区的犯罪率。

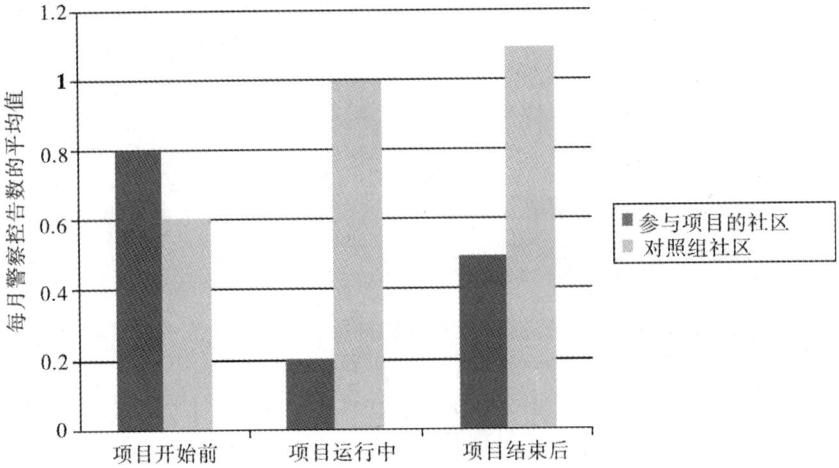

图8.1 PALS项目:每月警察对年轻人的控告

数据来源于 Jones, M., B., & Offord, D. R (1989). Reduction of antisocial-behavior in poor children by nonschool skill-development. Journal of Child Psychology and Psychiatry and Allied Disciplines, 30(5), 737-750. 重印得到了 John Wiley & Sons 的许可。

健康与幸福

相对较少的研究探讨了公民参与和它对居民区或者小社区的健康和幸福的影响，但是已有的研究显示，个人参与到社区生活中确实可以影响所有社区成员的健康和幸福。其中的一个由米勒(Miller)和同事完成的对印度尼西亚超过300个社区的研究，检测了社会资本和健康之间的关系(Miller et al., 2006)。为了评估社会资本，他们清点了每个社区中公民组织的数量(比如老年市民团体、青年团体和社区园艺团体)，认为这些组织的数量越多，那么就有越多的个人参与其中。他们使用询问了居民们有关他们各个方面的健康情况问题的家庭生活调查得到的数据，来检查公民参与和健康之间的联系。他们发现，比起那些公民组织数量较少的社区，公民组织越多

(而且可以推测公民参与也更多)的社区中人们自我报告的健康水平也越高。生活在有很多团体和组织的社区中的公民也报告说他们有较少的疼痛和疲劳问题,并且能够更好地完成他们的日常生活活动。他们也表现出更好的心理健康水平,报告出了较低水平的悲伤、焦虑、失眠和脾气暴躁等症状。

另一个由威茨曼(Weitzman)和河内(Kawachi)(2000)完成的研究,调查了全美的大学社区。在美国影响着那些在大学里面进行学习的人们的其中一个问题是酒精滥用。威茨曼和河内使用对全美大学生的调查中得到的数据,来评估每个大学中发生的狂喝滥饮(定义为在一次豪饮中喝了5杯或者更多杯酒)。他们发现这些大学中有将近一半的学生在完成该调查的前两周中都有过狂喝滥饮行为。研究者还根据学生参与的志愿者服务的总数检查了每个校园中的公民参与程度。他们发现志愿者服务呈现高水平的大学中,学生有显著较少的酒精滥用问题;具有高志愿者服务水平的大学中的学生比具有低志愿者服务水平的大学中的学生,狂喝滥饮的可能性低26%。

另一项在社区或者居民区水平上检测了健康和幸福感跟公民参与之间以什么方式联系起来的研究中,洛克纳(Lochner)和同事们检测了伊利诺伊州芝加哥的342个居民区中,年龄跨度在45岁到64岁之间个体的死亡率。研究者使用了一项调查中得到的数据,在该调查中要求居住在这些社区中的居民回答他们在社区组织中的成员身份,比如邻里联合会、民族或者国籍俱乐部、宗教场所和当地的政治组织。使用这些信息来计算在每个居民区中,人们参与的联合会的平均数量。为了确定年龄跨度在45岁到64岁之间人们的死亡率,研究者咨询了国家公共卫生行政部门。选择这个中年组是因为在这个相对年轻组中人们的死亡率可以被看成过早死亡。该结果显示,在拥有高比率的公民参与的居民区中,中年组的死亡率明显低于那些公民参与率较低的社区。

对全社会的影响

接下来,我们发现公民参与对项目计划、组织,甚至是整个居民区和社区都有影响。但是过去大约20年的研究告诉我们,公民参与甚至还有着更深远的影响,影响了整个联邦州和国家的幸福感。在罗伯特·帕特南的经典著作《独自打保龄球:美国社区的崩溃和复兴》(*Bowling Alone: The Col-*

lapse and Revival of American Community)(Putnam, 2000)中记载了很多这样的影响。在该书中,帕特南提供了令人信服的证据,来证明美国各个联邦州的公民参与水平和各州在暴力犯罪、经济福利,甚至是学校教育质量上的总体健康程度之间存在着联系。其他的研究者为这个知识体系添加了实质性的内容,展示了社会资本和在社会层次上的生理与心理健康等特征之间存在着联系。

健康和幸福感

为我们理解公民参与和社会层面上的健康之间的关系做出了最大贡献的其中一位研究者是哈佛大学公共卫生专业的教授河内一郎(Ichiro Kawachi)。在一项河内和同事(1999)根据各个联邦州的公民有多么健康,来对美国各联邦州进行分类的研究中,他们使用了电话调查得到的数据,在电话调查中他们向应答者询问问题,"一般来说,你的健康程度是极佳的,非常好,好,尚好,还是不良的?"他们使用另外一项研究来确定每个联邦州拥有的社会资本程度。在社会资本更高的联邦州中,公民参加了诸如政治团体、教堂和体育协会等社区组织,并且表达出对他们的公民同胞们有着更高水平的信任。当他们调查社会资本和健康之间的关系时,他们发现生活在具有高水平的公民参与和社会资本的联邦州当中的公民比那些生活在社会资本较低的联邦州中的公民更健康。的确,河内和同事们确定了从社会资本低的联邦州搬到社会资本高的联邦州可以高达73%地提高个人获得健康的机会,这种提高可以与戒烟的效果相媲美。

其他研究显示,有更多公民参与的社会更健康,在它们的公民当中有更低水平的生病率和健康问题。舍弗勒(Scheffler)和同事完成的一项研究(2008)调查了加州几个郡(县)中得过急性冠心病的人们。研究者感兴趣的是,这些人心脏问题复发的比例和他们心脏问题的复发是如何跟他们生活在其中的联邦州中的公民参与水平联系起来的。利用每个郡(县)中服务于志愿者组织的人数(每1000人)来评估公民参与的程度。它可能反映了郡(县)中参与这些组织的居民数。这个研究的结果显示,生活在公民参与水平高的郡(县)中的人们比那些生活在公民参与水平低的郡县中的人们,较少可能出现心脏问题的复发。公民参与同样在郡(县)或者联邦州水平上,与其他的健康问题之间发生着联系。霍尔特格瑞(Holtgrave)和克罗斯比(Crosby)(2003)发现公民参与水平更高的联邦州,根据社区组织中志愿者服务和志愿者成员来评估公民参与水平，有显著更低的性传播疾病率，比如淋病、梅毒和艾滋病。金姆(Kim)和同事们(2006)发现公民参与水平更高的联邦州有更低的肥胖率。河内和同事(1999)发现公民参与水平更高的联邦州，用社区团体和社区协会中更大的人均会员率来表征高水平的公民参与，有较低的冠心病得病率、癌症得病率和婴儿死亡率以及更低的总死亡率。

近期的研究证据显示，在联邦州和国家水平上的公民参与能够像影响生理健康一样地影响着心理健康率。爱尔兰经济和社会研究机构的社会学家理查德·莱特(Richard Layte)最近完成了一项研究，利用欧洲生活质量调查(Layte,2012)检查了31个欧洲国家收入不均衡和心理健康之间的关系。在调查中利用“WHO5”来评估心理健康状况，WHO5是世界卫生组织广泛使用来评估主观幸福感的测量工具。包含了五个陈述，比如，“我感到快乐并且精神抖擞”和“我感到平静并且放松”；要求被调查者指出，在过去的两周里面他们在多大程度上有这样的感受。个体在完成调查的同时，还需要回答一个总共有三个条目的测验，来评估他们的公民参与情况，他们被问到，在上一年里他们是否“出席了工会，政党，或者政治行动团体的会议”“出席过抗议或者示威，或者签署过请愿书，包括电子邮件请愿书”或者“与政客或者公职人员接触过”。结果显示，在公民参与和心理健康之间存在着实质性的联系。比起那些生活在公民参与水平较低的国家中的公民来说，生活在具有较高公民参与水平国家中的公民展现出了显著更好的心理健康水平。

当调查联邦州和国家的自杀率时，公民参与和心理健康之间的联系也很明显(Cutlip et al., 2010;Helliwell, 2007)。加拿大经济学家约翰·海利威尔(John Helliwell)在参加世界价值观调查和欧洲价值观调查的50个国家中，考察了自杀率和公民参与之间的关系(Helliwell, 2007)。在完成调查的时间内(从1980年到2000年之间)自杀率在这些国家之间有着很大差异。像秘鲁、多米尼加共和国和土耳其等国家，每100000人口中的自杀人数低于5人，而俄罗斯、匈牙利和立陶宛等国家中的自杀率是它们的10倍，每100000人口中的自杀人数接近40人。海利威尔通过计算非宗教信仰志愿者协会的平均成员数，来评估这些国家中的公民参与程度。结果显示，在公民参与和自杀率之间存在着重要的关系，在公民参与程度高的国家中，自杀率大幅度地低于那些公民参与程度低的国家。

犯　罪

公民参与高水平的郡(县)、联邦州和国家,不仅仅在生理和心理上更健康,而且它们还有着更低的犯罪水平(Lee, 2008; Kennedy et al., 1998; Layte, 2012; Rosenfeld, Messner, & Baumer, 2001)。哈佛大学公共健康学院的布鲁斯·肯尼迪(Bruce Kennedy)和同事在研究(1998)中发现了这一点。他们在调查中关注的犯罪类型是那些使用枪械的犯罪行为。肯尼迪和同事使用美国国家卫生统计中心和联邦调查局的统计数据,来确定过去3年到5年之间美国各个州发生的与枪械有关的袭击、抢劫和谋杀案件数量。他们还利用一个旨在确定每个州的居民参与社区团体和协会的平均数量的全国性调查,计算了各个州公民参与的总数。他们发现在所有类型的枪械犯罪和公民参与之间存在着实质性的相关关系。比起公民参与水平低的联邦州来说,具有更高水平的公民参与的联邦州中涉枪袭击、抢劫和谋杀率显著更低。帕特南(2000)在美国各州中,在谋杀与公民参与之间发现了类似的关系。公民参与水平高、低不同的联邦州之间,在谋杀率上的不同并不能用公民参与高水平的州也倾向于有更高的居民收入和更高的受教育水平这样的事实来进行解释。即使是在统计分析中考虑了收入和教育等因素后,谋杀率在公民参与水平高的州和公民参与水平低的州之间的差异仍然存在。事实上,这些分析显示,在调查期间,与收入不均衡或者受教育水平相比,公民参与是更好的预测谋杀率的预测因素。

其他的研究显示,公民参与跟国家在犯罪率上的差异之间有关系,就像公民参与跟联邦州或者省在犯罪率上的差异之间存在着联系是一样的。在前面提到的,理查德·莱特(2012)对31个欧洲国家的健康和幸福感的研究中,包含了一个调查检查了谋杀率以及公民对他们国家中的犯罪、暴力和对公共财产的故意破坏等的认识。他的分析显示,不同国家的犯罪和公民参与之间存在着实质性的联系。比起那些公民参与水平低的国家,那些公民参与水平高的国家有较低的谋杀率,而且他们的公民倾向于感觉到犯罪是一个较小的问题。

经济繁荣

有些证据论证了地域和国家也能够从公民参与到社区生活中获得经济上的收益。在对欧洲国家的分析中,莱特(2012)检查了人均国内生产总值,一个普遍使用来表征国家经济健康程度和生活水平的指标,以及它跟公民参与之间的联系。根据GDP进行评价，他发现国家的公民参与水平和它们的经济健康程度之间存在着非常高的相关关系。罗伯特·帕特南在他对意大利地区的研究中也发现了类似的关系(Putnam, 1993)。几个世纪以来，意大利北部地区比意大利南部地区更加富有。帕特南发现这种经济繁荣程度上的差异是跟这些区域中公民参与的水平相匹配的。更富裕的北方比南方有着高得多的公民参与水平。

世界银行的前研究者纳里扬马尔(Naryan)和普里切特(Pritchett)关注过世界上最贫穷的国家之一坦桑利亚的农村的公民参与，以及公民参与是怎样跟那些村庄的收入水平联系起来的(Narayan & Pritchett, 1999)。利用一个全国性调查的结果来确定每个村庄中的公民参与水平，向村庄中的居民询问他们参与了多少个团体和组织，比如宗教团体和政治组织。平均来说，每个村庄居民参与了1.5个这样的团体。当调查村庄的人均收入水平时，他们发现具有更高水平公民参与的村庄中的居民比那些公民参与水平较低村庄中的居民，有着显著更高的收入。的确，他们的分析显示，如果一个村庄中有一半的居民多参加一个团体，那么收入水平就能够增长20%～50%。研究者确认说在受教育水平上同等意义的增长(大概多接受3年的教育)只能使收入水平增加3%～5%。

教育和儿童福利

在第六章中，我已经讨论过年轻人在学校和邻里社区中的公民参与和他们的幸福感之间，在很多维度上发生着各种方式的联系。公民参与和儿童的幸福感之间的联系不仅在个人水平上，而且在社会水平上也表现了出来。在罗伯特·帕特南(2000)对美国各个联邦州的儿童福利和教育水平的分析中展现了这一点。帕特南使用由安妮·E.凯西(Annie E. Casey)基金每年公布的儿童幸福感州级测量——儿童计数指数——来评估以每个联邦州为单位的儿童福利状况。儿童计数指数使用了广泛的统计指标，比如婴儿和儿童的死亡率、高中辍学率、少年犯逮捕率和生活在穷困中的儿童百分比，来确定每个联邦州儿童福利状况的等级。帕特南检测了跟他开发出来测量每个联邦州公民参与情况的州级指数有关的儿童计数等级。这个社会资本指数反映了志愿者服务、投票和加入社区组织等的水平情况，以及在每个联邦州中人们与朋友和邻里之间进行的非正式联系的水平。帕特南发现在全州水平上的公民参与和该州的儿童福利之间存在着令人吃惊的高相关关系。公民参与高水平的联邦州，比如北达科他州和佛蒙特州中的儿童比公民参与水平低的联邦州，比如佐治亚州和密西西比州中的儿童更健康、适应性更好。

当他调查州级水平上的公民参与和儿童以及青少年的教育成就之间的关系时，帕特南发现了类似的高相关关系。生活在公民参与程度高的联邦州中的儿童和青少年，在小学、初中和高中水平的标准化测验中表现得显著更好。的确，分析显示比起诸如种族和收入等因素，对于教育成果来说，公民参与是重要得多的决定因素。理查德·莱特（2012）对欧洲国家的研究也显示在公民参与和教育之间存在着联系。他发现公民参与程度高的国家比公民参与程度低的国家，在教育花费上占了更高比例的GDP。

健全的政府机构

当公民积极地参与社区组织，并且依靠这些组织来为它们的行动运作和影响力负责任时，那些组织将会变得更加有效力。当那些组织对社区的管理负有责任时，情况也一样。公民们参与到了公民事务中去的联邦州和国家倾向于拥有更有效的政府。这一点在很多研究中都展现了出来（Helliwell & Putnam, 2000; Knack, 2002; Layte, 2012; Putnam, 1993）。在其中一个研究中，世界银行的经济学家斯蒂芬·纳克（Stephen Knack）使用了由名为“政府表现计划”的团体获得的美国50个联邦州州政府的业绩排名。为了得到它们的排名，该团体考虑了诸如联邦州州政府是如何有效地管理它的经济和人力资源和为了制定政策它利用业绩信息的程度等因素。纳克探讨了和公民参与的不同指标有关的政府业绩，这些不同的指标包括诸如该联邦州志愿者服务的比率和出席俱乐部会议的比率。他发现很多表征着公民参与的指标都与联邦州政府的效力有关。比如，比起志愿者服务水平较低的联邦州，有高水平志愿者服务的联邦州倾向于有更有效的政府。莱特（2012）在他对欧洲国家公民参与的研究中也发现了公民参与和政府效力之间存在着联系的证据。他发现在公民参与水平更高的国家中公民更加信任政府和其他公民机构。

小　结

公民参与不仅仅对个人有影响，而且它还对为人们提供服务的社区组织有影响。研究显示,当公民作为决策制定者参与到社区组织中时,那些组织能够提供更恰当、更容易被有需要的人获得的,并且能够被更好地利用的服务。公民参与其中的组织对他们为之服务的人群也更有包容性和更具代表性。最终,这样的组织更靠得住并且更有实际作用。研究证据显示,更进一步地,公民参与能够影响整个居民区、联邦州,甚至是国家水平上的健康和幸福感。具有高水平公民参与的居民区有着更强的社区意识,它们有着更多的具有更好技能的社区领袖。这些居民区的犯罪率更低,它们的公民更健康、更快乐。生活在具有高水平公民参与的联邦州和国家当中,人们的生理和心理健康程度更高,有较少的生病率、心理疾病率和自杀率。它们也有更低的犯罪率。研究证据显示它们的经济也更加繁荣,儿童的健康程度更好,受教育程度也更好,并且它们的政府也管理得更好。

为什么要进行公民参与

为什么公民参与对个人、社区和社会有如此一致的积极影响？什么类型的公民参与更可能产生积极的结果？这些都是需要回答的重要问题，尤其是对那些关注着利用计划项目和政策的开发和设立来构建公民参与的人们。如果我们理解了公民参与影响幸福感的机制，意识到那些最可能产生出积极影响的公民参与的类型，这将会帮助我们创造出最有益的环境。

公民参与施加影响的机制

公民参与是如何影响个人的

在第6,7章中，我讨论了当年轻人和老年人通过加入社区团体和组织、提供志愿者服务、参与社会行动或者传统的政治行动参与到公民生活中时，他们体验到了很多积极结果。参与其中的青年人在学校表现得更好、更自信，与朋友和家庭联系得更好，并且较少可能有酒精和毒品使用、行为不良以及心理疾病等问题。进行过公民参与的成年人也体验到了很多益处。研究显示，他们更健康、更快乐，甚至活得更长久。到底是什么使公民参与对个人有如此多的益处呢？

社会支持。当个人参加邻里组织、做志愿者服务，或者成为俱乐部或者团队的一员时，发生的其中一件事情是他们结识到了其他人。这些人成了个人“社会网络”的一部分，朋友和熟人能够在个人有需要时成为提供帮助和支持的来源。这种由社会网络成员提供的社会支持在很多方式上表现了出来。社会网络中的人们能够提供物质上的帮助，比如借出金钱、接送他们去看医生，或者帮助他们搬家。他们能够通过倾听某人的问题并且给予同情和鼓励来提供情感支持。仅仅只是成为社会网络中的一员就能够给予人们归属感和认同感。某个社会网络的成员还能够成为提供指导和信息的重要来源。毫无意外的是,社会支持是决定一个人的幸福感的关键因素。比起那些缺乏这种支持的个人来说,有着更高的社会支持的个人体验到了更好的生理和心理健康,能够更好地承受他们在生活中遇到的压力事件和有压力的环境,而且甚至能够活得更长久(Berkman & Glass, 2000; Cohen & Wills, 1985; Cutrona & Russell, 1990)。

大量研究显示,公民参与通过它对社会支持的影响,进而影响了健康和幸福感,对于青年人尤其是这样的(参见 Crean, 2012; Dworkin et al., 203; Eccles et al., 2003; Mahoney et al., 2002)。德沃金(Dworkin)、拉森(Larson)和汉森(Hansen)(2003)在他们对参与课外团体的高中生的研究中,要求这些年轻人描述他们在这些青年组织中的参与是怎样使他们实现了个人成长的。被访谈到的年轻人频繁地谈到,参与到课外团体中是怎样使他们在组织中和同伴建立起了新的友谊的。他们说这些关系赋予了他们支持感和亲密感,帮助他们发展了共情和理解,通过给予他们机会跟不同背景的同伴交上朋友,拓广了他们的眼界。这些青年们还谈到他们和成人领袖之间形成的关系以及这些领袖作为建议和支持的来源对他们有多么重要。与家庭之外的成年人之间建立起来的联系对青年人尤其重要。这些成年人不仅是支持和信息的来源,而且他们还扮演了积极的角色榜样的作用(Crean, 2012; Rhodes, 2004)。休·克林(Hugh Crean)最近完成的一项研究(2012)发现,比起那些没有参与课外活动的青年人来说,参加了多种课外活动的青年们发展出了更好的决策制定技能,并且较少可能参与到不良行为中去。通过在课外活动中的参与影响到他们的行为的关键因素是他们与成人之间建立起来的关系。参与其中的青年比那些没有参与的青年,从社区中的成人那里感受到了更大的支持,而且这种成人支持也是提高决策制定技能、减少不良行为的关键因素。马尼奥(Mahoney)、思韦德尔(Schweder)和萨坦(Stattin)(2002)对瑞典青年的研究也发现了类似的结果,参与了诸如童子军活动或者体育运动之类的课后活动的青年更少可能体验到抑郁,并且,在参与这些课外活动的青年当中,那些感受到跟他们的活动领导者之间有着支持性的关系的青年报告出的抑郁水平最低。

行为规范。那些我们把他们作为社区组织的成员而与他们发生着联系的人们,也能够为行为规范或者标准的建立起到作用。尤其是在青年人身上,他们受到他们在同伴身上看到的行为的类型的强烈影响。如果他们的同伴关注的是在学校良好的表现，那么他们自己也可能会关心学业成绩。如果他们的朋友有不良行为，那么他们自己也更可能表现出这样的行为。青年人参与的有组织的团体在有积极行为的同伴中很流行，这样就为团体成员设定了行为标准。比如，杰奎琳·艾克尔斯(Jacquelynne Eccles)和她的同事的研究发现，比起那些没有参加这类团体的学生来说，那些参加了课外活动团体的高中生的朋友圈中有更高的比例的青年人在学校表现良好并且计划读大学。这些高中生的朋友也更少可能逃课或者使用毒品或酒精。但是，加入了运动队的学生是随后发现的一个例外，他们的团队成员比其他学生更倾向于饮酒(Eccles & Barber, 1999; Eccles et al., 2003; Fredricks & Eccles, 2008)。

成人所属的公民团体成员身份也以同样的方式影响了他们。董·麦克亚当(Dong McAdam)(1989)在他对参与了美国公民权运动——1964年“自由之夏计划”中为非洲裔美国选民提供登记服务的人们的研究中发现了这一点。在该计划中，志愿者发现他们自己成了由那些重视社会公平，相信他们自己有义务为一个更公正平等的社会而斗争的人们形成的网络中的一分子。麦克亚当声称，这些个人成为了激进分子组成的亚文化的一部分，并且他们在这个亚文化中的参与以及采取行动来提升社会公平的强有力的信念，在他们参与“自由之夏计划”几年之后仍然维持着他们的公民参与。相关的证据来自这样的事实，自从“自由之夏”开始，志愿者们跟越多的人保持着联系，那么这些志愿者们越有可能在“自由之夏”之后的几年里继续参与激进运动。

同一性和目标感。几乎所有的公民和社区组织都是为了心目中的某个目标而建立起来的。它们将人们组织在一起，来创造一些比个体成员依靠自己能够创造出的多得多的东西。文化、种族和宗教团体创造了认同感。激进团体为实现社会变迁和社会公平而奋斗。艺术团体比如唱诗班和业余剧团在一起表演来改善社区生活。青年组织帮助年轻人发展技能并且学会为了一个共同目标而奋斗。当人们开始参与这些组织和它们的活动时，他们常常将组织的目标和宗旨作为他们自己的生活目标的一部分。这就给予了他们认同感并且为他们自己的生活提供了意义和方向。在我和我的同事一起完成的对青年志愿者的很多访谈中，我看见了支持这种目标感的证据，他们充满激情地频繁谈到他们是怎样通过他们的志愿者活动为某些人的生活“创造了不一样”。社会学家简·皮里尔因(Jane Piliavin)和埃里卡·西格尔(Erica Siegl)(2007)把这种目标感看成“在乎,是重要的(mattering)”:“在一定程度上,知觉到我们是我们周围的世界中很重要的一部分——人们关注我们,在乎我们的存在,并且看重我们。”(Piliavin & Siegl, 2007, 第452页)他们声称通过参与到以他人为中心的活动中,比如志愿者服务,人们发展了他们“在乎”的感觉,开始觉得不仅仅是普通意义上的好,而且是对他们自己自我感觉好。皮里尔因和西格尔在他们对成人志愿者的研究中发现了支持性的证据。他们通过询问研究参与者在诸如父母—教师协会和邻里组织等公民团体中的参与情况,来测量志愿者服务的情况。他们还通过询问他们在多大程度上同意诸如“人们倾向于依赖我来给予他们支持”等陈述,评估了参与者对他们“在乎”的感觉。还利用评估生命目标、自我接纳和健康的标准化问卷测量了幸福感。结果显示,在志愿者服务和幸福感之间存在着强有力的联系——人们参与志愿者服务的程度越高,他们的健康和幸福感越高。但是皮里尔因和西格尔的分析也显示,志愿者服务对幸福感的影响在很大程度上是通过它对在乎的影响来实现的。志愿者在生理和心理上更健康,是因为他们感到他们做的事情是很重要的,他们的存在对于其他人和社会来说是很重要的。

除了帮助人们感觉到他们很重要之外,对公民生活的参与也导致人们思考他们跟他们参与其中的组织和他们在社会中扮演着的角色之间的融合程度。莱茵德斯(Reinders)和尤尼斯(Youniss)(2006),发现那些应他们学校的社区服务需求课程的要求而跟需要帮助的人们进行直接联系的年轻人,比那些没有这类经验的年轻人,更多地思考过他们的信念和态度。这种增长了的反思引导出更强的意向要在未来通过投票、为竞选工作或者抵制产品或者服务来践行公民参与。尤尼斯和他的同事认为,当年轻人尝试着去理解他们在志愿者服务和其他公民活动中目击到的事情时,他们就开始了在社会和历史的背景中看待自己——不仅仅是作为一个个体,而且是作为信奉某些信念并且迫切地需要解决某些存在已久的问题的组织、社区和社会的成员(Youniss et al., 1997)。他们也把自己看成有“决定权”的——通过他们自己的行动来改变事情的发展走向的能力。这种力量感与他们对社会问题的了解一起,导致了他们觉得自己有责任去寻求这些问题的解决。

最终,人们践行公民参与的经验和他们对自己的深思,能够从根本上塑造他们的认同感。进行公民参与的个人开始把自己不仅仅看成一个人,而且还把自己看成社区的一部分,并且具有能力为社区做贡献,有责任为了社区的福利而奋斗。他们发展出了被称为“公民的”同一性，这是与他们的社区（或者社区们）以及社会密不可分的（Youniss et al., 1997）。正是这种在公民方面的同一性，能够导致连续地、终身性地参与到社区中，并且这种参与能够提供在健康和幸福感方面的收益。

技能和积极性。在第6，7章中，我谈到了个人通过参与公民生活得到的技能和知识。进行公民参与的个人学会了如何组织他们的时间、和他人进行合作、化解冲突、制定决策以及交流他们的想法。在年轻人中，这些技能帮助他们在学校表现得更好、和他们的同伴以及家庭成员更好地相处、获得加入计划获取服务的机会，并且能够回避那些给他们带来麻烦的情境（Crean, 2012; Dworkin et al., 2003; McFarland & Thomas, 2006; Obradovic & Masten, 2007; Wood et al., 2009）。比如，克林（Crean）在他对青春期不良行为的研究（2012）中，发现广泛地参与了各种课外活动的年轻人比那些没有参与这些活动的年轻人，表现出更好的决策制定技能。通过询问年轻人诸如当别人想要他们做一些错误的或者危险的事情时，年轻人说“不”的能力，或者在制定决策前，提前想到行为的可能结果的能力，来评估他们的决策制订技能。正是由于这些增强了的决策制定技能，使得年轻人较少可能卷入诸如偷窃或者损坏公共财产等不良行为中去。在成年人当中，通过公民参与获得的技能引发出了很多相同的积极结果。他们学到了的社会的、组织的和日常生活的技能，引导着他们在职业生涯中形成了更好的关系，获得了更大的成功和自我实现，并且获得了更强的自信心和幸福感。

尤其是对于青少年来说，参与公民生活允许他们体验到了那些能够引导他们发现他们真正的兴趣和热情所在的不同的社会接触、活动和环境。发展心理学家彼得·班森（Peter Benson）和彼得·斯凯尔斯（Peter Scales）将个人生活中的这些核心激情称为“火花”（Benson & Scales, 2009）。这些火花可以是从为儿童提供志愿者服务到演奏乐器，再到修理汽车发动机等活动中的任何事情。所有这些火花的共同点是人们为了自己的利益来做这些事情，并且它们激励、刺激了他们。当这些火花与一个鼓励青年人自我表达的环境相结合时，青少年就会发展出生命的目标感和方向感，并且更可能成为社会中茁壮成长的、有贡献的一分子。斯凯尔斯、班森和罗尔克帕丁（Roehlkepartain）（2011）最近的研究支持了关于青少年的“火花”和“茁壮成长”的观念。他们询问了美国15岁的青少年是否在他们的生活中有过火花——就是一些他们“充满激情的”和“给予他们真正目的”的事情。他们还询问了这些青少年那些支持着他们的热情和兴趣的资源和关系的类型。包括他们所在的居民区中开展着的青年计划项目(比如,YMCA基督教青年会或者男孩和女孩俱乐部),或者是诸如那些为他们提供了帮助和鼓励他们发展兴趣的青年团体的领袖或者教师之类的成年人。该研究的结果显示,那些拥有火花和支持他们的发展的相应资源(比如,青年计划项目,成人领袖)的青少年,在学业成绩和在生命中拥有着的目标感上,体验到了更繁盛的茁壮成长。于是,参与到课外俱乐部、青年团体和社区组织中去,能够为青少年提供那种帮助发现他们自己的火花和支持他们发展他们的兴趣和热情的环境,来实现青少年的健康发展。而且,当青少年花费了时间在那些他们感兴趣的、使他们兴奋的活动中时,只会有少量的时间留下来去参与诸如使用毒品和酒精,或者卷入不良行动等问题行为中去。

公民参与怎样影响着社区和社会

在上一章中,我谈到了公民参与能够对整个社区甚至整个联邦州和国家的幸福感产生影响的方式。在拥有着积极参与的公民的社区和社会中有着更低的生病率和死亡率、更少的犯罪、更繁荣的经济和更有效力的政府,以及其他一些受益。虽然这些受益可以通过这样一些事实来得到部分的解释,在这些国家中有更多的个人积极地进行着公民参与,也就有更多的个人从公民参与中获益,但是这些还不是事情的全部。甚至那些没有参与到社区生活中的人们,也会从其他大多数人的公民参与中获益。这是怎么发生的呢?

集体行为。发生这种影响的其中一个方式是通过参与到其中的公民的集体行为来实现的。当相当数量的公民在一起共同工作,来创立政策、计划和服务,比如全民医疗保障,并且为之进行游说时,这些计划和服务更有可能得到实现。然后,新的服务就会惠及整个社会,不仅仅只是惠及那些为之奋斗的人们。比如,在对坦桑尼亚农村的调查中,纳拉杨(Narayan)和普里切特(Pritchett)(1999)发现,因为家长们参与到了学校会议和活动中去,所以在有着更多公民参与其中的村庄里面也有着更好的学校。他们还发现,因为居民参与到了道路修建和修整的努力中,所以在具有高水平公民参与的村庄中,发生着更多的道路建设活动。这些为了建设更通畅的道路和更好的学校而付出的努力,最终会提高那些有村民参与其中的村庄经济繁荣的程度。类似地,当有很多为社区组织服务的人们为那些不能外出的人们送餐、组织社区事务，或者清理人行道上的积雪时，社区中的每个人都会从中受益。

规范和信息扩散。当个人通过参与公民生活而与其他人之间联系起来时，重要的信息也更容易地在公民中进行着扩散。比如，在纳拉杨和普里切特对坦桑尼亚农村的调查中，他们发现公民参与水平更高的村庄比只有一点点公民参与的村庄，使用了更先进的农业措施。该调查的作者声称，这种革新发生得如此之快，是因为革新措施的相关信息很容易地在那些通过他们在社区组织中的成员身份而相互了解的公民当中进行着传播。信息快速地、广泛地传播在健康提升领域是尤其重要的。诸如免疫接种、吸烟、运动和营养膳食措施之类的信息能够影响整个社区的健康状况（Kawachi et al., 1999; Kim et al., 2006）。随着广泛的公民参与的进行，信息在社区中的快速传播也为那些能够影响健康和幸福感的社会规范的建立做好了准备。比如，与体育运动的重要性或者吸烟的有害性等有关的规范能够快速地在社区团体和组织中，通过成员身份而联系起来的人们当中进行着传递。

责任。在上一章，我谈到由世界银行的经济学家斯蒂芬·纳克（Stephen Knack）完成的一项研究（2002），发现具有更多公民参与的美国联邦州比那些公民较少践行公民参与的联邦州，有更好的和更有效力的政府。纳克认为很多原因导致了公民的参与产生出了更有效力的政府。当他们认为政府正在朝着错误的方向前进或者表现无能或渎职时，践行着公民参与的市民将会通过投票、抗议或者与政府官员交流，坚持要求他们的政府解释报告他们的政客、政府工作人员的行为，并且使之广而告之。参与其中的公民也能够帮助告知政府公民们的利益所在，来帮助政府官员更容易地创立出与公共利益相一致的政策。纳克还谈到，当各个政治阶层都有大量的公民知晓他们的政府正在做些什么、都参与到政治生活中来时，那些具有极端政治观点的人将会只有较少的可能性能够统治政治机构。这将导致在更大程度上的和解、更少的党派斗争和更好的政策制定。纳克将美国政策制定中正在经历着的僵局归因于公民对政治生活参与的下降，尤其是在持有温和派政治观点的人们当中政治参与的下降，留给了那些持有着极端政治观点的人们为了统治地位而相互攻击的机会。

社会信任和互惠。当公民通过在社区组织中的参与跟其他人之间频繁地进行接触时，他们开始发展了“社会信任”意识——一种认为社区中的大多数人都是可以信赖的感觉。社会信任意识是社会资本的一个关键要素。

反过来，社会信任对互惠规则的发展也很重要——这是这样一种感觉，公民们觉得他们应该回报那些在社区中做了一些有益于他们的事情的其他人。这种互惠规则还有更加一般化的形式，社区成员认为，“我现在要为你做这些事情，我并不期望有即时的回报，我甚至不需要了解知道是谁在受益，但是我相信一直地这么做下去的话，你或者其他人也会为我做些什么”（Putnam, 2000, 第134页）。在具有高水平的信任感和互惠感的社区中，经济的繁荣程度也更高，因为公民感到在与其他人、社区企业和社区组织之间进行经济交易时，他们能够信任彼此。他们在健康和幸福感方面也做得更好，因为社区成员更愿意帮助别人，认为这是正常的、恰当的行为，而且他们提供给他人的帮助将来会得到回报。

什么类型的公民参与有最大的受益呢？

我们知道，公民参与能够为个人和社区带来具有深远意义的长远利益。我们对公民参与产生出这些受益的方式也有了一些了解。但是，并不是所有类型的公民参与都能够带来相同的受益。什么类型的公民活动能够产生最积极的结果呢？

高品质的公民活动

我在第一章介绍的公民参与整合理论认为，发生在支持性的社会环境中，并且能够产生短期的积极结果的活动，将会引导出在社区里而持续地进行着的公民参与，而且对健康和幸福感都能够产生长远受益。如果公民参与能够得到家庭和朋友的支持，并且能够被个人所在的俱乐部、团体和其他社区组织欣赏和承认，这时支持性的社会环境就出现了。公民参与带来的积极的短期结果包括了加强了的社会网络和社会支持，我参与其中是“重要的”的感受，由于发展出了新的技能和能力而体验到的效能感和成就感以及和友善的、志趣相投的人们一起参与到有趣的活动中体验到的乐趣。那些被认为是高品质的活动应该是得到了家庭和朋友的支持的，是发生在那些承认和欣赏参与其中的人们的组织当中的，为人们提供了发展技能的机会，能够发现新的兴趣、形成友谊，并且做一些重要的、有趣的事情的活动。反过来，这些高品质的活动应该能够引导出持续的参与和长期的收益。

我和特雷弗·泰勒（Trevor Taylor）完成了一个研究，我们尝试着确定高品质公民参与的概念和它们带来的长期影响(Taylor & Pancer, 2007)。我们采用大学生为研究被试,要求他们完成社区服务领域的工作,以此作为他们心理学大学本科课程的一部分。这些学生在为期12周的秋季学期中花费10周的时间,每周2个小时,在学校、疗养院、多文化中心、社区司法机构和其他组织中提供服务。在学期结束前的一周,要求学生完成我们开发出来的量表——服务经历问卷,简称ISE——来评估一个学期当中学生社区服务经历的质量。该量表有49个条目,共7组陈述,每组陈述,分别反映了我们期望高品质活动应该具有的一个特征。针对每个陈述学生回答同意还是不同意,然后将他们对整个量表的回答统计起来,形成一个全面的品质分数。而且与活动品质有关的7个方面的陈述回答还将分别计算,形成7个分量表得分。表9.1描述了该测量的每个分量表,并且给出了分量表的示例。

除了完成ISE,学生还完成了评估同一性发展和他们有多么明确将来他们计划追求的职业类型的问卷。在他们完成了要求他们完成的社区服务大概10周后,继续进行下一个学期的研究,我们再次与他们取得了联系,了解他们是否继续在之前要求他们参与的服务组织中提供志愿者服务。我们发现,那些继续在相关领域组织中进行着志愿者服务的个人,除了"与他人的关系"分量表之外,在服务经历问卷和所有的分量表上都得到了更高的分数。具有更高品质定位的个人还展现出更高的同一性发展,并且对他们想要从事的职业类型有着更加明确的想法。这些结果显示,那些具有我们所期望的特性的活动,更可能引导出积极结果和对社区服务长期的献身。在后来的研究中,我和我的同事艾尔莎·亨德森(Ailsa Henderson)、史蒂夫·布朗(Steve Brown)使用服务经历问卷评估了高中学生完成高中学习15个月后,他们在社区服务中的经历对他们的公民参与产生的影响(Henderson, Brown & Pancer, 2012)。我们发现在高中阶段的社区服务中获得了积极经验的学生,他们的社区服务经历是通过他们对简化版服务经历问卷的回答来确定的,更可能在高中毕业以后继续地参与学校和社区组织、社会活动和政治活动。

在另一项调查是什么组成了公民活动的品质体验的研究中,我和丹一丹·梯于(Thanh-Thanh Tieu)要求一年级的大学生列出他们在过去一年当中参与过的所有活动,除了学校布置的作业和有偿工作之外的所有活动(Tieu & Pancer, 2009)。这些活动的列表中包括了社区服务、参与艺术和文化团体以及成为宗教团体和社区组织的成员。然后,我们要求他们从中选出最重要的活动，并且回答他们同意还是不同意在参与这些活动时跟他们体验到的品质有关的一些陈述。这些陈述描述的品质跟这些活动对他们的意义和重要性之间存在着关系（比如，“参与这个活动对我来说是非常有意义的”），参与这些活动使他们感觉到有多么积极（比如，“参与这个活动让我感到快乐”），以及通过活动的参与，他们体验到的归属感和他们与其他人之间的联系（比如，“我感受到了我与同样参与这个活动的其他人之间的联系”）。我们发现，比起那些参与体验的品质较低的学生来说，那些拥有高品质参与体验的学生，参与体验是根据他们对我们的量表（参与品质量表）的回答来评定的，对于大学生活适应得更好、体验到了更强的社会支持、有更高的自尊、感受到了较少的压力，并且报告出了更强的社会技能。

表 9.1 服务体验问卷

评估的品质	分量表名称	示例条目
增强了的社会网络和社会支持	与他人之间的关系	“在我的社区服务工作中我遇到了很多、很好的人”
家庭和朋友的支持	家庭和朋友	“我的家庭非常支持我参与社区服务”
服务组织的支持和承认	来自组织的支持	“我觉得我是我为之提供社区服务的组织中的一员”
去做一些“重要的”事情的机会	有所作为	“我觉得我的社区服务工作起到了作用”
学习技能的机会	学习技能	“社区服务帮助我学会了对我将来的职业和工作生活有用的技能”
探索职业可能性的机会	探索职业可能性	“我的社区服务经历为我提供了可能的职业的信息”
活动的享受性	快乐的活动	“在我提供社区服务的过程中我体验到了很多乐趣”

摘自 Taylor, T. P., & Pancer, S. M. (2007). Community service experiences and commitment to volunteering. Journal of Applied Social Psychology, 37(2), 320-345. 再版得到了 John Wiley & Sons 的许可。

有组织的活动

公民活动彼此之间具有差异的其中一个方式是它们是如何被组织起来的。相对来说,某些公民活动并没有那么有组织化。比如,参加种族俱乐部或者种族组织可能只是与相同种族团体的成员之间进行简单的社会交际。而其他活动则是更好地组织起来的。比如,参加环保行动团体可能需要与其他人一起工作,为团体成员分配不同的角色和责任,并且为了达到某个具体的目标,比如减少社区的能源消耗而发挥自己的作用。发展心理学家约瑟夫·马奥尼(Joseph Mahoney)和哈坎·萨坦(Hakan Stattin)(2000)认为,有组织的活动是有定期计划的,是由某个领导指导或者管理的,是需要付出努力和发展技能的,是由规则引导的,是需要付出持续注意的,并且是以达到某个长期目标或者近期目标为目的的。他们完成的一项研究,调查了参加诸如教堂团体或者童子军活动等更具组织化的活动的瑞典青年,与那些参与青年康乐中心,在其中参加一些诸如桌球和视频游戏等没有很好地组织起来的活动的青年之间的差异。他们发现参与了有组织化的团体的青年在学校有更好的学业成绩,并且较少可能涉及一些打架、偷窃或者破坏公物等反社会行为。其他研究显示,参加诸如学校管理和社区青年组织等有组织化的活动的青年人,更可能发展出社会责任意识,并且更可能像成人一样通过在当地的和全国性的选举中投票、出席政治集会和为政治竞选工作等活动,参与到政治进程中去(Glanville, 1999; Wood, Larson, & Brown, 2009)。

我和丹·梯于(Thanh Tieu)以及其他同事一起完成的研究,也支持了这样的观点,比起无组织化的活动,有组织化的公民活动更可能产生出积极的影响力(Tieu et al., 2010)。在我们其中的一项研究中,我们要求本科学生列出他们在过去一年里参与过的所有活动,除了学校作业和有偿工作之外的所有活动。并且要求他们用是或者否来回答跟每个活动的组织化程度有关的六个陈述。这些陈述是:“这个活动是由高年级的学生、教职工或者学校管理人员领导/管理的”“这个活动是定期举行的”“对这个活动的参与是由愿望、长期目标或者近期目标指导的”“参与这个活动可能导致至少一种具体的技能得到发展”“参与这个活动需要付出努力和注意”和“我能得到我在这个活动中干得怎么样的反馈”。通过对六个陈述回答“是”的个数进行统计,每个活动都会得到一个分数来表征这个活动的组织化程度。我们发现,比起那些参加组织化程度很低的活动的学生来说,那些参加组织得更好的活动的学生有着更高的自尊水平、更多社会支持、承受着的压力更低,而且普遍对大学生活适应得更好。

发言权和所有权

1969年,一位名叫谢莉·安斯庭(Sherry Arnstein)的妇女,她作为社区服务主任和一个名为普通人(The Commons)的非营利性研究机构一起工作,发表了一篇题为“公民参与的阶梯”的文章(Arnstein, 1969)。在这篇文章中,她利用公民在那些会影响他们生活的计划项目、组织和政策的制定过程中拥有着的权力和起到的影响,对公民参与进行了讨论。她把公民权力想象成阶梯。在该阶梯最低的梯级上,公民没有权力说这些计划和政策应该如何设计、如何执行。在中间的梯级上,在计划和政策的制定过程中,公民会被“告知”、被“请教”,但是他们对最终的决策没有实际的影响。在阶梯最高的梯级上,公民将会和计划项目的开发者、政策的制定者,以及决策制定中的其他人一起工作,并且他们甚至可能会在这个过程中承担着领导角色。这篇发表在并不著名的杂志上的文章已经多次再版,并且对当前公民应该如何参与到社区组织中的思考有着深远的影响。目前,公民应该参与到那些跟他们利害攸关、影响着他们生活的社区组织做出的关键决策中去,这已经成为了习惯性的做法。我们在上一章中看到,当公民有权力参与,而且也实际参与到决策制定中时,公民组织往往更有效力,而且也能够开发出更好的计划项目。

研究证据显示,当公民在他们参与其中的社区计划和社区组织中,对决策制订有发言权时,他们能够从他们的参与中得到更多的受益(Larson & Walker, 2010; Morgan & Streb, 2001; Ohmer, 2007; Wood et al., 2009; Zeldin, 2004)。社会工作研究者玛丽·欧姆(Mary Ohmer)在她对匹兹堡邻里组织成员的研究中,要求研究参与者在以下的六条陈述中指出他们在所属组织的决策制定过程中的参与程度:(1)“我根本没有参与”;(2)“我扮演着被动参与的角色”;(3)“我传递了信息”;(4)“我按照职员和/或董事会的指令完成了各种任务”;(5)“我部分地参与了计划和决策的制定以及执行”;(6)“我全面地参与了计划和决策的制定以及执行。”她发现,比起那些扮演着更消极的角色的个人,在决策制定中扮演着积极角色的个人感觉到他们从参与中获得了更多的知识和技能,发展出了更强的领导能力,并且体验到了更强的社区意识。那些积极参与着决策制定的人们还发展出了更强的赋权感;

他们感到他们自己和他们所属的组织，对那些影响着他们邻里生活的政策施加了更多的影响。

对青年人公民参与的研究也有类似的发现。政治学家摩根（Morgan）和斯特布（Streb）在他们完成的对参与了印第安纳学校服务—学习计划的学生的研究中，检测了“学生的发言权”（Morgan & Streb, 2001）。在他们参与的服务计划中，通过询问他们在多大程度上同意诸如“我帮助策划了该计划”和“我做了所有重要的决定”之类的陈述，来评估学生的发言权。结果显示，比起那些感到自己较少参与决策制定的学生，那些感到自己在决策制定中有发言权的学生在他们参与计划的过程中体验到了更强的自信心、自我效能、社会责任和对社区和政治事务的兴趣。谢泼德·泽丁儿（Shepherd Zeldin）（2004）对青年服务组织中在董事会进行服务的青年人进行的研究，在参与了组织决策制定的青年人的自信心上，展现出了相似的影响。一位年轻的董事会成员在该研究的访谈中这样描述他的体验：

> 以前我从来没有经历过这样的情境，我说的话有意义或者有分量，或者我的意见和想法是别人真正地想要了解的。我感到我充满了斗志，为了更好的生活去改变我现在的个人生活。（Zeldin, 2004，第81页）

和“他人”之间的接触

很多人在跟那些与他们自己不一样的人们之间进行的接触是非常有限的。他们和那些在社会经济地位、受教育程度、价值观以及教养上相似的人们一起生活、工作，并且进行着社会交际。生活在这样的环境里的个人，会轻易地以老一套的方式来看待那些来自不同背景的人们。他们把穷人看成懒惰的、不负责任的。他们把年轻人看成难以控制的、以自我为中心的。人们对那些来自不同宗教或者种族背景的人们感到不舒服。在前面的章节中，我描述过公民参与通过为人们提供面对面的、亲身经历的方式去了解“他人”的机会——那些可能在社会经济地位、教育、宗教、种族或者族群上不同的人们——来帮助打破这种刻板印象。这些类型的接触还带来了额外的受益。它们增进了人们对于他们的社区和世界的了解。它们帮助人们建构了技能来理解其他人的观点并且和其他人一起有效地共同工作。它们还能够帮助人们从他们可能享有特权的程度或者被剥夺基本权利的程度，从他们身处的那些可能创造出他们享有着不同水平的财富和机会的社会条件上，来对他们自己的生活进行深思。

最有可能使人们得以了解“其他人”的公民活动是那些和来自其他背景的人们之间有着直接接触的活动。比如，耶茨（Yates）和尤尼斯（Youniss）（1997），在他们对那些应学校社区服务的要求，在施粥场服务的年轻人的研究中，发现这些年轻人开始把那些为了一餐饭前来的人们看成一个个个体，而不再是“穷人”或者“无家可归者”。在最近的一篇回顾该研究的文章中，尤尼斯和赖因德斯（Reinders）声称“在施粥场中反复地邂逅这些人后，年轻的人们意识到无家可归者只是一些普通人，是遭遇了困境，被困境拖累至现在的境遇中的人们”（Youniss & Reinders, 2010，第242页）。泽尔丁在对那些在青年服务组织的董事会中共同工作着的年轻人和成人的研究中发现，和年轻人一起的紧密合作改变了成年人看待年轻人的方式。正如其中一位成年董事会成员说的那样：

> 我发现和年轻人一起工作是如此地令人惊讶、如此地令人振聋发聩。以前我没有和年轻人一起工作过这么长时间……过去我对他们能够做些什么的期望很低。我很惭愧地说在与年轻人一起工作了4年之后，他们一直令我感到惊讶，我对他们的老看法老是跑出来。但是真的，他们是如此的坚定，我完全转变了对他们的看法。（Zeldin, 2004，第84页）

其他研究显示出了一致的结果，与那些跟自己不同的人们之间进行的直接接触，能够产生更实质性的益处。教育心理学家詹妮弗·施密特（Jennifer Schmidt）、李·孙谋（Lee Shumow）和海耶·卡可卡（Hayal Kackar）（2007）使用美国国民教育调查的数据，比较了在社区服务中与不同背景的人们（比如，直接地和无家可归者或者老年人打交道）有过直接接触的年轻人和那些在社区服务中没有这种直接接触的年轻人（比如，为政治竞选服务、为医院筹集资金）。他们发现，和那些需要帮助的人们直接打交道的年轻人比，那些没有这种直接接触的年轻人有着更好的学业成就。赖因德斯和尤尼斯（2006）在他们对那些应高中学校的要求而进行社区服务的年轻人的研究中也发现了类似的结果。他们发现，比起那些没有直接接触的服务活动，这种使年轻人能够直接地接触需要帮助的人们的服务活动,比如为老年住宅区中的老年人提供娱乐、为年轻人带来了更多的自我觉察,进而引导出了更多的公民参与。

参与的幅度、强度和连续性

人们可以用很多不同的方式参与到公民团体和活动中。一些人会为一个组织贡献他们所有的时间,常常在该组织中完成一组具体的任务。其他人会参与到相互之间差异很大的不同组织和活动中去。研究者用“强度”来谈论前一种类型的参与。他们通过确定个人在公民活动中贡献了多少时间或者参与这些活动的频繁程度来测量强度。研究者用“幅度”或者“多样性”来讨论后一种类型的参与;他们通过调查个人参与的不同类型的组织或者活动的数量来评估幅度。但是哪一种模式的参与更好呢?研究认为参与的强度和幅度都和参与者获得更多的受益有关。但是将这两种类型的参与进行了相互比较的研究认为,参与的幅度比参与的强度能够产生出更加积极的结果,尤其是对于年轻人的公民活动来说(Busseri et al., 2006, 2011; Metzger & Smetana, 2009; Rose-Krasnor et al., 2006)。在其中一个这样的研究中(Busseri et al., 2006),15岁左右的年轻人完成了一个调查,要求他们在活动列表(比如,参与学校体育运动、参与学校俱乐部、参与校外的俱乐部、做志愿者服务)中,标出哪些活动是他们参与了的,以及他们参与每个活动的频率。研究者通过计算年轻人参与这些活动的平均频率得到了每个年轻人的参与强度得分。通过简单的计算年轻人参与了的不同活动的总数,得到了每个年轻人的参与幅度得分——也就是说,如果一个年轻女性标出她参与了列表中的3个活动,那么她的参与幅度得分就是3,这里不考虑她参与每个活动的频率。除了评估年轻人的参与情况之外,还要求他们完成了一系列的测量,根据他们的幸福感、学业成绩、拥有的社会关系和风险行为(比如,使用酒精和毒品,参加帮派)来评估他们的适应性。结果显示,参与的强度和幅度都跟更好的适应和更高的幸福感有关,但是它们和参与幅度之间的联系更强一些。当巴瑟(Busseri)和他的同事在两年后,当这些年轻人17岁的时候,再次评估他们的适应性,他们发现在这两年当中参与了更多类型的活动的年轻人,适应得更好。其他对年轻人和成年人的研究也发现参与幅度跟更大的受益有关系(Crean, 2012; Piliavin & Siegl, 2007; Simpkin, Eccles & Becnel, 2008)。比如，皮里亚文(Piliavin)和西格尔(Siegl)(2007)发现，如果成年人在更多的组织中提供了志愿者服务，那么他们感知到的健康程度也更高。参与三个组织的个人比只参与了两个组织的个人，体验到了更好的健康程度，而且参与两个组织的人们体验到了的健康程度好于那些只在一个组织中进行志愿者服务的人们。

为什么在多种活动中的参与能够产生更大的受益呢？一个可能的原因是，它可以使人们接触到更多的人，为他们提供了增强社会技能、拓展社会联系和社会支持网络的机会。它还能增加接触到的人们具有的多样性，帮助打破了刻板印象。尤其是对于年轻人，它给予了年轻人更多的机会，去发现那些能够为他们提供支持和引导，并且成为角色榜样的、关爱他们的成年人。克雷(Crean)(2012)发现，那些参与了范围广阔的、组织化的活动的年轻人，相比于那些参与的活动范围较窄的年轻人来说，体验到了更强的成人支持，通过这种成人支持，他们发展出了更好的决策技能并且较少涉足不良行为。参与多样的活动还容许年轻人去发现自己的“火花”——那些引导他们茁壮成长以及获得增强了的幸福感的兴趣和热情(Benson & Scales, 2009)。由于每个活动都要求他们具备不同的技能，所以参与到范围广泛的活动中能够帮助个人构建技能和能力。

与他们体验到的受益的总量有关的、个人公民参与模式的另一个方面是参与的连续性或者规律性。一些研究显示，那些在一段较长的时间内定期地参与公民活动的人们，比那些在较短的时间内零星参与的人们，体验到了更多的受益(Horn, 2012; Henderson et al., 2012; Musick & Wilson, 2003; Piliavin & Siegl, 2007; Zaff et al., 2003)。皮里亚文和西格尔(2007)在对成年志愿者的纵向研究中发现，研究的参与者进行志愿者服务的时间越长，他们的健康状况和幸福感程度越好。在我和同事艾尔莎·亨德森(Ailsa Henderson)、史蒂夫·布朗(Steve Brown)的研究中(Henderson, Brown & Pancer, 2012)发现，在高中读书期间有过显著更多的公民参与，定期参与社区服务一年或者更长时间的年轻人，比起那些社区服务时间少于一年的年轻人来说，在高中毕业两年后仍然还进行着更多的公民参与并且对政治活动更加积极。这类影响的发生可能是因为随着时间的流逝，人们养成了公民参与的习惯，而且更可能还发展出来了公民认同感(Pancer & Pratt, 1999; Piliavin & Callero, 1991; Youniss et al., 1997)。

虽然在很大程度上,更长时间里形形色色的参与似乎为个人创造出了最大的利益,但是在有些情况下,虽然参与的时间相对较短,但是参与的强度较高的公民参与经历,能够刺激产生出长期的公民参与以及相关的受益。发展心理学家琳达·罗斯-克拉斯诺(Linda Rose-Krasnor)(2008)把这些类型的公民参与称为“高密度”或者“转折点”经历。比如,1964年“自由之夏计划”中的年轻人花费了一个夏天的时间来帮助非洲裔选民注册,在20年之后再对这些年轻人进行访谈,发现他们一直都在践行着公民参与。我和琳达·罗斯-克拉斯诺、丽莎·鲁瓦塞勒(Lisa Loiselle)(Pancer, Rose-Krasnor, & Loiselle, 2002)发现,为期一周、专门化的年轻人会议,在其中来自全国各地的年轻人聚在一起,为他们的社区中的青年开发社会活动项目,对年轻人也有着类似的变革性的影响。这些经历的一个关键因素似乎是,它们把人们与更庞大的某些事情联系在一起了,比如社会或者宗教运动为他们提供了这样一种观念,和其他人一起工作,他们能够完成“重要的”事情。

活动的类型

对年轻人的公民参与进行的某些研究将这些差异归到了不同的分类当中,并且根据它们产生出的影响的种类对它们进行了比较(Barber et al., 2001; Denault, Poulin, & Pedersen,2009; Eccles & Barber,1999; Hansen, Larson, & Dworkin,2003; Horn, 2012; Larson et al., 2006; McFarlance & Thomsa, 2006; Metz et al., 2003; Rose-Krasnor et al., 2006)。比如,艾克尔斯(Eccles)和巴伯(Barber)(1999)把年轻人的课外活动分成五类——亲社会的活动(比如,社区服务、到教堂做礼拜)、表演活动(比如,戏剧团体、学校乐队)、团队运动、学校参与(比如,学生会、拉拉队)和学术俱乐部(比如,数学俱乐部、辩论学会)。其他人,比如雷德·拉尔森(Reed Larson)和他的同事,把以信仰为基础的活动和社区服务放在了不同的分类中,并且在年轻人可以参与的活动类型列表中加入了以社区为基础的青年组织。虽然这些研究发现,几乎所有的活动对年轻人都有积极的影响,但是不同的活动往往与不同类型的受益联系在了一起。比如,德诺(Denault)和同事(2009)发现,参与青年俱乐部的青年人在学校里面表现得更好,而且更少可能滥用酒精,而那些参与表演和美术的青年人更少可能体验到抑郁。但是，在这些研究中，有着积极效果的活动都是志愿者服务或者社区服务。参与社区服务的年轻人在学校里面表现得更好、有较少的情绪问题、更少可能滥用毒品和酒精、更可能发展成为适应良好的健康成年人。社区服务为什么会带来如此的益处呢？社区服务几乎具有所有你能够想得到的表征着高影响力参与的属性。社区组织指导的活动是有组织的、井然有序的活动。它帮助年轻人与其他年轻人以及那些能够提供社会支持的成年人之间进行着接触，传递了积极的社会规范，并且充当了积极的角色榜样。它使得他们能够体验到“其他人的生活”——那些需要帮助的人们或者来自不同背景的人们的生活是什么样子的。它给予了年轻人发展技能、发现爱好，并且参与到“重要的”事件中的机会。被尤尼斯(2011)称为“公平为本”的特定的社区服务类型——能够将年轻人与那些比他们自己本身更重要的一些事情联系起来，使他们感受到他们是寻求改变那些导致痛苦和劣势的社会条件的历史和传统中的一部分。

小结

公民参与影响了人们以及他们生活在其中的社区和社会的健康与积极发展。它通过很多方式产生了这种影响。对个人来说，它增加了他们拥有的社会网络和社会支持，把他们和那些传递着积极规范或者行为准则的人们以及组织聚在了一起，并且使他们感觉到他们正在做一些“重要的”事情。所有这些受益都有助于积极的健康和发展。公民参与还为个人提供了发现自己的爱好、发展自己的技能的机会，因此，它为生活提供了方向感。

在联邦州和国家的水平上，公民参与增强了所有公民的幸福感，甚至是那些并没有那么积极地进行着公民参与的人们。这是通过践行着公民参与的公民的集体行为来实现的，比如帮助创立计划、政策和能够有益于所有社区居民的资源。公民参与还能够创立出积极的行为规范和快速地传播诸如吸烟危害之类的信息，因而进一步提升了全民水平上的健康。当公民通过投票、抗议或者接触政府官员等活动参与到公民生活中时，他们敦促他们的领袖和政府官员成为更有责任的、更起作用的领袖和官员。公民参与还创造了社会信任，深入地促进了社区的幸福感。

将不同类型的公民参与放在一起进行比较的研究告诉我们，高品质的活动——那些帮助人们发展了新的技能、充满了乐趣的、提供了做重要事情的机会，而且家庭、朋友以及他们为之服务的组织统统都支持的活动——能够带来最大的受益。有组织的活动，那些定期地参与的、有监管的，是为了达到某个长远目标或者短期目标而进行的活动，也能够创造出更大的受益。当个人和来自不同背景的人们一起参与到多种多样的公民活动中时，他们在从事的活动中具有发言权时，这些活动将会产生出更大的影响。尤其是，志愿者服务似乎具有了那些使得一个公民活动特别有益的所有的属性。

通过研究、计划和政策来建构公民权

在过去大约15年的时间里，对公民参与的研究，从志愿者服务到参与社区组织，到跟社会公平和环境团体一起工作，在各个方面都开始了萌芽。这些研究中的很大一部分是由那些发现了在过去40年的时间里面各种形式的公民参与都出现了显著下降的研究推动着的。除了很多其他形式的公民参与都出现了显著的下降之外，在国家选举中合法选民现身投票，尤其是在年轻人当中合法选民现身投票的人数上也明显地表现出了公民参与呈现稳定下降的态势（Putnam, 2000）。对公民参与进行的研究告诉我们，应该关注到这种下降，因为它表明了那些没有践行公民参与或者没有参与社区生活的人们存在着成为健康问题和社会问题宿主的风险。但是这些研究也给予了我们希望，因为它确认出了影响公民参与的关键因素和机制，而且还透露给我们那些能够提高公民参与的计划项目和政策的开发与发展的信息。在本章中，我讨论了在研究中我们已经了解到的和还需要去了解的，跟公民权和公民参与有关的知识，以及如何才能将已有的研究发现转变成为那些能够帮助建构公民权的计划项目和政策。

研　究

我们已经了解到了些什么？

公民参与的影响。首先并且是最重要的，我们了解了那些践行着公民参与的人们几乎总是体验到了实质性的受益，并且几乎没有出现过任何由公民参与而导致的问题。践行着公民参与的年轻人通过参与到诸如课外活动、青年组织和教堂等组织中，更少可能在学校出现不及格、留级、滥用毒品或者酒精、有不良行为或者抑郁问题。他们更可能感到自信，形成了有意义的关系，有社会责任感，学业优良，拥有较强的道德意识，并且在一生之中都能够融入他们的社区中。践行着公民参与的成年人体验到了很多相同的受益。他们有着更强的自尊、增强了的赋权感、更好的生理和心理健康状况、拥有着更多的社会支持、获得了更多的技能和资源以及拥有着更高品质的生活。研究认为，他们甚至可能活得更长久。大量研究还显示，能够从融入他们的社区当中获得最大受益的那部分人是那些具有发生问题的最高风险的人们。

而且，研究还告诉我们，组织和社区的成员或者国家的公民在公民生活中的积极参与能够影响整个组织、社区，甚至整个国家。当公民在社区组织中扮演着卓越的决策制定角色的时候，那些组织能够更好地代表其服务的人群，并且对他们的成员和社区更加负有责任，他们能够提供更容易获得的、能够被更好地利用的服务，他们能够更有效地达成他们的目标。当居民们积极地参与到邻里组织中时，这些居民区倾向于经受着更少的犯罪和更少的健康问题和社会问题。具有高水平公民参与的联邦州和国家显示出了较低水平的不健康状态和疾病问题，降低了的心理健康问题的发生率，较低的犯罪率，更好的经济繁荣程度和更有效力的政府。

影响公民参与的因素。我们还了解到了很多能够影响公民参与的因素的有关知识。我们知道了父母通过角色榜样的作用以及和孩子们讨论社会问题和社会事件，对子女的公民活动施加了强有力的影响。父母还通过他们自己的参与行为充当起子女和社区之间的桥梁，并且像运输工具一样地将跟社区参与有关的规范和价值观传递给子女。朋友通过很多相同的机制，对各个年龄阶段的公民参与施加了相似的重要影响。他们也传递了规范和价值观，并且起到了公民参与榜样的作用。家庭和朋友都对公民参与有着直接的影响。通过他们的劝告和鼓励，大多数人第一次参与到了诸如志愿者服务和社区活动之类的事情当中。

在一生之中，个人成了很多“社区”——学校、邻里、教堂、工作场所——的一部分，而且这些社区的性质对公民参与也有着很大的影响。比如，我们了解到提供了高品质的服务学习计划的学校为学生提供了各种各样的课外活动，鼓励学生自由地表达自己的观点，开放地培育出了更大程度地践行着公民参与的学生。在具有社区意识的、拥有着很多社区组织的居民区当中，人们践行着更高水平的公民参与。教堂和其他宗教组织，通过它们传播的服务于他人的重要性的价值观和它们与社区之间的联系，鼓励着人们践行公民参与。它们也为其成员提供了能够讨论社会问题、招募其他人来参加志愿者工作等活动的场所。工作场所通过企业志愿者服务计划，为雇员提供了机会去学习那些能够从社区组织“移植”到他们的工作中的技能，由此影响着员工的公民参与。人们所属的最大的社区是他们生活在其中的州、地区或者国家。生活在收入不均衡程度高的国家中的公民更可能有较少的公民参与，在这样的国家中，政府往往是以猖狂的、堕落的党派偏见为特征的，选举程序使人们感到他们自己的需要和愿望是不重要的，而且生活在这样的国家中的人们渴望获得的是物质财富而不是建立起良好的关系。

公民参与是怎样创造出受益的。我们还了解了很多关于积极公民权可能创造出很多与之有关的受益的知识，以及哪些类型的公民参与是最有益的。公民参与似乎能够通过增强社会支持的网络，给予认同感和目标感，使公民接触到积极的社会规范，给予他们机会去建构技能和能力，来使人们的健康和幸福感受益。在社区或者联邦州的水平上进行着公民参与的人们，通过促使政府和公民组织更加负责任，传播有益于健康和社会实践的信息，采取集体行动，创造社会信任感，来改进公民同胞的幸福感。通过研究，我们还清楚地知道了哪些类型的公民参与是最有益的。我们了解到，那些得到了家庭、朋友以及个人参与其中的组织的支持的公民活动，那些为个人提供了发现他们的爱好，做一些他们觉得“重要的”事情的机会，允许参与其中的人们发展他们的技能，并且使人们能够接触到来自不同背景的其他人的活动，最有可能创造出受益。我们还了解了，当人们参与其中的活动是组织化的，能够让他们在决策制定中有发言权，并且赋予了他们主人翁意识的时候，他们能够得到最大的受益。我们还知道，当人们参与到各种各样不同种类的公民活动中时，他们更可能体验到从公民参与中获得的受益。在一个人能够参与的所有的公民活动中，志愿者服务似乎更可能具有这些不同的特征，并且创造出最大的受益。

我们还需要了解些什么？我们应该采用什么研究方法来获取这些新知识？

边缘化人群和高危人群中的公民参与。目前已经得到了确认的是，那些融入社区，而且与社区联系紧密的人们，体验到了实质性的受益。更进一步的研究认为，虽然那些处于最危险境地中的人们最少参与公民生活，但是他们从公民活动的参与中获得了最大的受益(Mahoney & Cairns, 1997; Marsh & Kleitman, 2003; Oman et al., 1999; Lancee & ter Hoeven, 2010)。但是,只有少量研究调查过不同的团体和人群受到公民参与带来的影响的方式。还需要在这个方面进行更多的研究,尤其是调查那些由于贫困或者种族等因素而处于高危境地的群体中的公民参与情况。我们知道,生活在贫困中的人们,属于某个种族或者族群的人们,更少可能涉及公民生活。为什么会这样呢?来自这些较少践行公民参与的群体中的人们是否和那些主流人群一样,从公民参与中体验到了相同类型的受益呢?相比于其他人,他们是否参与到了不同类型的公民活动中去呢?公民组织和政治组织需要开发出什么类型的计划来刺激公民参与水平的提升,应该做哪些类型的改变来提高弱势群体和边缘化群体的公民参与呢(Watts & Flanagan, 2007)?当这些群体能够更加充分地参与到公民社会活动中时,又会带来什么样的影响呢?

个人和社会系统之间的交互。将国家之间的公民参与进行比较的研究告诉我们,个人的公民行为受到了社会系统的强烈影响。但是这种影响是在两个方向上发生着的。当社会中的很多个个人都参与到社会生活中时,个人的公民行为能够影响社会系统,并且通过社会系统影响着整个国家的健康和幸福感。个人和社会系统之间的这种交互还需要更多的检验。需要完成更多研究来检查社会系统——政府和政府政策的品质、经济性质,管理着学校和工会等社区组织的政策,在一个地区或者城市中公民团体和组织的稀缺程度或者充足程度是怎样影响着个人的公民行为的。同时,还需要投注更多的注意力在个人身上,他们通过诸如集体行为或者仅仅是通过公众舆论的表达,是怎样影响到社会系统的。调查个人和社会系统之间进行交互的一个优秀研究是社会心理学家蒂姆·卡塞尔(Tim Kasser)和他的同事们的工作(Kasser et al., 2007; Kasser, 2011)。在近期的一个研究中,卡塞尔(2011)比较了20个国家里面个人表达的"人人平等的"(社会中的每个人都应该被关怀到,以及人们应该一起合作来提升社会福利的信念)或者"等级制度的"(由于财富和权力造成的在公民之间的不平等是可以接受的)价值观的程度。他发现,在一个国家中个人的价值观与该国家中社会系统制定的政策和惯例之间存在着高度的相关。在构成的人口当中拥有着越平等的价值观的国家,越有可能实施政策(比如设立育婴假来照顾新生儿或者生病的儿童)来提升儿童福利。

多学科交叉研究。这种类型的研究将会从不同学科研究者之间的合作中获益。虽然行为是心理学家的研究领域,但是当研究者开始探讨行为和社会系统之间的交互等因素时，在其他比如社会学和政治学等社会科学领域中，那些专门对系统进行研究的专家将会极大地有益于这部分的研究。当我开始写这本书的时候，我打算在心理学的各个子学科——社会心理学、发展心理学、社区心理学等之中，来讨论与公民权有关的研究。最后，我的写作以阅读各个学科（社会学、政治学、公共卫生、教育、社会工作和经济学以及其他学科）中的文章和书籍告终，因为它们谈到的主旨——公民行为——是一致的。这提示我，对于公民参与的研究来说，来自不同学科的研究者以公民权和公民参与为共同的研究兴趣进行相互合作，是非常有价值的。一个能够开始这种跨学科合作的有效方式是召开研究公民权的会议，邀请对这个课题有兴趣的社会科学各个领域中的研究者。另外一种方式是发行一本关注公民权议题的学术期刊，邀请各个学科的研究者前来发表他们的文章。

行进中的公民参与。在完成我对青年志愿者服务的第一个研究时，我发现那些促使他们开始志愿者服务工作的事件不一定就是那些维持着他们一直继续做下去的事件。很多人开始参加志愿者服务是因为他们的父母或者老师建议他们这么去做，或者是因为他们觉得如果他们参加过志愿者服务，那么他们找到工作或者获得奖学金的可能性会变得更大。一旦他们参与其中，他们的动机往往发生了变化。他们继续提供志愿者服务是因为他们开始觉得他们做的事情是很重要的，他们为人们的生活创造了不同，带来了影响。他们自豪于他们在其中学习到的技能，对他们遇到的人感兴趣。还需要更多的研究来论证个人参与、融入社区中去的整个过程。当人们越多地融入公民生活中时，他们经历了什么样的改变？这些变化是怎样影响了他们持续地参与公民活动的可能性的呢？为什么随着时间的流逝，有些人减少了他们的参与，而其他人增加了他们的公民参与？能够最恰当地回答这些问题的研究类型是质性研究，采用这些类型的研究将会就志愿者、政治和社会活动者以及社区组织的成员身份等这样的“职业”对个人进行访谈。

质性研究和混合方法研究。质性研究不仅仅在对个人参与到他们的社区中去的整个过程的探讨上有用，而且在公民参与对个人的影响，那些公民遭遇到的、可能阻碍他们进行更多参与的障碍物，以及促进或者抑制了公民参与的因素的理解上也很有用。在定量调查结果的基础上，我们说年轻人没有参加政治生活是因为，相对于较年长的人们来说，年轻人现身投票率比较低,是一回事。通过询问那些在投票日没有现身投票的年轻人“你为什么不去投票”来获得对年轻人行为的不一样的、同样丰富的理解又是另一回事。生出新的想法来开发新计划提升公民参与,以及对已经开始运行着的计划进行评估,质性方法也都很有用(Patton, 2002)。社会科学研究者开始意识到全面地理解某个现象的最好方式是结合使用质性研究和量化研究方法(Tashakkori & Teddlie, 2003),但是在对公民参与的研究中,同时采用这两种方法的研究相对较少。还需要有更多的质性研究和混合方法研究。

社交媒体和因特网。因特网的发展通过很多方式改变了世界。它使人们能够接触到在因特网出现之前做梦都想不到的各种各样不同类型的信息,它还给予了人们发言权,来表达他们对社会问题和世界事务的看法。仅仅是一个博主,在世界上的任何地方坐在电脑前面,就能够登录博客发表自己对政府政策的不满,告知人们群众性抗议的地点或者为某个社会事业进行招募。因特网和社交媒体的力量可以从2011年“阿拉伯之春”的发生中看出来,当时数以千计的人们参与到群众性抗议中,试图推翻独裁统治者。脸书(Facebook)这样的社会媒体在通知人们抗议的时间和地点的过程中起到了关键性的作用,而且它还通过在社交媒体网页中上传能够被人们广泛看到的示威照片和视频,来告诉世界正在发生着些什么(Tufekci & Wilson, 2012)。

在较早的时候,人们期望因特网能够通过给予以前没有发言权的人们表达他们自己的观点的机会,并且使得这些观点能够被广泛地听到,来使公民事务大众化并且在所有的公民当中鼓励公民参与。该期望实现得怎么样了呢?皮尤研究中心完成的一项调查结果显示,该期望还没有达成(Smith et al., 2009)。研究结果显示,拥有较高收入、受教育程度较高的美国人更可能参与到在线的政治和公民活动中,在同样的程度上,他们也更可能参与传统的、线下的公民活动。比如,在年收入超过100000美元的美国人中,有35%的人们参与到了在线政治活动中,比如与政府官员进行接触或者签署请愿书;在年收入低于20000美元的美国人中,只有8%的人们参与了在线政治活动。虽然这些发现可能可以部分地用这样的一些事实来解释,收入较低的人们较少能够接触到电脑、智能手机以及其他信息和交流技术(一种被称为“数字鸿沟”的现象),然而不同群体之间在社会经济上的差异仍然在那些能够接触到这些技术的人们当中表现了出来。但是,这些差异很少在年轻人中出现,这提醒我们有着这样一种可能性,因特网和社交媒体在未来可能的确会成为一种提升民主化的力量。

一种看法认为,在因特网上花费时间会挤占或者取代个人花费在与公民组织中的成员之间进行面对面的交流上的时间(Kraut et al., 1998; Putnam, 2000)。研究显示,有必要从更加细微的视角来了解因特网的使用和公民参与之间的关系。比如,传播学研究者达旺·夏(Dhavan Shah)、娄经·郭(Nojin Kwak)和兰斯·霍尔伯特(Lance Holbert)(2001)发现,因特网的使用的确影响了公民参与,但是它带来的这种影响依赖于使用因特网的目的。那些为了娱乐而使用因特网的人们,比如玩游戏和跟其他人聊天,较少可能参与到诸如志愿者服务或者为社区计划服务等公民活动中去,而那些使用因特网是为了寻找和交流信息的人们更有可能进行公民参与。

研究者还需要在因特网、社交媒体以及其他信息和交流技术的发展过程中,继续监控它们带来的影响。研究认为这些新的技术具有增强公民参与和取代公民参与的双重潜力。还需要更多的研究来确认在什么条件下它会具有这些迥然不同的影响。

研究结果的宣传。社会科学家积累了相当多的、跟公民权和公民参与有关的信息——已经超过了任何一本书籍能够涵盖的内容了。这些知识中有多少已经被那些可以使用这些知识来开发计划、制定政策的人们所了解,有多少知识被公众了解了呢?人们越来越认识到,从研究者到开发、宣传计划和制定国家政策的人们之间,知识和信息的传递不是自动地发生着的,需要花费更大的注意来关注知识的传递(Davies & Powell, 2012)。研究者必须更多地深入到这个过程中去。

在我和同事们完成的研究中,我们尝试了很多方式来完成它。举例来说,我们利用了我们评估"更好的开始,更好的未来"计划中得到的结果(设计该计划是为了减少儿童发生社会问题和情绪问题,在本书的第3,7和8章中已经讨论过),并且在为那些在学校和社区组织中为幼儿提供服务的人们开发"工具箱"的过程中应用了这些结果(Hayward et al., 2011)。这些工具箱概述了我们研究得到的结果是如何为在其他环境中开发类似的计划提供了信息,描述了将社区居民吸引到计划项目的开发过程中去的策略,以及儿童服务组织之间的合作关系是如何培养起来的。另外,我们还为工具箱的每个章节开发了一个简短的视频,而且我们将工具箱和视频上传到了网上,供人们免费下载使用(见网址 www.bbbf.ca)。目前我们正在为社区计划工作者和政策制定者搭建可以探讨我们发现的结果和方法如何在全国不同的社区中使用的工作坊。

在那些关注公民权和公民参与的研究中得到的发现也需要能够被公众获得。知情的公众是发展公众参与的强有力的推动力。专业学者和其他的研究者需要为大众消费者写更多的书、专栏和博客,这样他们就能够描述他们研究的结果并且谈论怎样使用他们的研究来增强社区的健康和幸福感。窗口10.1给出了这种写作的样例;这是我为当地报纸(厨师-滑铁卢记录(the Kitchener-Waterloo Record))的青年志愿者服务写的一篇专栏文章(Pancer, 2005)。

窗口10.1 青年公民参与专栏,厨师-滑铁卢记录,2005年5月26日

年轻人 善行的有力来源

作者　马克·潘什(Mark Pancer)

为记录而写

反抗者、行为不良者、瘾君子、团伙成员——这是很多成年人对年轻人的印象。基于我们在报纸中读到的、在电视上看到的来说,这种印象并不令人惊讶。成年人倾向于将青年看成一段“狂飙”时期——暴风骤雨,在这个时期年轻人不断地与年长者进行争论、炫耀他们的性欲、涉足各种危险行为,比如使用酒精和毒品。

虽然我们应该担忧孩子们的行为,但是我们对青年人的刻板印象会带来很多伤害。我们不是将青年人看成社区资源,让我们想要利用他们的精力和创造力,相反地,这样的刻板印象使我们将年轻人看成问题。

更进一步地,研究告诉我们对青年人的刻板印象是完全错误的。最近的对青春期的心理学研究的综述显示,青春期“狂飙”的观点有些夸张。虽然青少年的确倾向于有点喜怒无常,而且更可能涉及高危行为,但是他们并不是有时被描述成的那种疏离的、叛逆的人。

正相反,研究显示年轻人是善行的有力来源。每隔几年,加拿大统计局就会调查全国的加拿大人,询问他们所参与的志愿者服务工作的情况。最近在2000年完成的调查显示,有37%的年龄在15岁到19岁之间的年轻人,在过去的一年中参加过志愿者服务,该比例高于其他任何一个年龄组。而且他们的志愿者服务工作并不是一次性的、短期的事务。平均来说,青年志愿者们在过去一年中花费了多达136个小时的时间在志愿者服务工作中。

对于我们的社区和年轻人自身来说,志愿者服务带来的受益是实质性的。研究显示,参与了志愿者服务的青年人更少可能使用毒品和酒精、出现未成年少女怀孕、参与任何类型的犯罪活动或者辍学。参与了志愿者服务的青年人更可能进入学院或者大学学习、发展出公民意识和社会责任感,并且当他们成为成年人时,他们还会参加志愿者服务。

我们自己的研究证实了这些发现。在过去几个月中,我和我在威尔弗里德·劳雷尔大学的同事史蒂夫·布朗、艾尔莎·亨德森和金伯利·埃利斯-黑尔(Kimberly Ellis-Hale)完成了对将近1500名青年人的调查,并且对其中的100名被试进行了深度访谈,询问他们的志愿者经历。一半的青年人都是为了获得高中文凭而进行了40个小时的社区服务的"更年少的"学生。另外一半是那些没有必要一定要完成这种要求的"较年长的"学生。

无论这些学生是否是应社区服务的要求才完成社区服务的,他们的社区服务经验都是压倒性的积极经历。细想一位为了完成40个小时的志愿者服务要求而为残疾儿童工作服务的青年人的经历:"这是我一生中最积极的一段经历。看到自己能够为他人的生活创造出不同是如此地令人惊讶……仅仅是在那里,仅仅是给他们一个拥抱或者仅仅是逗他们开心就是如此地令人惊讶,而且这里的人们是如此地为彼此做出奉献。看到这些是如此地令人惊讶。"

有些人认为,社区服务的强制性的特征会破坏青年人对志愿者服务的"内在的"或者本质的动机。我们的研究并不支持这种观点。在他们对志愿者服务的态度和他们未来参加志愿者服务的意图上,那些因为不得不进行志愿者服务的青年人与那些不是应强制性的要求而参与社区服务的青年人之间没有差异。两个群体中都有压倒性的多数人对志愿者服务持有积极的态度。

塑造了青年人持有的与志愿者服务有关的观点的最重要的因素是他们拥有的经验的品质。那些感到自己为那些和自己一同工作的人们的生活带来了不一样的影响的青年人,那些在自己进行志愿者服务的组织中得到了该组织的看重、欣赏的年轻人,那些通过自己提供的服务学会了有价值的技能的年轻人,他们对自己的志愿者服务的经历有着更积极的态度,并且有着强得多的意图在未来继续地提供志愿者服务。对于那些与青年志愿者一起工作的我们,这意味着我们必须保证我们给予青年人的工作是有意义的,而且我们要让他们知道,我们有多么感激他们的工作。如果我们办到了这些,那么我们将会使这些年轻人成为终生的志愿者和主动参与的社区成员。

然后,我们对青年人的刻板印象可能将会发生改变。我们会不再将他们看成反抗者和不良行为者，相反地，我们将会把他们看成朋辈辅导、教练、儿童保育提供者、医院护工，最终，将把他们看成在建设更好的社区过程中有价值的合作者。

研究的评估。现在可能最迫切需要的一类研究是评估研究。评估研究是指：

> 涉及应用各种社会研究的方法来回答对社会计划的需要、设计和执行这些计划的方式，以及能够在合理的花费下，创造出预期的改变或者结果的有效性等问题。(Pancer，1997，第49页)

我们积累了跟公民参与有关的大量知识。现在是时候使用这些知识，来开发那些具有潜力增加人们践行公民参与的幅度并且加强人们践行公民参与的强度的计划和政策了，尤其是针对那些脱离、疏远了社区生活的人群。使用评价研究方法，我们能够决定谁最需要这样的计划项目、应该开发什么类型的计划项目以及怎样才能最好地执行这些计划项目。一旦计划项目和政策就位，评价研究就能够被用来评估它们的影响力，有必要时，给出改进建议，来确保它们能够最大程度地起作用(Pancer, 1997; Pancer & Westhues, 1989)。

计划和政策

在我们完成了相对数量的研究帮助我们充分了解了公民参与的同时，我们学到了很多知识，来指导我们开发出能够增加并且加强公民权的计划和政策。在下文中，在研究证据的基础上，针对能够帮助我们思考的必需的活动、计划和政策的类型，我们给出了一些建议。

从青年开始

有很多理由支持在人们年轻的时候就应该促使他们参与公民生活。其中一个理由是青年人的公民参与似乎能够形成一种持续一生的参与习惯。那些在青少年时期就参与到社区中的青年更可能在成年后继续参与到社区生活中。另外一个原因是青少年时期是形成一个人的同一性的关键时期。通过志愿者服务、社会活动和青年组织活动，参与到社区中的青年人更可能发展出公民认同感,他们不仅仅把自己看成一个个体,而且还把自己看成社区的一部分,承担着为社区福利做出贡献的责任。当然,促使青年在青少年时期就参与公民生活的一个主要原因是这些青年能够从他们的参与中获得最重要的受益。他们在学校能够表现得更好、有更少的问题行为,并且能够拥有更好的生理和心理健康。

提供有品质的计划和活动

什么类型的计划和活动将会最有效地促使青年人和成年人参与到社区生活中去,并且随着时间的流逝,还能够维持他们的参与呢?研究告诉我们,激发人们开始参与的最好的活动类型是那些给予了个人机会认识各种各样的人们(与他们自己有共同特点的,以及不同特点的人们),与关爱他们的成年人一起工作(关爱青年的),学习技能,探索他们自己的兴趣,完成一些重要的事情或者为其他人的生活创造出不同的活动。为了能够有效地产生长期的公民参与,这些活动还应该是有组织的、有定期计划的、需要努力和维持注意的,并且是以目标的实现为指导的。当个人对他们将要做什么有发言权,有机会反省他们经历着的一切的意义时,公民活动就能够得到深入的加强。人们参与其中的社区组织在启动和维持公民参与当中,也扮演着重要的角色。这些组织需要使人们感受到有归属感、感受到他们得到了重视、能够贡献有价值的技能。它们还需要传递给它们的成员和志愿者这样一种信息,他们正在参与一些历史悠久的、有一套属于自己的价值观的事情,在其中为社区做出贡献是首要的目的。诸如教堂、社会公平团体以及慈善团体等,以服务于他人、建立更好的社会为核心价值观的组织,尤其能够有效地传递这类信息。

这里有一些计划和活动,尤其是针对青年人的计划和活动,具有很多这些特征。社区服务就是这样的一种活动。该服务是否是作为服务—学习计划的一部分,或者是否是学校的强制性的要求,都并不重要。最重要的是它具有刚刚提到的关键性特征。社区服务的本质使它具有了很多这些特征。它包含了和关爱自己的成年人一起工作、与其他人进行联系接触、学习技能、通过自己的工作为他们为之服务的人们创造出不同。由基督教青年会、男女童子军以及四健会等组织执行的青年计划,也具有很多能够促成终生参与的关键性特征,就像国际青年气候运动等由青年领导、青年执行的组织一样。在学校课堂计划和“城市工作”(cityworks)等课程中也具有了很多提升持续的公民参与的关键特征，在其中学生讨论他们所在社区现有的各种议题和难题，并且集体参与到活动中去解决这些难题(Kahne, Chi, & Middaugh, 2006)。

接触那些脱离了公民参与的人们

只有当那些从社区中脱离出来的个人和团体在社区生活也践行着积极的、有价值的参与时，群体水平上的公民参与才会有所增长。但是怎样才能接触到那些脱离了公民参与的人们或者确定他们是谁呢？研究告诉我们，通过个人进行的接触是目前为止最普遍地、最有效地促使个人首次参与到社区团体和社区活动中去的方法。通过朋友、教师、父母、牧师、同事以及他们的社会网络中的其他人的说服，他们进入了社区团体或者社区活动。与个人接触的重要性有关的知识引导出我在前面的章节中描述过的帮派预防计划 inREACH 里面关键成分的开发(见第 6，8 章)。该计划的目标是使那些生活在处于经济劣势的居民区里面的青年人能够参与到更积极的社区活动中，通过将这些活动与帮派进行比较，减少帮派对他们的吸引力。在为青年人开发计划之前，该计划的工作人员(称为青年接触工作者或者 YOWs)，带着匹萨和买咖啡的零钱，到购物广场和其他他们所知道的青年人汇聚在一起的地方，简单地与青年人进行交谈，友善地对待他们。在其中，他们问青年人什么样的活动他们最感兴趣。在进行了几周的个人接触之后，YOWs和当地的社区中心一起合作开发允许青年人追求他们之前表达出来的兴趣的计划，并且通过个人接触来请求青年人参与该计划。他们经常陪着青年人参与计划。随后有大量的青年人参与到了计划中，相比 YOWs 开始工作之前只有很少的青年人参与社区中心提供的各种计划，有些中心甚至因为参与人数太少而终止了他们提供的青年计划。

在第 3，7 和 8 章，以及在本章前面部分提到的——“更好的开始，更好的未来”计划提供了另外一个范例，来展示个人接触是怎样增进了居民对邻里团体和活动的参与。该计划设计来通过为教师提供校内援助、为儿童提供上学前和放学后计划项目、为家长提供儿童管教培训以及为社区所有的居民提供社区发展活动，来减少(年龄在 4 岁到 8 岁之间的)儿童的社会的、情绪的和学业的问题。将社区居民纳入该计划开发的每一个方面是他们使用的方法的一个关键性原则。其中一个计划的执行地点位于多伦多西区的低收入居民区，主要集中在居民区中的儿童就读的当地小学(海菲尔德小学)

附近。采用了包含个人接触在内的若干策略，来促进居民对该计划的参与。在每年秋季学校注册日，计划组成员都会出现在现场，向居民们介绍他们自己并且邀请家长参与该计划。计划组成员也会在清晨家长送孩子上学或者放学后家长接孩子回家时，利用这些机会到学校邀请家长参与该计划。当家长作为该计划的参与者拥有了一些经验后，他们会被邀请作为志愿者来帮助完成计划项目或者在委员会中提供服务。然后一个像滚雪球一样的方法就开始了，参与进来了的家长邀请其他家长、朋友以及邻里来参与该计划赞助的各种项目和社区事件。结果，每年有超过100名居民成为该计划的志愿者，而且相当数量的居民参与了该计划赞助的社区事件。研究资料以及这些事例，告诉我们应该更自觉地、更有意图地使用个人接触，来引导人们和他们的社区进行首次接触。这些类型的策略对于将那些脱离了社区生活的个人包含进来是尤其重要的。

为参与提供更多的机会

研究告诉我们，社区和社区组织为个体提供的参与机会强有力地影响了公民参与。在提供了更多课外俱乐部、团队和活动的学校中，有更多的学生参与到了这些类型的活动中。拥有很多诸如基督教青年会之类的组织和社区中心的居民区当中，也有更多的居民参与到公民生活中。的确，其中一个最可能对经济贫困社区中的居民相对较少地践行着的公民参与进行解释的原因是他们可以参与其中的社区组织和活动的缺乏（Hart & Atkins, 2002; Watts & Flanagan, 2007）。当提供了这些机会时，公民参与就会有所增长。这一点在第8章我描述过的PALS（参与和技能学习）计划的研究中展示了出来（Jones & Offord, 1989）。该计划为生活在加拿大渥太华贫困居民区中的青年人提供了在数量上有大幅度增长的社区活动。社区中超过70%的青年人参与了一个或者几个这些新增的活动，因而在这些青年人中犯罪率下降了几乎一半。这些研究告诉我们，通过增加学校和居民区中的俱乐部、团体和组织，公民参与也会有所增加，社区将会体验到伴随着公民参与的增长而来的所有益处。

使组织和社会系统更具包容性和可参与性

我回顾过的研究显示，当人们感觉到他们是某些事情的一分子——一个组织、一个居民区、一项运动时，他们就能够获得很多受益。人们最有可能通过积极地参与到他们的社区和组织中来获得这种感受。他们的参与越积极,他们获得的受益就越多。那些在委员会服务,代表社区组织做报告,以及充当着领导角色的人们比那些在组织中仅仅充当着成员的人们得到了更多受益。但是即使是那些在组织中仅仅充当着成员的人们,也能够从他们的参与中受益。而且,当一个社区中有相当多的个人参与到了公民生活中时,整个社区都会获得积极的结果。研究还显示,社区组织也能够从公民在管理和决策制定中的广泛参与里面获得受益。当公民参与到这些过程中时,组织会变得更负责任、更便利、更有代表性,而且更有效果。这些研究发现告诉我们,为了为更多的公民参与做好准备,为了达到效果的最大化,社区组织需要更具包容性和更具可参与性。为了达到这一点,其中一个方法是为社区成员,尤其是那些代表了接受组织服务的团体的成员,预留出董事会和重要的委员会中的席位。这意味着家长和学生将会在学校的主管部门中服务,青年人将会在青年服务组织的董事会中有一席之地,而且居民将会和社会服务组织一起工作来决定他们的居民区需要哪些服务。这种类型的参与甚至应该通过政策和立法成为强制性的执行,就像英国正在做的一样,在那里每个学校理事会中至少有三分之一的成员必须是在该校就读的孩子们的家长,20%的成员必须是当地社区的居民。

克服障碍

在促使个人更多地参与到社区和政治生活中去的道路上,存在着很多实际存在着的障碍和很多心理上能够感受到的障碍。比如,为了能够进行志愿者服务,个人必须有能够贡献给志愿者工作的自由时间,到达前往提供志愿者服务的位置的交通工具,完成志愿者活动所必需的技能,以及作为志愿者他们可能会被问到的事情的相关知识。大多数的人们开始他们的志愿者服务工作是因为别人的请求,因此志愿者服务也需要人们和那些已经参与过志愿者服务的而且是他们可以信赖的其他人之间建立起联系。其他类型的公民参与,比如为社区组织、社会运动团体或者政党提供服务,也需要有相同类型的资源和与他们有联系的其他人。比如,政治参与需要政治效能感这种形式的心理资源——人们必须感觉到他们的行动对政府的决定和政策有着潜在的影响。经济、人力、社会和心理这些资源的缺乏构成了影响公民参与的重大障碍,而且这些资源在那些生活在贫困中的、属于少数群体的、受教育水平较低的人们当中尤其缺乏。这就导致了这些团体中的个人较少能够进行公民参与，更少可能现身投票、提供志愿者服务、接触政府工作人员、成为社区组织董事会中的一员，或者参与更多非正式的社区活动（Levinson, 2007; Musick et al., 2000; Verba et al., 1995）。

社会中那些从公民生活中脱离出来了的群体，同样也在加大他们的公民参与问题上面临着实质性的系统障碍。贫困人口、少数民族、外来移民和青年人不得不应对那些阻碍人们将他们看成有价值的同伴来帮助建立一个健康的、繁荣的社会的负面刻板印象。因此，他们较少有可能会被叫去做这样一些事情，比如在社区组织中承担董事会和委员会的一员或者扮演决策制定者的角色。在他们的居民区中，他们也很少有能够参与其中的环境——拥有较少的康乐中心、基督教青年会，甚至只有较少的可供邻里们相互之间进行非正式交流的银行和杂货店。主要是因为他们拥有着的有限的经济资源，这些群体还缺少了政治影响力，而且还存在着强有力的社会势力反对他们，使他们不能获得更大的影响力。这些势力，主要包含那些拥有着最大数量的财富和权力，提出并且支持那些能够帮助这些已经拥有了财富和权力的势力继续地维持甚至增强他们的权力的政策，因此，边缘化群体实际拥有的和感受到的影响力都受到了限制——甚至是中产阶级拥有的影响力也受到了限制（Bartels, 2008; Hacker & Peirson, 2010; Stiglitz, 2012）。而且当人们感到他们没有权力、没有影响力时，他们较少可能开始践行公民参与和政治参与。

能够采用什么类型的政策、计划和活动来克服这些障碍呢？可以在个人水平上采用很多步骤来减轻或者清除通往公民参与道路上的障碍。可以为个人提供公共汽车费用和儿童保育服务，来抵消他们参与志愿者服务或者参加社区团体的会员花费。可以减低或者取消加入邻里组织或者参加社区活动的会员费。那些有过参与公民组织和政治组织经验的人们会为了跟社区中那些还没有涉及或者参加其中的其他人之间进行沟通接触而贡献出更大的努力，而且他们会教授并且指导那些人，使他们能够获得为公民生活做出有意义的贡献所必需的技能。

然而，为了能够达到更广泛的、意义更深远水平上的公民参与，还需要在管理公民生活的社会和政治系统中做出改变。能够产生出更多政治参与的选举程序，比如，比例代表制必须取代那些让人觉得他们自己的选票和自己的发言不算数的选举程序。需要设定限制，来限定那些权力和经济资源在政府计划和政策中能够施加极不平衡的影响力的程度。建立政策来对政治献金进行限制就是这样的一个例子，以便使政治家们不会如此地亏欠财大气粗的经济支持者们的人情。但是怎样才能达成这些呢？政治学家雅各布·哈克(Jacob Hacker)和保罗·皮尔逊(Paul Pierson)，在他们的著作《赢家通吃政治》(*Winner-Take-All Politics*)中评论了美国政治系统，认为这些类型的政治改革可以通过"在那些目前他们的声音被淹没了的人群中达到的更广泛地参与"中获得(Hacker & Pierson, 2010，第303页)。

> 改革将会建立在对立法者有组织地、持续地施加压力上，来促使美国政治对公民参与更加有求必应、更加开放。(第303页)

他们和其他人认为，当公民们，尤其是那些因为他们的社会阶级或者少数族群地位而被边缘化的人们，在工会、公民组织和环境组织中，以及在社会运动中一起工作来降低刻板印象、提升政治意识，并且抵消有权有势者的影响力时，这些必需的社会和政治的变革终将会实现(Ginwright, 2007; Watts & Flanagan, 2007)。

小　结

在弗兰克·卡普拉导演的经典电影《生活多美好》(*A Wonderful Life*)中，讲述了乔治·贝利(George Bailey)的故事，主人公在父亲因为中风去世后，放弃了环球旅行的梦想，接手了他的父亲经营的一栋小型建筑和一个贷款协会。作为银行经理，他贡献了自己的一生，来帮助小镇中的人们建造家园和事业，帮助小镇居民彼此之间建立起联系。当由于一个错误导致他损失了大量金钱并且使他和他的银行破产时，乔治打算自杀。一位降临人间的天使拯救了他，向他展示了如果没有了他的支持，小镇和小镇上的居民的结局。这个小镇——没有乔治参与其中的小镇，是一个丑陋的、卑鄙的地方，全无社会资本而言。当乔治意识到，如果他死了将会发生什么时，他祈祷将他的小镇带回到它们本来的样子。在影片的最后，这些年乔治帮助过的所有的小镇居民团结起来，捐赠出他们的微薄的存款，帮助乔治渡过了财政危机。

对于我而言，这部电影展示每个圣诞节都是信仰和友谊的寓言，完全是在谈论积极公民权。它展示了践行着积极公民参与的公民们是如何从对公民生活的参与中获益的，以及这些参与又是如何使他们生活在其中的社区受益的。这本书的其中一个目标就是去检验公民权在这方面的科学基础。我在书中叙述的研究为积极公民权对个人和社区都有益的观点提供了势不可挡的支持。本书的另一个目标是去检查识别出那些影响公民参与的关键性因素的研究文献，并且使用与这些因素有关的知识，来帮助规划开发出那些能够建构和增强公民参与的计划和政策的指导方针。我希望这些目标都已经达到了。

参考文献

Adams, G. R., Shea, J., & Fitch, S. A. (1979). Toward the development of an objective assessment of ego-identity status. *Journal of Youth and Adolescence*, 8(2), 223-237.

Adman, P. (2008). Does workplace experience enhance political participation? A critical test of a venerable hypothesis. *Political Behavior*, 30(1), 115-138.

Albanesi, C., Cicognani, E., & Zani, B. (2007). Sense of community, civic engagement and social well-being in Italian adolescents. *Journal of Community & Applied Social Psychology*, 17(5), 387-406.

Allen, J. P., Philliber, S., Herrling, S., & Kuperminc, G. P. (1997). Preventing teen pregnancy and academic failure: Experimental evaluation of a developmentally based approach. *Child Development*, 68(4), 729-742.

Allen, M., & Burrell, N. (2002). The negativity effect in political advertising: A meta-analysis. In J. P. Dillar & M. Pfau (Eds.), *The persuasion handbook: Developments in theory and practice* (pp.83-96). Thousand Oaks, CA: Sage.

Allport, G. (1985). The historical background of social psychology. In G. Lindzey & E. Aronson (Eds.), *The handbook of social psychology* (3rd ed., Vol. 1, pp. 1-46). New York: Random House.

American National Election Studies (n.d.). *The ANES guide to public opinion and electoral behavior: External political efficacy index 1952- 2008*.http://www.electionstudies.org/nesguide/toptable/ tab5b_4.htm

Anderson- Butcher, D., Newsome, W. S., & Ferrari, T. M. (2003). Participation in boys and girls clubs and relationships to youth outcomes. *Journal of Community Psychology*, 31 (1), 39-55.

Andolina, M. W., Jenkins, K., Zukin, C., & Keeter, S. (2003). Habits from home, lessons from school: Influences on youth civic engagement. *PS- Political Science & Politics*, 36(2), 275-280.

Arnstein, S. R. (1969). A ladder of citizen participation. *Journal of the American Planning Association*, 35(4), 216–224.

Aspy, C. B., Vesely, S. K., Tolma, E. L., Oman, R. F., Rodine, S., Marshall, L., & Fluhr, J. (2010). Youth assets and delayed coitarche across developmental age groups. *Journal of Early Adolescence*, 30(2), 277–304.

Astin, A. W., & Sax, L. J. (1998). How undergraduates are affected by service participation. *Journal of College Student Development*, 39(3), 251–263.

Astin, A. W., Sax, L. J., & Avalos, J. (1999). Long-term effects of volunteerism during the undergraduate years. *Review of Higher Education*, 22(2), 187–202.

Astin, A. W., Vogelsang, L. J., Ikeda, E. K., & Yee, J. A. (2000). How service learning affects students. Los Angeles, CA: Higher Education Research Institute, UCLA.

Attree, P., French, B., Milton, B., Povall, S., Whitehead, M., & Popay, J. (2011). The experience of community engagement for individuals: A rapid review of evidence. *Health & Social Care in the Community*, 19(3), 250–260.

Ayala, L. J. (2000). Trained for democracy: The differing effects of voluntary and involuntary organizations on political participation. *Political Research Quarterly*, 53(1), 99–115.

Bandura, A. (1977). Social learning theory. Englewood Cliffs, NJ: Prentice-Hall.

Bandura, A. (1986). Social foundations of thought and action. Englewood Cliffs, NJ: Prentice-Hall.

Barber, B. L., Eccles, J. S., & Stone, M. R. (2001). Whatever happened to the jock, the brain, and the princess? Young adult pathways linked to adolescent activity involvement and social identity. *Journal of Adolescent Research*, 16(5), 429–455.

Barker, R. G., & Gump, P. V. (1964). Big school, small school: High school size and student behavior. Stanford, CA: Stanford University Press.

Bart, C., Baetz, M. C., & Pancer, S. M. (2009). Leveraging human capital through an employee volunteer program: The case of the Ford Motor Company of Canada. *Journal of Intellectual Capital*, 10, 121–134.

Bartels, L. M. (2008). Unequal democracy: The political economy of the new gilded age. Princeton, NJ: Princeton University Press.

Bartko, W. T., & Eccles, J. S. (2003). Adolescent participation in structured and unstructured activities: A person-oriented analysis. *Journal of Youth and Adolescence*, 32(4), 233-241.

Baumrind, D. (1991). Effective parenting of adolescents. In P. Cowan & E. M. Hetherington (Eds.), *The effects of transitions on families* (pp. 111-163). Hillsdale, NJ: Erlbaum.

Beane, J., Turner, J., Jones, D., & Lipka, R. (1981). Long-term effects of community-service programs. *Curriculum Inquiry*, 11(2), 143-155.

Beck, P. A. (1991). Voters' intermediation environments in the 1988 presidential contest. *Public Opinion Quarterly*, 55(3), 371-394.

Becker, P. E., & Dhingra, P. H. (2001). Religious involvement and volunteering: Implications for civil society. *Sociology of Religion*, 62(3), 315-335.

Bengtson, V. L. (1975). Generation and family effects in value socialization. *American Sociological Review*, 40(3), 358-371.

Benson, P. L., & Scales, P. C. (2009). The definition and preliminary measurement of thriving in adolescence. *Journal of Positive Psychology*, 4(1), 85-104.

Berkman, L. F., & Glass, T. (2000). Social integration, social networks, social support, and health. In L. F. Berkman & I. Kawachi (Eds.), *Social epidemiology* (pp. 137-173). New York: Oxford University Press.

Berry, H. L., & Welsh, J. A. (2010). Social capital and health in Australia: An overview from the household, income and labour dynamics in Australia survey. *Social Science & Medicine*, 70(4), 588-596.

Beyerlein, K., & Chaves, M. (2003). The political activities of religious congregations in the United States. *Journal for the Scientific Study of Religion*, 42(2), 229-246.

Billig, S., Root, S., & Jesse, D. (2005). *The impact of participation in service-learning on high school students' civic engagement*. Medford, MA: The Center for Information and Research on Civic Learning and Engagement (CIRCLE).

Blair, J., LaFrance, S., & Murray, A. (1999). *Prevalence and perceptions of client/consumer board participation*. Washington, DC: The National Assembly of National Voluntary Health and Social Welfare Organizations.

Blais, A., & Carty, R. K. (1990). Does proportional representation foster voter turnout? European Journal of *Political Research*, 18(2), 167–181.

Blakely, T. A., Kennedy, B. P., & Kawachi, I. (2001). Socioeconomic inequality in voting participation and self-rated health. *American Journal of Public Health*, 91(1), 99–104.

Bloom, B. L. (1973). *Community mental health: A historical and critical analysis*. New York: General Learning Press.

Bohnert, A. M., & Garber, J. (2007). Prospective relations between organized activity participation and psychopathology during adolescence. *Journal of Abnormal Child Psychology*, 35 (6), 1021–1033.

Bohnert, A. M., Kane, P., & Garber, J. (2008). Organized activity participation and internalizing and externalizing symptoms: Reciprocal relations during adolescence. *Journal of Youth and Adolescence*, 37(2), 239–250.

Bolland, J. M., & McCallum, D. M. (2002). Neighboring and community mobilization in high–poverty inner–city neighborhoods. *Urban Affairs Review*, 38(1), 42–69.

Borgonovi, F. (2008). Doing well by doing good. The relationship between formal volunteering and self–reported health and happiness. *Social Science & Medicine*, 66(11), 2321–2334.

Bradford, K., Vaughn, L. B., & Barber, B. K. (2008). When there is conflict: Interparental conflict, parent–child conflict, and youth problem behaviors. *Journal of Family Issues*, 29(6), 780–805.

Bradley, R. H., & Corwyn, R. F. (2002). Socioeconomic status and child development. *Annual Review of Psychology*, 53, 371–399.

Brame, R., Turner, M. G., Paternoster, R., & Bushway, S. D. (2012). Cumulative prevalence of arrest from ages 8 to 23 in a national sample. *Pediatrics*, 129(1), 21–27.

Brown, K. M., Hoye, R., & Nicholson, M. (2012). Self–esteem, self–efficacy, and social connectedness as mediators of the relationship between volunteering and well–being. *Journal of Social Service Research*, 38(4), 468–483.

Burby, R. J. (2003). Making plans that matter: Citizen involvement and government action. *Journal of the American Planning Association*, 69(1), 33–49.

Busseri, M. A., Rose–Krasnor, L., Pancer, S. M., Adams, G., Birnie–Lefcovitch, S., Polivy, J.,

Pratt, M. W., & Wintre, M. (2011). A longitudinal study of breadth and intensity of activity involvement and the transition to university. *Journal of Research on Adolescence*, 21 (2), 512–518.

Busseri, M. A., Rose–Krasnor, L., Willoughby, T., & Chalmers, H. (2006). A longitudinal examination of breadth and intensity of youth activity involvement and successful development. *Developmental Psychology*, 42(6), 1313–1326.

Cameron, G., Peirson, L., & Pancer, S. M. (1994). Resident participation in the Better Beginnings, Better Futures prevention project: Part 2–factors that facilitate and hinder involvement. *Canadian Journal of Community Mental Health*, 13, 213–227.

Campbell, D. E. (2004). Acts of faith: Churches and political engagement. *Political Behavior*, 26(2), 155–180.

Campbell, D. E. (2006). Why we vote: How schools and communities shape our civic life. Princeton, NJ: Princeton University Press.

Campbell, D. E. (2008). Voice in the classroom: How an open classroom climate fosters political engagement among adolescents. *Political Behavior*, 30(4), 437–454.

Carballo, M. (2000). *Religion in the world at the end of the millennium (Gallup International Millenium Survey).* Washington, DC: Gallup International.

Carlo, G., Hardy, S., & Alberts, M. (2006). Moral exemplars. In L. Sherrod, C. FLanadan & R. Kassimir (Eds.), *Youth activism: An international encyclopedia, Vol. 2* (pp. 412–419). Westport, CN: Greenwood Publishing Company.

Catalano, R. F., & Hawkins, J. D. (1996). The social development model: A theory of antisocial behavior. In J. D. Hawkins (Ed.), *Delinquency and crime: Current theories* (pp. 149–197). Cambridge, U.K.: Cambridge University Press.

Centers for Disease Control and Prevention (2008). *Nationally representative CDC study finds 1 in 4 teenage girls has a sexually transmitted disease.* Atlanta, GA: Centers for Disease Control and Prevention. http://www.cdc.gov/stdconference/2008/press/release-11march2008. pdf

Centers for Disease Control and Prevention (2014). *2009 HIV among youth.* Atlanta, GA: Centers for Disease Control and Prevention. http://www.cdc.gov/hiv/risk/age/youth/

Chavis, D. M., & Wandersman, A. (1990). Sense of community in the urban-environment- A catalyst for participation and community-development. *American Journal of Community Psychology*, 18(1), 55-77.

Checkoway, B. (1982). Public-participation in health-planning agencies: Promise and practice. Journal of Health *Politics Policy and Law*, 7(3), 723-733.

Checkoway, B., O'Rourke, T. W., & Bull, D. (1984). Correlates of consumer participation in health planning agencies: Findings and implications from a national survey. *Policy Studies Review*, 3, 296-310.

Cialdini, R. B., Reno, R. R., & Kallgren, C. A. (1990). A focus theory of normative conduct—Recycling the concept of norms to reduce littering in public places. *Journal of Personality and Social Psychology*, 58(6), 1015-1026.

Cohen, S., & Wills, T. A. (1985). Stress, social support, and the buffering hypothesis. *Psychological Bulletin*, 98(2), 310-357.

Colby, A., & Damon, W. (1992). Some do care: Contemporary lives of moral commitment. New York: Free Press.

Conover, P. J., & Searing, D. D. (2000). A political socialization perspective. In L. M. McDonnell, P. M. Timpane & R. Benjamin (Eds.), *Rediscovering the democratic purposes of education* (pp. 91-124). Lawrence, Kansas: University Press of Kansas.

Corporation for National and Community Service, (2008). *Long-distance volunteering in the United States, 2007.* Washington, DC: Office of Research and Policy Development, Corporation for National and Community Service. http://www.volunteeringinamerica.gov/assets/resources/Long-Distance_Volunteering.pdf

Conway, J. M., Amel, E. L., & Gerwien, D. P. (2009). Teaching and learning in the social context: A meta-analysis of service learning's effects on academic, personal, social, and citizenship outcomes. *Teaching of Psychology*, 36(4), 233-245.

Crawford, M. J., Rutter, D., Manley, C., Weaver, T., Bhui, K., Fulop, N., & Tyrer, P. (2002). Systematic review of involving patients in the planning and development of health care. *British Medical Journal*, 325(7375), 1263-1265.

Crean, H. F. (2012). Youth activity involvement, neighborhood adult support, individual decision making skills, and early adolescent delinquent behaviors: Testing a conceptual model. *Journal of Applied Developmental Psychology*, 33(4), 175–188.

Crosby, R. A., DiClemente, R. J., Wingood, G. M., Harrington, K., Davies, S., & Oh, M. K. (2002). Activity of African-American female teenagers in black organisations is associated with STD/HIV protective behaviours: A prospective analysis. *Journal of Epidemiology and Community Health*, 56(7), 549–550.

Cutlip, A. C., Bankston, W. B., & Lee, M. R. (2010). Civic community and nonmetropolitan white suicide. *Archives of Suicide Research*, 14(3), 261–265.

Cutrona, C. E., & Russell, D. W. (1990). Type of social support and specific stress: Toward a theory of optimal matching. In B. R. Sarason, I. G. Sarason & G. R. Pierce (Eds.), *Social support: An interactional view* (pp. 319–367). New York: John Wiley & Sons.

da Silva, L., Sanson, A., Smart, D., & Toumbourou, J. (2004). Civic responsibility among Australian adolescents: Testing two competing models. *Journal of Community Psychology*, 32 (3), 229–255.

Davies, H. T. O., & Powell, A. E. (2012). Communicating social research findings more effectively: What can we learn from other fields? *Evidence & Policy*, 8(2), 213–233.

Deci, E. L., & Ryan, R. M. (1987). The support of autonomy and the control of behavior. *Journal of Personality and Social Psychology*, 53(6), 1024–1037.

Delli Carpini, M. X., & Keeter, S. (1996). What Americans know about politics and why it matters. New Haven, CT: Yale University Press.

Denault, A. S., Poulin, F., & Pedersen, S. (2009). Intensity of participation in organized youth activities during the high school years: Longitudinal associations with adjustment. *Applied Developmental Science*, 13(2), 74–87.

Dewey, J. (1910). How we think. Lexington, MA: Heath (reprinted 1991, Buffalo, NY: Prometheus Books).

Diener, E., Emmons, R. A., Larsen, R. J., & Griffin, S. (1985). The satisfaction with life scale. *Journal of Personality Assessment*, 49(1), 71–75.

Driskell, R. L., Lyon, L., & Embry, E. (2008). Civic engagement and religious activities: Examining the influence of religious tradition and participation. *Sociological Spectrum*, 28(5), 578–601.

Duke, N. N., Skay, C. L., Pettingell, S. L., & Borowsky, I. W. (2009). From adolescent connections to social capital: Predictors of civic engagement in young adulthood. *Journal of Adolescent Health*, 44(2), 161–168.

Duncan, L. E., & Stewart, A. J. (1995). Still bringing the vietnam–war home: Sources of contemporary student–activism. *Personality and Social Psychology Bulletin*, 21(9), 914–924.

Dworkin, J. B., Larson, R., & Hansen, D. (2003). Adolescents' accounts of growth experiences in youth activities. *Journal of Youth and Adolescence*, 32(1), 17–26.

Eccles, J. S., & Barber, B. L. (1999). Student council, volunteering, basketball, or marching band: What kind of extracurricular involvement matters? *Journal of Adolescent Research*, 14(1), 10–43.

Eccles, J. S., Barber, B. L., Stone, M., & Hunt, J. (2003). Extracurricular activities and adolescent development. *Journal of Social Issues*, 59(4), 865–889.

Ehrlich, T. (Ed.). (2000). Civic responsibility and higher education. Westport, CT: The American Council on Education and the Onyx Press.

Elder, C., Leaver–Dunn, D., Wang, M. Q., Nagy, S., & Green, L. (2000). Organized group activity as a protective factor against adolescent substance use. *American Journal of Health Behavior*, 24(2), 108–113.

Erikson, E. H. (1968). *Childhood and society* (2nd edition). New York: Norton.

Erikson, E. H. (1974). *Dimensions of a new identity*. New York: Norton.

Eyler, J. (2002). Reflection: Linking service and learning—Linking students and communities. *Journal of Social Issues*, 58(3), 517–534.

Feldman, A. F., & Matjasko, J. L. (2005). The role of school–based extracurricular activities in adolescent development: A comprehensive review and future directions. *Review of Educational Research*, 75(2), 159–210.

Fergus, S., & Zimmerman, M. A. (2005). Adolescent resilience: A framework for understanding healthy development in the face of risk. *Annual Review of Public Health*, 26, 399–419.

Fieldhouse, E., Tranmer, M., & Russell, A. (2007). Something about young people or something about elections? Electoral participation of young people in Europe: Evidence from a multilevel analysis of the European Social Survey. *European Journal of Political Research*, 46(6), 797–822.

Flanagan, C. A., Cumsille, P., Gill, S., & Gallay, L. S. (2007). School and community climates and civic commitments: Patterns for ethnic minority and majority students. *Journal of Educational Psychology*, 99(2), 421–431.

Flanagan, C. A., & Faison, N. (2001). Youth civic development: Implications of research for social policy and programs. *Social policy Report,* 15(1), 3–14.

Flanagan, C. A., Jonsson, B., Botcheva, L., Csapo, B., Bowes, J., Macek, P., Averina, I., & Sheblanova, E. (1999). Adolescents and the "Social Contract": Developmental roots of citizenship in seven countries. In M. Yates & J. Youniss (Eds.), *International perspectives on community service and activism in youth* (pp. 135–155). Cambridge, UK: Cambridge University Press.

Fletcher, A. C., Elder, G. H., & Mekos, D. (2000). Parental influences on adolescent involvement in community activities. *Journal of Research on Adolescence*, 10(1), 29–48.

Fredricks, J. A., & Eccles, J. S. (2006). Is extracurricular participation associated with beneficial outcomes? Concurrent and longitudinal relations. *Developmental Psychology*, 42(4), 698–713.

Fredricks, J. A., & Eccles, J. S. (2008). Participation in extracurricular activities in the middle school years: Are there developmental benefits for African American and European American youth? *Journal of Youth and Adolescence*, 37(9), 1029–1043.

Freeman, R. B. (1997). Working for nothing: The supply of volunteer labor. *Journal of Labor Economics*, 15(1), S140–S166.

Galston, W. A. (2001). Political knowledge, political engagement, and civic education. *Annual Review of Political Science*, 4, 217–234.

Ger, G., & Belk, R. W. (1996). Cross–cultural differences in materialism. *Journal of Economic Psychology*, 17(1), 55–77.

Giamartino, G. A., & Wandersman, A. (1983). Organizational–climate correlates of viable urban block organizations. *American Journal of Community Psychology*, 11(5), 529–541.

Ginwright, S. A. (2007). Black youth activism and the role of critical social capital in Black community organizations. *American Behavioral Scientist*, 51(3), 403–418.

Glanville, J. L. (1999). Political socialization or selection? Adolescent extracurricular participation and political activity in early adulthood. *Social Science Quarterly*, 80(2), 279–290.

Greenberg, A. (2000). The church and the revitalization of politics and community. *Political Science Quarterly*, 115(3), 377–394.

Greenberg, E. S., Grunberg, L., & Daniel, K. (1996). Industrial work and political participation: Beyond "simple spillover." *Political Research Quarterly*, 49(2), 305–330.

Greenberger, E. & Bond, L., (1984). Psychosocial maturity inventory. Irvine, CA: Department of Social Ecology, University of California, Irvine.

Gross, M. L. (1994). Jewish rescue in Holland and France during the World–War–II–Moral cognition and collective action. *Social Forces*, 73(2), 463–496.

Grusec, J. E., & Goodnow, J. J. (1994). Impact of parental discipline methods on the child's internalization of values–A reconceptualization of current points–of–view. *Developmental Psychology*, 30(1), 4–19.

Grusec, J. E., & Skubiski, S. L. (1970). Model nurturance, demand characteristics of the modeling experiment, and altruism. *Journal of Personality and Social Psychology*, 14(4), 352–359.

Hacker, J. S., & Pierson, P. (2010). Winner–take–all politics: *How Washington made the rich richer-and turned its back on the middle class*. New York: Simon & Shuster.

Hall, M., McKeown, L., & Roberts, K. (2001). Caring Canadians, involved Canadians: Highlights from the 2000 *National Survey of Giving, Volunteering and Participating*. Ottawa, ON: Statistics, Canada. http://sectorsource.ca/sites/default/files/rp_2000_nsgvp_highlights.pdf

Hamilton, B. E., & Ventura, S. J. (2012). *Birth rates for U.S. teenagers reach historic lows for all age and ethnic groups*. NCHS data brief, no. 89. Hyattsville, MD: U.S. National Center for Health

Hamilton, S. F., & Fenzel, L. M. (1988). The impact of volunteer experience on adolescent social development: Evidence of program effects. *Journal of Adolescent Research*, 3(1), 65–80.

Hanks, M., & Eckland, B. K. (1978). Adult voluntary–associations and adolescent socialization. *Sociological Quarterly*, 19(3), 481–490.

Hansen, D. M., Larson, R. W., & Dworkin, J. B. (2003). What adolescents learn in organized youth activities: A survey of self-reported developmental experiences. *Journal of Research on Adolescence*, 13(1), 25–55.

Hardy, S. A., Pratt, M. W., Pancer, S. M., Olsen, J. A., & Lawford, H. L. (2011). Community and religious involvement as contexts of identity change across late adolescence and emerging adulthood. *International Journal of Behavioral Development*, 35(2), 125–135.

Harris, A. H. S., & Thoresen, C. E. (2005). Volunteering is associated with delayed mortality in older people: Analysis of the longitudinal study of aging. *Journal of Health Psychology,* 10(6), 739–752.

Harrison, P. A., & Narayan, G. (2003). Differences in behavior, psychological factors, and environmental factors associated with participation in school sports and other activities in adolescence. *Journal of School Health*, 73(3), 113–120.

Hart, D. (2011). *Relations with institutions matter too: Neighborhood organizations influence civic participation in American youth.* Paper presented at the Society for Research on Child Development, Montreal, Quebec, Canada.

Hart, D., & Atkins, R. (2002). Civic competence in urban youth. *Applied Developmental Science*, 6(4), 227–236.

Hart, D., Atkins, R., & Ford, D. (1999). Family influences on the formation of moral identity in adolescence: Longitudinal analyses. *Journal of Moral Education*, 28(3), 375–386.

Hart, D., Donnelly, T. M., Youniss, J., & Atkins, R. (2007). High school community service as a predictor of adult voting and volunteering. *American Educational Research Journal*, 44 (1), 197–219.

Hayward, K., Loomis, C., Nelson, G., Pancer, S. M., & Peters, R. D. (2011). *A toolkit for building better beginnings and better futures. Kingston*, Ontario, Canada: Better Beginnings, Better Futures. http://bbbf.ca/Home/tabid/520/language/en-US/Default.aspx

Helliwell, J. F. (2007). Well-being and social capital: Does suicide pose a puzzle? *Social Indicators Research*, 81(3), 455–496.

Helliwell, J. F., & Putnam, R. D. (2000). *Economic growth and social capital in Italy.* Washington: World Bank Inst.

Helliwell, J. F., & Putnam, R. D. (2004). The social context of well-being. *Philosophical Transactions of the Royal Society of London Series B-Biological Sciences*, 359(1449), 1435–1446.

Henderson, A., Brown, S. D., & Pancer, S. M. (2012). Political and social dimensions of civic engagement: The impact of compulsory community service. *Politics and Policy*, 40(1), 93–130.

Henderson, A., Brown, S. D., Pancer, S. M., & Ellis-Hale, K. (2007). Mandated community service in high school and subsequent civic engagement: The case of the "Double cohort" in Ontario, Canada. *Journal of Youth and Adolescence*, 36(7), 849–860.

Henderson, A., Pancer, S. M., & Brown, S. D. (2014). Creating effective civic engagement policy for adolescents: Quantitative and qualitative evaluations of compulsory community service. *Journal of Adolescent Research*, 29(1), 120–154.

Hodgkinson, V. A. (2003). Volunteering in global perspective. In P. Dekker & L. Hallman (Eds.). *The values of volunteering: Cross-cultural perspectives* (pp. 35–53). New York: Kluwer Academic/Plenum Publishers.

Hodgkinson, V. A., & Weitzman, M. S. (1997). *Volunteering and giving among American teenagers 14 to 17 years of age: 1996 edition*. Washington, DC: Independent Sector.

Holtgrave, D. R., & Crosby, R. A. (2003). Social capital, poverty, and income inequality as predictors of gonorrhoea, syphilis, chlamydia and AIDS case rates in the United States. *Sexually Transmitted Infections*, 79(1), 62–64.

Hooghe, M., & Claes, E. (2001). Civic education in Europe: Comparative policy perspectives from the Netherlands, Belgium, and France. In J. Youniss & P. Levine (Eds.), *Engaging young people in civic life* (pp. 219–234). Nashville, TN: Vanderbilt University Press.

Horn, A. S. (2012). The cultivation of a pro-social value orientation though community service: An examination of organizational context, social facilitation, and duration. *Journal of Youth and Adolescence*, 41, 948–968.

Hoskins, B., & Mascherini, M. (2009). Measuring active citizenship through the development of a composite indicator. *Social Indicators Research*, 90(3), 459–488.

Inter Press Service News Agency (2005). Tsunami impact: EU Pledges Ongoing Support. http://

www.ipsnews.net/2005/12/tsunami-impact-eu-pledges-ongoing-support/

Jackman, R. W. (1987). Political-institutions and voter turnout in the industrial democracies. *American Political Science Review*, 81(2), 405-423.

Jacobs, J. (2004). *Dark age ahead.* New York: Random House.

Janoski, T., & Wilson, J. (1995). Pathways to voluntarism: Family socialization and status transmission models. *Social Forces*, 74(1), 271-292.

Jennings, M. K. (2002). Generation units and the student protest movement in the United States: An intra-and intergenerational analysis. *Political Psychology*, 23(2), 303-324.

Jennings, M. K., & Niemi, R. G. (1968). Transmission of political values from parent to child. *American Political Science Review*, 62(1), 169-184.

Jennings, M. K., & Niemi, R. G. (1974). *The political character of adolescence*. Princeton, NJ: Princeton University Press.

Jennings, M. K., Stoker, L., & Bowers, J. (2009). Politics across generations: Family transmission reexamined. *Journal of Politics*, 71(3), 782-799.

Jimenez, T. I., Musitu, G., Ramos, M. J., & Murgui, S. (2009). Community involvement and victimization at school: an analysis through family, personal and social adjustment. *Journal of Community Psychology*, 37(8), 959-974.

Johnson, M. K., Beebe, T., Mortimer, J. T., & Snyder, M. (1998). Volunteerism in adolescence: A process perspective. *Journal of Research on Adolescence*, 8(3), 309-332.

Jones, M. B., & Offord, D. R. (1989). Reduction of antisocial-behavior in poor children by nonschool skill-development. *Journal of Child Psychology and Psychiatry and Allied Disciplines*, 30(5), 737-750.

Jones-Correa, M. A., & Leal, D. L. (2001). Political participation: Does religion matter? *Political Research Quarterly*, 54(4), 751-770.

Kahn, K. F., & Kenney, P. J. (1999). Do negative campaigns mobilize or suppress turnout? Clarifying the relationship between negativity and participation. *American Political Science Review*, 93(4), 877-889.

Kahne, J., Chi, B., & Middaugh, E. (2006). Building social capital for civic and political engagement: The potential of high-school civics courses. *Canadian Journal of Education*,

29(2), 387–409.

Karp, J. A., & Banducci, S. A. (2008). Political efficacy and participation in twenty-seven democracies: How electoral systems shape political behaviour. *British Journal of Political Science*, 38, 311–334.

Kasser, T. (2002). *The high price of materialism*. Cambridge, MA: MIT Press.

Kasser, T. (2011). Cultural values and the well-being of future generations: A cross-national study. *Journal of Cross-Cultural Psychology*, 42(2), 206–215.

Kasser, T., Cohn, S., Kanner, A. D., & Ryan, R. M. (2007). Some costs of American corporate capitalism: A psychological exploration of value and goal conflicts. *Psychological Inquiry*, 18(1), 1–22.

Kawachi, I., Kennedy, B. P., & Glass, R. (1999). Social capital and self-rated health: A contextual analysis. *American Journal of Public Health*, 89(8), 1187–1193.

Kawachi, I., Kennedy, B. P., Lochner, K., & Prothrow-Stith, D. (1997). Social capital, income inequality, and mortality. *American Journal of Public Health*, 87(9), 1491–1498.

Keeter, S., Zukin, C., Andolina, M. W., & Jenkins, J. (2002). *The civic and political health of the nation: A generational portrait. Medford*, MA: The Center for Information and Research on Civic Learning and Engagement (CIRCLE). http://www.civicyouth.org/research/products/ Civic_Political_Health.pdf

Kegler, M. C., Painter, J. E., Twiss, J. M., Aronson, R., & Norton, B. L. (2009). Evaluation findings on community participation in the California Healthy Cities and Communities program. *Health Promotion International*, 24(4), 300–310.

Kelly, D. C. (2006). Parents' influence on youths' civic behaviors: The civic context of the caregiving environment. *Families in Society-the Journal of Contemporary Social Services*, 87(3), 447–455.

Kennedy, B. P., Kawachi, I., Prothrow-Stith, D., Lochner, K., & Gupta, V. (1998). Social capital, income inequality, and firearm violent crime. *Social Science & Medicine*, 47(1), 7–17.

Kenny, C. B. (1992). Political participation and effects from the social environment. *American Journal of Political Science*, 36 (1), 259–267.

Kerrisey, J. & Schofer, E. (2013). Union membership and political participation in the United

States. *Social Forces*, 91, 825–928.

Kim, D., & Kawachi, I. (2006). A multilevel analysis of key forms of community– and individual–level social capital as predictors of self–rated health in the United SStates. *Journal of Urban Health-Bulletin of the New York Academy of Medicine*, 83(5), 813–826.

Kim, D., Subramanian, S. V., Gortmaker, S. L., & Kawachi, I. (2006). US state– and county–level social capital in relation to obesity and physical inactivity: A multilevel, multivariable analysis. *Social Science & Medicine*, 63(4), 1045–1059.

Kinney, D. A. (1993). From nerds to normals: The recovery of identity among adolescents from middle school to high school. *Sociology of Education*, 66(1), 21–40.

Klandermans, B., & Oegema, D. (1987). Potentials, networks, motivations, and barriers: Steps towards participation in social– movements. *American Sociological Review*, 52(4), 519–531.

Klar, M., & Kasser, T. (2009). Some benefits of being an activist: Measuring activism and its role in psychological well–being. *Political Psychology*, 30(5), 755–777.

Knack, S. (2002). Social capital and the quality of government: Evidence from the states. *American Journal of Political Science*, 46(4), 772–785.

Knafo, A., & Schwartz, S. H. (2008). Accounting for parent–child value congruence: Theoretical considerations and empirical evidence. In U. Schonpflug (Ed.), *Perspectives on cultural transmission* (pp. 240–268). Oxford, UK: Oxford University Press.

Kosterman, R., & Feshbach, S. (1989). Toward a measure of patriotic and nationalistic attitudes. *Political Psychology*, 10(2), 257–274.

Krampen, G. (2000). Transition of adolescent political action orientations to voting behavior in early adulthood in view of a social–cognitive action theory model of personality. *Political Psychology*, 21(2), 277–297.

Kraut, R., Patterson, M., Lundmark, V., Kiesler, S., Mukopadhyay, T., & Scherlis, W. (1998). Internet paradox: A social technology that reduces social involvement and psychological well–being? *American Psychologist*, 53, 1017–1031.

Krugman, P. (2007). *The conscience of a liberal.* New York: W.W. Norton & Company.

Ladewig, H., & Thomas, J. K. (1987). *Assessing the impact of 4-H on former members: The 4-*

H alumni study. College Station, TX: Texas A & M University.

Lam, P. Y. (2002). As the flocks gather: How religion affects voluntary association participation. *Journal for the Scientific Study of Religion*, 41(3), 405–422.

Lamborn, S. D., Mounts, N. S., Steinberg, L., & Dornbusch, S. M. (1991). Patterns of competence and adjustment among adolescents from authoritative, authoritarian, indulgent, and neglectful families. *Child Development*, 62(5), 1049–1065.

Lancee, B., & ter Hoeven, C. L. (2010). Self-rated health and sickness-related absence: The modifying role of civic participation. *Social Science & Medicine*, 70(4), 570–574.

Landau, S. (2004). *The business of America: How consumers have replaced citizens and how we can reverse the trend*. New York: Routledge.

Langton, K. P., & Jennings, M. K. (1968). Political socialization and high school civics curriculum in United States. *American Political Science Review*, 62(3), 852–867.

Larson, R. W., Hansen, D. M., & Moneta, G. (2006). Differing profiles of developmental experiences across types of organized youth activities. *Developmental Psychology*, 42(5), 849–863.

Larson, R. W., & Walker, K. C. (2010). Dilemmas of practice: Challenges to program quality encountered by youth program leaders. *American Journal of Community Psychology*, 45 (3–4), 338–349.

Latane, B., & Darley, J. (1970). *The unresponsive bystander: Why doesn't he help?* New York: Appleton-Century-Crofts.

Lau, R. R., Sigelman, L., & Rovner, I. B. (2007). The effects of negative political campaigns: A meta-analytic reassessment. *Journal of Politics*, 69(4), 1176–1209.

Layte, R. (2012). The association between income inequality and mental health: Testing status anxiety, social capital, and neo-materialist explanations. *European Sociological Review*, 28(4), 498–511.

Lee, M. R. (2008). Civic community in the hinterland: Toward a theory of rural social structure and violence. *Criminology*, 46(2), 447–478.

Lerner, R. M., Lerner, J. V., Almerigi, J. B., Theokas, C., Phelps, E., Gestsdottir, S., et al. (2005). Positive youth development, participation in community youth development programs, and community contributions of fifth-grade adolescents: Findings from the first wave of the 4-H study of positive youth development. *Journal of Early Adolescence*, 25 (1), 17-71.

Lerner, R. M., Lerner, J. V., Phelps, E., et al. (2009). *Waves of the future: The first five years of the 4-H study of positive youth development. Boston*, MA: Institute for Applied Research in Youth Development, Tufts University.

Levinson, M. (2007). *The civic achievement gap*. CIRCLE Working Paper 51. Medford, MA: The Center for Information and Research on Civic Learning and Engagement (CIRCLE).

Lewis, M. A., & Noguchi, E. (2008). My neighbors made me do it: An exploration of a neighborhood network model of activism. *Journal of Statistical Mechanics-Theory and Experiment*, no. 8 (August).

Lochner, K. A., Kawachi, I., Brennan, R. T., & Buka, S. L. (2003). Social capital and neighborhood mortality rates in Chicago. *Social Science & Medicine*, 56(8), 1797-1805.

London, P. (1970). The rescuers: Motivational hypotheses about Christians who saved Jews from the Nazis (pp. 241-250). In J. Macaulay & L. Berkowitz (Eds.), *Altruism and helping behavior.* New York: Academic Press.

Lopez, M. H., Levine, P., Both, D., Kiesa, A., Kirby, E., & Marcelo, K. (2006). *The 2006 civic and political health of the nation: A detailed look at how youth participate in politics and communities*. College Park, MD: The Center for Information and Research on Civic Learning and Engagement (CIRCLE).

Losito, B., & Mintrop, R. (2001). The teaching of civic education. In J. Torney-Purta, R.

Lehmann, H. Oswald & W. Schulz (Eds.), *Citizenship and education in twenty-eight countries: Civic knowledge and engagement at age fourteen* (pp. 157-173). Amsterdam: IEA.

Magen, Z., Birenbaum, M., & Ilovich, T. (1992). Adolescents from disadvantaged neighborhoods— Personal characteristics as related to volunteer involvement. *International Journal for the Advancement of Counselling*, 15(1), 47-59.

Mahatmya, D., & Lohman, B. (2011). Predictors of late adolescent delinquency: The protective role of after-school activities in low-income families. *Children and Youth Services Review*, 33(7), 1309-1317.

Mahoney, J. L. (2000). School extracurricular activity participation as a moderator in the development of antisocial patterns. *Child Development*, 71(2), 502–516.

Mahoney, J. L., Cairns, B. D., & Farmer, T. W. (2003). Promoting interpersonal competence and educational success through extracurricular activity participation. *Journal of Educational Psychology*, 95(2), 409–418.

Mahoney, J. L., & Cairns, R. B. (1997). Do extracurricular activities protect against early school dropout? *Developmental Psychology*, 33(2), 241–253.

Mahoney, J. L., & Magnusson, D. (2001). Parent participation in community activities and the persistence of criminality. *Development and Psychopathology*, 13(1), 125–141.

Mahoney, J. L., Schweder, A. E., & Stattin, H. (2002). Structured after–school activities as a moderator of depressed mood for adolescents with detached relations to their parents. *Journal of Community Psychology*, 30(1), 69–86.

Mahoney, J. L., & Stattin, H. (2000). Leisure activities and adolescent antisocial behavior: The role of structure and social context. *Journal of Adolescence*, 23(2), 113–127.

Marcia, J. E. (1966). Development and validation of ego–identity status. *Journal of Personality and Social Psychology*, 3(5), 551–558.

Marjanovic, Z., Greenglass, E. R., Struthers, C. W., & Faye, C. (2009). Helping following natural disasters: A social–motivational analysis. *Journal of Applied Social Psychology*, 39 (11), 2601–2625.

Marsh, H. W. (1992). Extracurricular activities: Beneficial extension of the traditional curriculum or subversion of academic goals? *Journal of Educational Psychology*, 84(4), 553–562.

Marsh, H. W., & Kleitman, S. (2002). Extracurricular school activities: The good, the bad, and the nonlinear. *Harvard Educational Review*, 72(4), 464–514.

Marsh, H. W., & Kleitman, S. (2003). School athletic participation: Mostly gain with little pain. *Journal of Sport & Exercise Psychology*, 25(2), 205–228.

Masten, A. S. (2011). Resilience in children threatened by extreme adversity: Frameworks for research, practice, and translational synergy. *Development and Psychopathology*, 23(2), 493–506.

Matsuba, M. K., & Walker, L. J. (2004). Extraordinary moral commitment: Young adults involved in social organizations. *Journal of Personality*, 72(2), 413–436.

McAdam, D. (1988). *Freedom summer.* New York: Oxford University Press.

McAdam, D. (1989). The biographical consequences of activism. *American Sociological Review*, 54(5), 744–760.

McAdams, D. P., Bauer, J. J., Sakaeda, A. R., Anyidoho, N. A., Machado, M. A., Magrino-Failla, K., White, K. W., & Pals, J. L. (2006). Continuity and change in the life story: A longitudinal study of autobiographical memories in emerging adulthood. *Journal of Personality*, 74(5), 1371–1400.

McClurg, S. D. (2003). Social networks and political participation: The role of social interaction in explaining political participation. *Political Research Quarterly*, 56(4), 449–464.

McClurg, S. D. (2006). Political disagreement in context: The conditional effect of neighborhood context, disagreement and political talk on electoral participation. *Political Behavior*, 28(4), 349–366.

McDevitt, M., & Chaffee, S. (2000). Closing gaps in political communication and knowledge: Effects of a school intervention. *Communication Research*, 27(3), 259–292.

McDevitt, M., & Kiousis, S. (2007). The red and blue of adolescence: Origins of the compliant voter and the defiant activist. *American Behavioral Scientist*, 50(9), 1214–1230.

McFarland, D. A., & Thomas, R. J. (2006). Bowling young: How youth voluntary associations influence adult political participation. *American Sociological Review*, 71(3), 401–425.

McHoskey, J. W. (1999). Machiavellianism, intrinsic versus extrinsic goals, and social interest: A self-determination theory analysis. *Motivation and Emotion*, 23(4), 267–283.

McIntosh, H., Hart, D., & Youniss, J. (2007). The influence of family political discussion on youth civic development: Which parent qualities matter? *PS-Political Science & Politics*, 40(3), 495–499.

McKenzie, B. D. (2004). Religious social networks, indirect mobilization, and African-American political participation. *Political Research Quarterly,* 57(4), 621–632.

McLellan, J. A., & Youniss, J. (2003). Two systems of youth service: Determinants of voluntary and required youth community service. *Journal of Youth and Adolescence*, 32(1), 47–58.

McLeod, J. M. (2000). Media and civic socialization of youth. *Journal of Adolescent Health*, 27(2), 45–51.

McNeal, R. B. (1999). Participation in high school extracurricular activities: Investigating school effects. *Social Science Quarterly*, 80(2), 291–309.

Meier, S., & Stutzer, A. (2008). Is volunteering rewarding in itself? *Economica*, 75, 39–59.

Melchior, A. (1999). *Summary report: National evaluation of Learn and Serve America.* Waltham, MA: Center for Human Resources, Brandeis University.

Merriam- Webster On- Line Dictionary (no date). *Definition of "citizenship."* http://www.merriam-webster.com/dictionary/citizenship

Metz, E., McLellan, J., & Youniss, J. (2003). Types of voluntary service and adolescents' civic development. *Journal of Adolescent Research*, 18(2), 188–203.

Metz, E., & Youniss, J. (2003). A demonstration that school-based required service does not deter—but heightens—volunteerism. *PS-Political Science & Politics*, 36(2), 281–286.

Metz, E. C., & Youniss, J. (2005). Longitudinal gains in civic development through school-based required service. *Political Psychology*, 26(3), 413–437.

Metzger, A., Dawes, N., Mermelstein, R., & Wakschlag, L. (2011). Longitudinal modeling of adolescents' activity involvement, problem peer associations, and youth smoking. *Journal of Applied Developmental Psychology*, 32(1), 1–9.

Metzger, A., & Smetana, J. G. (2009). Adolescent civic and political engagement: Associations between domain-specific judgments and behavior. *Child Development*, 80(2), 433–441.

Miller, D. L., Scheffler, R., Lam, S., Rosenberg, R., & Rupp, A. (2006). Social capital and health in Indonesia. *World Development*, 34(6), 1084–1098.

Miller, J. M., & Krosnick, J. A. (2004). Threat as a motivator of political activism: A field experiment. *Political Psychology*, 25(4), 507–523.

Mino, M., Deren, S., Kang, S. Y., & Guarino, H. (2011). Associations between political/civic participation and HIV drug injection risk. *American Journal of Drug and Alcohol Abuse*, 37(6), 520–524.

Mishel, L., Bernstein, J., & Allegretto, S. (2007). *The state of working America, 2006/2007.* Ithaca, NY: Cornell University Press.

Moen, P., Dempster-McClain, D., & Williams, R. M. (1989). Social integration and longevity: An event history analysis of women's roles and resilience. *American Sociological Review*, 54(4), 635-647.

Moen, P., Dempster-McClain, D., & Williams, R. M. (1992). Successful aging: A life-course perspective on women's multiple roles and health. *American Journal of Sociology*, 97(6), 1612-1638.

Moos, R. H., & Humphrey, B. (1973). *Group environment scale: Technical report*. Palo Alto, CA: Consulting Psychologists Press.

Morrell, M. E. (2003). Survey and experimental evidence for a reliable and valid measure of internal political efficacy. *Public Opinion Quarterly*, 67(4), 589-602.

Moyers, R. L., & Enright, K. P. (1997). *A snapshot of America's nonprofit boards: Results of the NCNB nonprofit governance survey. Washington*, DC: National Center for Nonprofit Boards.

Musick, M. A., Herzog, A. R., & House, J. S. (1999). Volunteering and mortality among older adults: Findings from a national sample. *Journals of Gerontology Series B-Psychological Sciences and Social Sciences*, 54(3), S173-S180.

Musick, M. A., & Wilson, J. (2003). Volunteering and depression: the role of psychological and social resources in different age groups. *Social Science & Medicine*, 56(2), 259-269.

Musick, M. A., Wilson, J., & Bynum, W. B. (2000). Race and formal volunteering: The differential effects of class and religion. *Social Forces*, 78(4), 1539-1570.

Mussen, P., & Eisenberg-Berg, N. (1977). *Roots of caring, sharing and helping. San Francisco*, CA: Freeman & Company.

Mustillo, S., Wilson, J., & Lynch, S. M. (2004). Legacy volunteering: A test of two theories of intergenerational transmission. *Journal of Marriage and the Family*, 66(2), 530-541.

Mutz, D. C. (2002). The consequences of cross-cutting networks for political participation. *American Journal of Political Science*, 46(4), 838-855.

Narayan, D., & Pritchett, L. (1999). Cents and sociability: Household income and social capital in rural Tanzania. *Economic Development and Cultural Change*, 47(4), 871-897.

National Drug Intelligence Center (2011). *The economic impact of illicit drug use on Ameri-*

can society. Washington, DC: United States Department of Justice. http://www.justice.gov/archive/ndic/pubs44/44731/44731p.pdf

National Institute on Alcohol Abuse and Alcoholism (2005). *Epidemiology of alcohol problems in the United States. Rockville*, MD: U.S. Department of Health and Human Services. http:// pubs.niaaa.nih.gov/publications/Social/Module1Epidemiology/Module1.html

Nelson, G., Pancer, S. M., Hayward, K., & Peters, R. D. (2005). *Partnerships for prevention: The story of the Highfield Community Enrichment Project. Toronto*, ON: University of Toronto Press.

Nelson, G. & I. Prilleltensky, I. (Eds.). (2010). *Community psychology: In pursuit of liberation and well-being (2nd edition).* Hampshire, UK: Palgrave Macmillan.

Newport, F. (2007). *Questions and answers about Americans' religion.* Washington, DC: Gallup. http://www.gallup.com/poll/103459/questions- answers- about- americans- religion.aspx

Niemi, R. G., & Junn, J. (1998). *Civic education: What makes students learn.* New Haven, CT: Yale University Press.

Obradovic, J., & Masten, A. S. (2007). Developmental antecedents of young adult civic engagement. *Applied Developmental Science*, 11(1), 2-19.

Ohmer, M. L. (2007). Organizations and its relationship to volunteers' self- and collective efficacy and sense of community. *Social Work Research*, 31(2), 109-120.

Oliner, S. P., & Oliner, P. M. (1988). *The altruistic personality: Rescuers of Jews in Nazi Europe.* New York: The Free Press.

Oman, D., Thoresen, C. E., & McMahon, K. (1999). Volunteerism and mortality among the community-dwelling elderly. *Journal of Health Psychology*, 4(3), 301-316.

Omoto, A. M., & Snyder, M. (1995). Sustained helping without obligation—motivation, longevity of service, and perceived attitude-change among aids volunteers. *Journal of Personality and Social Psychology*, 68(4), 671-686.

Organization for Economic Cooperation and Development (OECD) (2014). *Trade union density.* Paris, France: OECD Stat.extracts. http://stats.oecd.org/Index. aspx?DataSetCode=UN_DEN

Pancer, S. M. (1997). Program evaluation. In S. W. Sadava & D. R. McCreary (Eds.), *Applied social psychology* (pp. 47–67). Englewood Cliffs, NJ: Prentice Hall.

Pancer, S. M. (2004). *Personal values and youth involvement*. Paper presented at the Biennial Meeting of the Society for Research on Adolescence, Baltimore, MD.

Pancer, S. M. (2005). *Young people a powerful force for good*. Kitchener–Waterloo, ON: *The Record*.

Pancer, S. M., Baetz, M. C., & Rog, E. J. (2002). *Developing an effective corporate volunteer program: Lessons from the Ford Motor Company of Canada*. Toronto, ON: Imagine, Canada.

Pancer, S. M., Brown, S. D., Henderson, A., & Ellis–Hale, K. (2007). *The impact of high school mandatory community service programs on subsequent volunteering and civic engagement. Toronto*, ON: Imagine, Canada.

Pancer, S. M., Brown, S. D., & Barr, C. W. (1999). Forming impressions of political leaders: A cross–national comparison. *Political Psychology*, 20(2), 345–368.

Pancer, S. M., & Cameron, G. (1993). *Better Beginnings, Better Futures resident participation report*. Kingston, ON, Canada: Better Beginnings, Better Futures. http://bbbf.ca/ReportsPublications/tabid/547/language/en–US/Default.aspx

Pancer, S. M., & Cameron, G. (1994). Resident participation in the Better Beginnings, Better Futures prevention project: Part 1– The impacts of involvement. *Canadian Journal of Community Mental Health*, 13, 197–211.

Pancer, S. M., & Eckerle Curwood, S. (2009). *Making a difference: Factors that sustain civic participation of emerging adults*. Paper presented at the Biennial Meeting of the Society for Research in Child Development, Denver, CO.

Pancer, S. M., & Foxall, K. (1998). Our journey from Better Beginnings to Better Futures. Kingston, ON, Canada: Better Beginnings, Better Futures. http://bbbf.ca/ ReportsPublications/tabid/547/language/en–US/Default.aspx

Pancer, S. M., Hayward, K., & Heise Bennett, D. (2013). *inREACH: Final process and monitoring evaluation report*. Waterloo, ON, Canada: Crime Prevention Council, Waterloo Region.

Pancer, S. M., & Landau, E. S. (2009). Politics, democracy and the psychology of persuasion. *Journal of Parliamentary and Political Law*, 3(1), 55–80.

Pancer, S. M., & Pratt, M. (1999). Social and family determinants of community service involvement in Canadian youth. In M. Yates & J. Youniss (Eds.), *International perspectives on community service and activism in youth* (pp. 32–55). Cambridge, UK: Cambridge University Press.

Pancer, S. M., Pratt, M., Hunsberger, B., & Alisat, S. (2007). Community and political involvement in adolescence: What distinguishes the activists from the uninvolved? *Journal of Community Psychology*, 35(6), 41–759.

Pancer, S. M., Rose–Krasnor, L., & Loiselle, L. (2002). Youth conferences as a context for engagement. In B. Kirshner, J. L. O'Donoghue, & M. McLaughlin (Eds.). *Youth participation: Improving institutions and communities* (pp. 47–64). New Directions for Youth Development, No. 96. San Francisco, CA: Jossey Bass.

Pancer, S. M., & Westhues, A. (1989). A developmental stage approach to program–planning and evaluation. *Evaluation Review*, 13(1), 56–77.

Parboteeah, K. P., Cullen, J. B., & Lim, L. (2004). Formal volunteering: a cross–national test. *Journal of World Business*, 39(4), 431–441.

Pasek, J., Feldman, L., Romer, D., & Jamieson, K. H. (2008). Schools as incubators of democratic participation: Building long– term political efficacy with civic education. *Applied Developmental Science*, 12(1), 26–37.

Pattie, C., & Johnston, R. (1998). Voter turnout at the British general election of 1992: Rational choice, social standing or political efficacy? *European Journal of Political Research*, 33 (2), 263–283.

Pattie, C. J., & Johnston, R. J. (2009). Conversation, disagreement and political participation. *Political Behavior*, 31(2), 261–285.

Patton, M. Q. (2002). *Qualitative research and evaluation methods* (3rd edition). Thousand Oaks, CA: Sage.

Penner, L. A., Brannick, M., Connell, P., & Webb, S. (2005). The effects of the September 11 attacks on volunteering: An archival analysis. *Journal of Applied Social Psychology*, 35,

1333–1360.

Perkins, D. D., Florin, P., Rich, R. C., Wandersman, A., & Chavis, D. M. (1990). Participation and the social and physical–environment of residential blocks: Crime and community context. *American Journal of Community Psychology*, 18(1), 83–115.

Peters, R. D., Bradshaw, A. J., Petrunka, K., Nelson, G., Herry, Y., Craig, W., et al. (2010). *The Better Beginnings, Better Futures Project: An ecological, community-based prevention approach: Findings from Grade 3 to Grade 9*: Monographs of the Society for Research on Child Development.

Piliavin, J. A., & Callero, P. L. (1991). *Giving blood: The development of an altruistic identity*. Baltimore, MD: Johns Hopkins University Press.

Piliavin, J. A., & Siegl, E. (2007). Health benefits of volunteering in the Wisconsin longitudinal study. *Journal of Health and Social Behavior*, 48(4), 450–464.

Points of Light Foundation (2000). *The corporate volunteer program as a strategic resource: The link grows stronger.* Washington, DC: Points of Light Foundation.

Poortinga, W. (2006). Do health behaviors mediate the association between social capital and health? *Preventive Medicine*, 43(6), 488–493.

Pratt, M. W., Hunsberger, B., Pancer, S. M., & Alisat, S. (2003). A longitudinal analysis of personal values socialization: Correlates of a moral self–ideal in late adolescence. *Social Development*, 12(4), 563–585.

Prestby, J. E., Wandersman, A., Florin, P., Rich, R., & Chavis, D. (1990). Benefits, costs, incentive management and participation in voluntary organizations: A means to understanding and promoting empowerment. *American Journal of Community Psychology*, 18(1), 117–149.

Putnam, R. D. (1993). *Making democracy work. Princeton*, N.J.: Princeton University Press.

Putnam, R. D. (2000). *Bowling alone: The collapse and revival of American community.* New York: Simon & Schuster.

Rahn, W. M., & Transue, J. E. (1998). Social trust and value change: The decline of social capital in American youth, 1976–1995. *Political Psychology*, 19(3), 545–565.

Ranson, S., Arnott, M., McKeown, P., Martin, J., & Smith, P. (2005). The participation of volunteer citizens in school governance. *Educational Review*, 57(3), 357–371.

Rappaport, J. (1987). Terms of empowerment exemplars of prevention: Toward a theory for community psychology. *American Journal of Community Psychology*, 15(2), 121–148.

Rappaport, J. (1995). Empowerment meets narrative: Listening to stories and creating settings. *American Journal of Community Psychology*, 23(5), 795–807.

Rappaport, J. (1998). *The art of social change: Community narratives as resources for individual and collective identity*. Newbury Park, CA: Sage Publications Inc.

Rappaport, J. (2000). Community narratives: Tales of terror and joy. *American Journal of Community Psychology*, 28(1), 1–24.

Reinders, H., & Youniss, J. (2006). School–based required community service and civic development in adolescents. *Applied Developmental Science*, 10(1), 2–12.

Reno, R. R., Cialdini, R. B., & Kallgren, C. A. (1993). The transsituational influence of social norms. *Journal of Personality and Social Psychology*, 64(1), 104–112.

Rhodes, J. E. (2004). The critical ingredient: Caring youth–staff relationships in after–school settings *New Directions for Youth Development*, 101, 145–161.

Rice, M. E., & Grusec, J. E. (1975). Saying and doing: Effects on observer performance. *Journal of Personality and Social Psychology*, 32(4), 584–593.

Roese, N. J., & Sande, G. N. (1993). Backlash effects in attack politics. *Journal of Applied Social Psychology*, 23(8), 632–653.

Rog, E. J., Pancer, S. M., & Baetz, M. C. (2004). *Community and corporate perspectives on corporate volunteer programs: A win-win approach to community betterment*. Toronto. Toronto, ON: Imagine, Canada.

Rohan, M. J., & Zanna, M. P. (1996). Value transmission in families. In C. Seligman, J. M. Olson & M. P. Zanna (Eds.), *The psychology of values: The Ontario symposium* (vol. 8, pp. 253–276). Hillsdale, NJ: Erlbaum.

Roker, D., Player, K., & Coleman, J. (1999). Young people's voluntary and campaigning activities as sources of political education. *Oxford Review of Education*, 25(1–2), 185–198.

Rook, K. S., & Sorkin, D. H. (2003). Fostering social ties through a volunteer role: Implications for older–adults' psychological health. *International Journal of Aging & Human Devel-*

opment, 57(4), 313–337.

Rooney, B. L., & Murray, D. M. (1996). A meta–analysis of smoking prevention programs after adjustment for errors in the unit of analysis. *Health Education Quarterly*, 23(1), 48–64.

Rose– Krasnor, L. (2008). Future directions in youth involvement research. *Social Development*, 18(2), 497–509.

Rose–Krasnor, L., Busseri, M. A., Willoughby, T., & Chalmers, H. (2006). Breadth and intensity of youth activity involvement as contexts for positive development. *Journal of Youth and Adolescence*, 35(3), 385–399.

Rosenberg, M. (1965). *Society and the adolescent self-image*. Princeton, NJ: Princeton University Press.

Rosenfeld, R., Messner, S. F., & Baumer, E. P. (2001). Social capital and homicide. *Social Forces*, 80(1), 283–310.

Rosenthal, S., Feiring, C., & Lewis, M. (1998). Political volunteering from late adolescence to young adulthood: *Patterns and predictors. Journal of Social Issues*, 54(3), 477–493.

Ruiter, S., & De Graaf, N. D. (2006). National context, religiosity, and volunteering: Results from 53 countries. *American Sociological Review*, 71(2), 191–210.

Saphir, M. N., & Chaffee, S. H. (2002). Adolescents' contributions to family communication patterns. *Human Communication Research*, 28(1), 86–108.

Saxon–Harrold, S. K. E., Weiner, S. J., McCormack, M. T., & Weber, M. A. (2000). *America's religious congregations: Measuring their contributions to society*. Washington, DC: Independent Sector.

Scales, P. C., Benson, P. L., & Roehlkepartain, E. C. (2011). Adolescent thriving: The role of sparks, relationships, and empowerment. *Journal of Youth and Adolescence*, 40(3), 263–277.

Scales, P. C., & Roehlkepartain, E. C. (2004). *Community service and service-learning in U. S. public schools, 2004: Findings from a national survey*. St. Paul, MN: National Youth Leadership Council.

Scheffler, R. M., Brown, T. T., Syme, L., Kawachi, I., Tolstykh, I., & Iribarren, C. (2008). Community–level social capital and recurrence of acute coronary syndrome. *Social Science &*

Medicine, 66(7), 1603–1613.

Scheufele, D. A., Nisbet, M. C., & Brossard, D. (2003). Pathways to political participation? Religion, communication contexts, and mass media. *International Journal of Public Opinion Research*, 15(3), 300–324.

Scheufele, D. A., Nisbet, M. C., Brossard, D., & Nisbet, E. C. (2004). Social structure and citizenship: Examining the impacts of social setting, network heterogeneity, and informational variables on political participation. *Political Communication*, 21(3), 315–338.

Schmidt, J. A., Shumow, L., & Kackar, H. (2007). Adolescents' participation in service activities and its impact on academic, behavioral, and civic outcomes. *Journal of Youth and Adolescence*, 36(2), 127–140.

Schussman, A., & Soule, S. A. (2005). Process and protest: Accounting for individual protest participation. *Social Forces*, 84(2), 1083–1108.

Schwadel, P. (2005). Individual, congregational, and denominational effects on church members' civic participation. *Journal for the Scientific Study of Religion*, 44(2), 159–171.

Schwartz, S. H. (1992). Universals in the content of social values: Theoretical advances and empirical tests in 20 countries. In M. P. Zanna (Ed.), *Advances in experimental social psychology, Vol. 25* (pp. 1–65). New York: Academic Press.

Schwartz, S. H. (1994). Are there universal aspects in the structure and contents of human-values. *Journal of Social Issues*, 50(4), 19–45.

Schwartz, S. H. (2010). Basic values: How they motivate and inhibit prosocial behavior. In Mikulincer, M. & Shaver, P. R. (Eds), (2010). *Prosocial motives, emotions, and behavior: The better angels of our nature*. (pp. 221–241). Washington, DC: American Psychological Association.

Semenza, J. C., Rubin, C. H., Falter, K. H., Selanikio, J. D., Flanders, W. D., Howe, H. L., et al. (1996). Heat-related deaths during the July 1995 heat wave in Chicago. *New England Journal of Medicine*, 335(2), 84–90.

Serow, R. C., & Dreyden, J. I. (1990). Community-service among college and university-students— individual and institutional relationships. *Adolescence*, 25(99), 553–566.

Shah, D. V., Kwak, N., & Holbert, R. L. (2001). "Connecting" and "disconnecting" with civic life: Patterns of Internet use and the production of social capital. *Political Communication*, 18(2), 141–162.

Sherkat, D. E., & Blocker, T. J. (1993). Environmental activism in the protest generation: Differentiating 1960s activists. *Youth & Society*, 25(1), 140–161.

Sherkat, D. E., & Blocker, T. J. (1997). Explaining the political and personal consequences of protest. *Social Forces*, 75(3), 1049–1070.

Skinner, R., & Chapman, C. (1999). *Service-learning and community service in K-12 public schools* (NCES 1999–043). Washington, DC: U.S. Department of Education, National Center for Education Statistics.

Smetana, J. G., & Metzger, A. (2005). Family and religious antecedents of civic involvement in middle class African American late adolescents. *Journal of Research on Adolescence*, 15 (3), 325–352.

Smith, A., Schlozman, K. L., Verba, S., & Brady, H. (2009). The internet and civic engagement. Washington, DC: Pew Internet & American Life Project, Pew Research Center. http://www.pewinternet.org/Reports/2009/15--The-Internet-and-Civic-Engagement.aspx

Smith, C., & Faris, R. (2002). *Religion and American adolescent delinquency: Risk behaviors and constructive social activities.* (National Study of Youth and Religion, CB #3057). Chapel Hill, NC: The University of North Carolina.

Smith, E. S. (1999). The effects of investments in the social capital of youth on political and civic behavior in young adulthood: A longitudinal analysis. *Political Psychology*, 20(3), 553–580.

Smith, J. R., & McSweeney, A. (2007). Charitable giving: The effectiveness of a revised theory of planned behaviour model in predicting donating intentions and behaviour. *Journal of Community & Applied Social Psychology*, 17(5), 363–386.

Spring, K., Grimm, R., & Dietz, N. (2008). Community service learning in America's schools. Washington, DC: Office of Research & Policy Development, Corporation for National and Community Service. Staub, E. (1991). Altruistic and moral motivations for helping and their translation into action. *Psychological Inquiry*, 2(2), 150–153.

Stearns, E., & Glennie, E. J. (2010). Opportunities to participate: Extracurricular activities' distribution across and academic correlates in high schools. *Social Science Research*, 39 (2), 296–309.

Stiglitz, J. E. (2012). *The price of inequality: How today's divided society endangers our future*. New York: W.W. Norton & Co.

Stukas, A. A., Snyder, M., & Clary, E. G. (1999). The effects of "mandatory volunteerism" on intentions to volunteer. *Psychological Science*, 10(1), 59–64.

Talo, C., Mannarini, T., & Rochira, A. (2014). Sense of community and community participation: A meta–analytic review. *Social Indicators Research*, 117(1), 1–28.

Tashakkori, A., & Teddlie, C. (Eds.). (2003). *Handbook of mixed methods in social and behavioral research*. Thousand Oaks, CA: Sage.

Taylor, T. P., & Pancer, S. M. (2007). Community service experiences and commitment to volunteering. *Journal of Applied Social Psychology*, 37(2), 320–345.

Thoits, P. A., & Hewitt, L. N. (2001). Volunteer work and well–being. *Journal of Health and Social Behavior*, 42(2), 115–131.

Thompson, A. (1993). Rural emergency volunteers and their communities: A demographic comparison. *Journal of Community Health*, 18, 379–393.

Tieu, T. T., & Pancer, S. M. (2009). Youth involvement and first–year students' transition to university. *Journal of the First-Year Experience and Students in Transition*, 21, 43–63.

Tieu, T. T., Pancer, S. M., Pratt, M. W., Wintre, M. G., Birnie–Lefcovitch, S., Polivy, J., & Adams, G. (2010). Helping out or hanging out: the features of involvement and how it relates to university adjustment. *Higher Education*, 60(3), 343–355.

Torney–Purta, J., & Amadeo, J. A. (2003). A cross–national analysis of political and civic involvement among adolescents. *PS-Political Science & Politics*, 36(2), 269–274.

Torney–Purta, J., Lehmann, R., Oswald, H., & Shulz, W. (Eds.). (2001). *Citizenship and education in twenty-eight countries: Civic knowledge and engagement at age fourteen*. Amsterdam: IEA.

Triandis, H. C. (1995). *Individualism and collectivism*. Boulder, CO: Westview Press.

Troll, L. E., Neugarten, B. L., & Kraines, R. J. (1969). Similarities in values and other personality characteristics in college students and their parents. *Merrill-Palmer Quarterly of Be-*

havior and Development, 15(4), 323–336.

Tufekci, Z., & Wilson, C. (2012). Social media and the decision to participate in political protest: Observations from Tahrir Square. *Journal of Communication*, 62(2), 363–379.

Uggen, C., & Janikula, J. (1999). Volunteerism and arrest in the transition to adulthood. *Social Forces*, 78(1), 331–362.

Unger, D. G., & Wandersman, A. (1985). The importance of neighbors: The social, cognitive, and affective components of neighboring. *American Journal of Community Psychology,* 13(2), 139–169.

U.S. Department of Labor. (2013). *Volunteering in the United States 2012 (USDL-13-0285).* Washington, DC: U.S. Department of Labor, Bureau of Labor Statistics. http://www.bls.gov/news.release/pdf/volun.pdf

U.S. Department of Labor. (2014). *Union members summary (USDL-14-0095).* Washington, DC: U.S. Department of Labor, Bureau of Labor Statistics. http://www.bls.gov/news.release/ union2.nr0.htm

U.S. Department of Health and Human Services (1999). Mental health: *A report of the Surgeon General.* Rockville, MD: U.S. Department of Health and Human Services. http://profiles.nlm.nih.gov/ps/retrieve/ResourceMetadata/NNBBHS

Uslaner, E. M. (2002). Religion and civic engagement in Canada and the United States. *Journal for the Scientific Study of Religion*, 41(2), 239–254.

Uslaner, E. M., & Brown, M. (2005). Inequality, trust, and civic engagement. *American Politics Research*, 33(6), 868–894.

Verba, S., Schlozman, K. L., & Brady, H. E. (1995). *Voice and equality: Civic voluntarism in American politics*. Cambridge, MA: Harvard University Press.

Vezina, M., & Crompton, S. (2012). *Volunteering in Canada*. Ottawa, ON, Canada: Statistics Canada. http://www.statcan.gc.ca/pub/11–008–x/2012001/article/11638–eng.pdf

Wandersman, A., & Giamartino, G. A. (1980). Community and individual difference characteristics as influences on initial participation. *American Journal of Community Psychology,* 8(2), 217–228.

Warburton, J., & Smith, J. (2003). Out of the generosity of your heart: Are we creating active citizens through compulsory volunteer programmes for young people in Australia? *Social Policy & Administration*, 37(7), 772–786.

Ware, J. E., Snow, K. K., Kosinski, M. A., & Gandek, M. S. (1993). *SF-36 health survey manual and interpretation guide. Boston*, MA: The Health Institute, New England Medical Centre.

Watts, R. J., & Flanagan, C. (2007). Pushing the envelope on youth civic engagement: A developmental and liberation psychology perspective. *Journal of Community Psychology*, 35 (6), 779–792.

Weitzman, E. R., & Kawachi, I. (2000). Giving means receiving: The protective effect of social capital on binge drinking on college campuses. *American Journal of Public Health*, 90 (12), 1936–1939.

West, D. M. (2009). *2008 campaign ads hit an all-time low.* Washington, DC: Brookings. http://www. brookings. edu/ opinions/ 2008/0916_campaignads_west.aspx

Westheimer, J., & Kahne, J. (2004). What kind of citizen? The politics of educating for democracy. *American Educational Research Journal*, 41(2), 237–269.

Westholm, A. (1999). The perceptual pathway: Tracing the mechanisms of political value transfer across generations. *Political Psychology*, 20(3), 525–551.

Wilkinson, R. G., & Pickett, K. (2009). *The spirit level: Why more equal societies almost always do better.* London: Allen Lane.

Wilson, J. (2000). Volunteering. *Annual Review of Sociology*, 26, 215–240.

Wilson, J., & Musick, M. (1997). Who cares? Toward an integrated theory of volunteer work. *American Sociological Review*, 62(5), 694–713.

Wintre, M. G., Yaffe, M., & Crowley, J. (1995). Perception of parental reciprocity scale (POPRS): Development and validation with adolescents and young adults. *Social Development*, 4(2), 129–148.

Wood, D., Larson, R. W., & Brown, J. R. (2009). How adolescents come to see themselves as more responsible through participation in youth programs. *Child Development*, 80(1), 295–309.

Wood, R. L., & Warren, M. R. (2002). A different face of faith–based politics: Social capital and community organizing in the public arena. International *Journal of Sociology and Social Policy*, 22(9/10), 6–54.

Wyatt, R. O., Katz, E., & Kim, J. (2000). Bridging the spheres: Political and personal conversation in public and private spaces. *Journal of Communication*, 50(1), 71–92.

Xu, Q. W., Perkins, D. D., & Chow, J. C. C. (2010). Sense of community, neighboring, and social capital as predictors of local political participation in China. *American Journal of Community Psychology*, 45(3–4), 259–271.

Yagmurlu, B., & Sanson, A. (2009). Parenting and temperament as predictors of prosocial behaviour in Australian and Turkish Australian children. *Australian Journal of Psychology*, 61(2), 77–88.

Yates, M., & Youniss, J. (1996). Community service and political– moral identity in adolescents. *Journal of Research on Adolescence*, 6(3), 271–284.

Yates, M., & Youniss, J. (1997). *Community service and social responsibility in youth*. Chicago: University of Chicago Press.

Yates, M., & Youniss, J. (1998). Community service and political identity development in adolescence. *Journal of Social Issues*, 54(3), 495–512.

Youniss, J. (2011). Civic education: What schools can do to encourage civic identity and action. *Applied Developmental Science*, 15(2), 98–103.

Youniss, J., McLellan, J. A., & Yates, M. (1997). What we know about engendering civic identity. *American Behavioral Scientist*, 40(5), 620–631.

Youniss, J., McLellan, J. A., & Yates, M. (1999). Religion, community service, and identity in American youth. *Journal of Adolescence*, 22(2), 243–253.

Youniss, J., & Reinders, H. (2010). Youth and community service: A review of U.S. research, a theoretical perspective, and implications for policy in Germany. *Zeitschrift Fur Erziehungswissenschaft*, 13(2), 233–248.

Youniss, J., & Yates, M. (1997). *Community service and social responsibility in youth*. Chicago: University of Chicago Press.

Zaff, J. F., Malanchuk, O., & Eccles, J. S. (2008). Predicting positive citizenship from adolescence to young adulthood: The effects of a civic context. *Applied Developmental Science*,

12(1), 38–53.

Zaff, J. F., Moore, K. A., Papillo, A. R., & Williams, S. (2003). Implications of extracurricular activity participation during adolescence on positive outcomes. *Journal of Adolescent Research*, 18(6), 599–630.

Zeldin, S. (2004). Preventing youth violence through the promotion of community engagement and membership. *Journal of Community Psychology*, 32(5), 623–641.

Zeldin, S., McDaniel, A. K., Topitzes, D., & Calvert, M. (2000). *Youth in decision-making: A study on the impacts of youth on adults and organizations*. Madison, WI: Department of Human Development and Familty Studies, University of Wisconsin Extension.

Zimmerman, M. A., & Rappaport, J. (1988). Citizen participation, perceived control, and psychological empowerment. *American Journal of Community Psychology*, 16(5), 725–750.

Zukin, C., Keeter, S., Andolina, M., Jenkins, K., & Delli Karpini, M. X. (2006). *A new engagement: Political participation, civic life, and the changing American citizen*. New York: Oxford.